Work Different

10 Truths for
Winning in the People Age

换种方式工作
人本时代的新工作启示录

[美] 凯特·布雷弗里 (Kate Bravery)
伊利亚·伯尼克 (Ilya Bonic)   ◎著
卡伊·安德森 (Kai Anderson)

李婷 ◎译

机械工业出版社
CHINA MACHINE PRESS

图书在版编目（CIP）数据

换种方式工作：人本时代的新工作启示录 /（美）凯特·布雷弗里（Kate Bravery），（美）伊利亚·伯尼克（Ilya Bonic），（美）卡伊·安德森（Kai Anderson）著；李婷译 . -- 北京：机械工业出版社，2025.6.
ISBN 978-7-111-78325-1

Ⅰ. F0-49

中国国家版本馆 CIP 数据核字第 2025XZ8008 号

机械工业出版社（北京市百万庄大街 22 号　邮政编码 100037）
策划编辑：白　婕　　　　　　　　责任编辑：白　婕
责任校对：颜梦璐　马荣华　景　飞　　责任印制：常天培
北京联兴盛业印刷股份有限公司印刷
2025 年 7 月第 1 版第 1 次印刷
170mm×230mm・16.75 印张・1 插页・219 千字
标准书号：ISBN 978-7-111-78325-1
定价：69.00 元

电话服务　　　　　　　　　　　网络服务
客服电话：010-88361066　　　　机　工　官　网：www.cmpbook.com
　　　　　010-88379833　　　　机　工　官　博：weibo.com/cmp1952
　　　　　010-68326294　　　　金　书　网：www.golden-book.com
封底无防伪标均为盗版　　　　机工教育服务网：www.cmpedu.com

十条关于工作的新真相：它们由新冠疫情（以下简称"疫情"）引发，也经受住了自那以来的经济波动和地缘政治的挑战。它们将决定我们的未来。在我们将要迎接下一场翻天覆地的变革——生成式人工智能（Gen-AI）时，领导者比任何时候都更需要接受这些真相。这些在短短几年内发生的具有划时代意义的重大事件，要求我们在工作方式和合作方式上都转向新的方向。本书记述了这些事件所带来的影响，并讨论了在人本时代领导和工作的新含义。

Work
Different
目　录

前　言

WORK
DIFFERENT

引　言

转　变

就这样，一切都变了

时间回到 2020 年年初。那时候，我们会不假思索地和陌生人握手；当我们去餐馆吃饭的时候，不会在乎和同伴的距离有多近；当我们去看电影的时候，也不会在乎递给我们爆米花的那双手有没有消毒。

但这一切在 2020 年第一季度末的时候结束了。

伴随着病毒的肆虐，商业人士不得不重新考虑自己工作中的优先事项。对大多数公司来说，确保其员工（首先是员工，其次是人类）的安全和福祉的紧迫需求飙升到了首位。办公室空无一人，商业区难觅人影，但经济需要持续发展。当大多数员工撤回到相对安全的家中时，数字化转型开始了。

应急人员和新定义的关键或必要岗位的员工维持了实体经济的运行（比如杂货铺、零售、物流和废物处理），他们将人身安全置于危险中，一方面是因为更广大群体的利益，另一方面是因为他们并没有更多的选择。与此形成鲜明对比的是，那些处于非必要的或者依赖密切人际接触的行业（比如建筑、酒店、旅游、娱乐和职业体育）中的公司都纷纷停业。

从口罩到呼吸机，新的需求和优先事项应运而生。一些聪明并极具同情心的公司都投身于那些行业，去满足空前的需求。许多精通技术的公司和个人几乎在一夜之间便适应了。

这一切是有原因的。

在 21 世纪第一个 10 年到第二个 10 年的数字化演进过程中，一种新的基础设施逐渐形成，为我们提供了快速反应以满足全球通信需求的工具。Zoom、Slack 和 Google Meet 等视频平台成了我们新的会议室。家里的地下室、次卧和厨房成了我们的办公室，朝九晚五的工作日变成朝七晚十，甚至是朝五晚九。另一个问题日渐凸显：在这种新的情况下，你的组织如何重新安排工作任务、工作流程以及员工？

当我们接受了这一事实——我们不知将与病毒共存多久后，工作真相被重新定义，新的工作现实由此开启。最直接的认知是，除了像医护人员、种植者、打包员、快递员这样的一线重要工作人员，并非所有员工都要亲临工作场所来完成工作。

远程工作奏效了，虽然只是小小的安慰，但聊胜于无。

远程工作的成功，犹如推倒了商业变革的第一块多米诺骨牌，短期思维让位于对大局的考量。在疫情暴发前，一些高管估计，只有约45%的员工可以适应未来的工作方式。[1]

他们错了。

事实证明他们大大低估了人们的适应力，因为数以千万计的人改变了自己的工作地点、工作时间和工作方式。

人们准备好了

美国商业偶像杰克·韦尔奇（Jack Welch）于2020年3月初去世，这位商业巨子的陨落给了我们这些商业人士一个机会去反思大公司思维方式的演化，以及推动韦尔奇成功的优先事项到底是什么。

1999年，杰克·韦尔奇被《财富》杂志（Fortune）誉为"世纪经理人"。这位曾经的通用电气（General Electric）董事长兼首席执行官，以股东至上和股票回报率作为衡量成功的标准。他的观点是短期收益最终将累积为长期收益。可以说，他职业生涯早期的成功和晚期的名人效应，让各大公司的首席执行官们觉得把员工重组作为削减成本的首选方案是可以接受的。

在一个又一个经济周期——1987年、2001年和2008～2009年中，商业游戏规则都强调了一个观点：降低人力成本，保护股东利益。过度依赖员工重组来实现财务成果，最终摧毁了雇主与员工之间的忠诚关系。疫情最终改变了劳资关系，打破了权力的平衡，用一记重拳重新设定了劳资双方的协议。

人本时代已经到来。

人本时代并不是疫情的直接后果，但疫情加速了许多与未来工作相关的趋势的发展，从弹性工作到全人健康，再到投资于 AI 与自动化。随着全球人口结构的变化和财富的分化，这些趋势与疫情引发的价值观重置发生了冲突。

根据大多数预测，全球人口总量将在 2040 年达到峰值。目前，人口增速持续放缓。在世界的某些地区，死亡率超过了出生率，这意味着这些地方正在经历人口下降的早期阶段。劳动年龄人口变少，无法养活退休人员，也无法维持当地社会正常运转；同时，年轻人越来越少，无法为劳动力队伍注入新的活力。世界上大多数经济体在疫情暴发前，失业率都创下了历史新低，这绝非偶然。在疫情期间，大多数外国员工都返回自己的祖国并留在祖国，此后，全球各地的移民限制进一步阻碍了劳动力流动，这让本来就缺乏人才和技能的组织雪上加霜。

因此，许多公司对这些经济挑战的反应与传统管理实践所预测的不同。几个有影响力的大型雇主很快打破了这种模式：它们没有为了控制成本而裁员，而是向员工保证，只要疫情还在蔓延，他们的工作就不会有问题，以此保障员工的安全感。经济指标和短期股东回报率退居其次，同理心成为重中之重。

同理心。请记住这个词，你会在本书中读到很多关于它的内容。

不久，像苹果（Apple）、百事（PepsiCo）、美敦力（Medtronic）和威达信（Marsh McLennan）这样的公司就开始宣扬，在这个前所未有的时期，最明智的长远策略是保护员工（以及社会），它们认为只有这样才能确保公司的未来。

这是一种新的思维方式。

这是新的现实，现在怎么办

这种"以人为本"的应对模式是多方利益相关者相互协调的结果，这种模式已经开始在董事会和社会中占据一席之地。2019 年，这一模式成为主流——就像绿日乐队（Green Day）从在旧金山朋克俱乐部演出只有 6 个观众到在温布利体育场的演出爆满一样，各公司开始更积极地将"人与地球"作为其商业模式的核心。同年，总部位于华盛顿的非营利性游说组织"商业圆桌会议"发布了最新的"公司使命"声明，表示成功模式需要从股东至上转向兼顾多方利益相关者，即为社会、客户、员工和股东带来积极成果的模式。[2]

在 21 世纪的第二个 10 年，也就是我们写这篇文章的时候，对可持续发展的迫切需求已经成为对人类面临的日益严重的生存威胁的回应。"周五为未来而战"的活动家们阐明了环境风险，而"黑人的命也是命"运动抨击了数百年来在社会不公和种族问题上推卸责任的做法。

这一切造就了一个商业"火药桶"。

随后，疫情点燃了它。

疫情像是一场终极考验。当病毒在社会中广泛传播时，一些"商业圆桌会议"成员公司未能履行承诺。这也许并不让人惊讶。一些员工被解雇，另一些则被要求减薪，所有这些都是为了保护股东的潜在分红。

突然间，全世界的公司都受到了公众的关注。一个关于工作的真相突然变得不言自明：那些表现出真正关心所有员工而不仅仅是高层员工的公司，更有可能在这些连续的冲击之后变得更加强大。

员工在哪里以及员工想要去哪里

当职场环境随着病毒流行而变化时，雇主和员工之间的权力平衡发生了新的变化。而这一次，新的平衡并没有向高收入阶层倾斜。事情终于发生了变化。

疫情给了所有人一个机会来反思自己的工作和生活中什么是更重要的，无论是一般管理者还是最高层的管理者，概莫能外。这种新的观念带来新的权力分配，尤其在许多行业劳动力短缺的情况下更是如此。随着员工主动选择更符合自己需求和价值观的工作，自愿离职率急剧上升。辞去一份看起来不错的工作成了一种现象。而"大辞职"浪潮（the Great Resignation）则勾勒出一幅新的职场蓝图。

人们的期望被重新描绘。这很重要！

在疫情前的几十年里，为了获得认可与晋升，我们必须竭尽全力。员工们抛开工作生活平衡，（希望）能够实现更好的经济状况。许多人最终意识到，他们的努力只为他们的公司和老板带来了成功，却没有为他们自己带来成功。

在疫情蔓延的这几年里，很多员工学会了维护自己的权力，斥责歧视和剥削行为，建立一个可以接受的工作生活平衡。

员工希望作为人而被尊重。

即使经济上面临很大的不确定性，他们也愿意辞去不尽如人意的工作、放弃低薪酬并远离冷酷的上司。这种情绪也反映在那些职场新人的价值观中，他们不想牺牲今天的幸福换取一个（可能）更光明的未来。高达75%的人表示，他们会离开和自己价值观不一致的雇主。[3]

变化无常

要想领导人们或参与更加以人为本的人力资源管理工作（The People Function），现在正是最有影响力、最有趣，也最具挑战性的时刻。

疫情让决策者们看到了这样一个现实：即使技术在不断发展，人仍

然是公司的核心和灵魂。正如摩根士丹利高级顾问杰夫·布罗德斯基
（Jeff Brodsky）所说的："如果说金融危机是首席财务官的危急时刻，那
么 2020 年就是首席人力资源官的危急时刻。"[4] 而他们确实采取了措施，
76% 的高管表示 HR 是 2021 年的英雄。[5]

HR 是英雄吗？是时候了！

当务之急是在最具挑战性的情况下保护人们的健康。现在，HR 面临
的挑战是如何在一个发生了根本性变化的世界中吸引、留住人才并提高他
们的技能。好消息是，人们对组织的信任达到了前所未有的高度，[6] 员工
渴望与雇主以及他们的数字助手合作，建立一个不那么令人筋疲力尽、更
具意义，也更鼓舞人心的未来工作模式。当然，这个要求并不过分。

这一切意味着什么？

简而言之：

- 商业竞争从未如此激烈。
- 这个世界从未如此不可预测。
- 人才从未如此供不应求。
- 顶尖人才从未如此难以寻找、吸引和留住。
- 人们对工作的选择从未如此多。
- ChatGPT 的广泛使用让我们意识到人的独特价值。

既然如此，人本时代将持续存在。

这就引出了一个问题："嘿，美世团队，究竟什么是人本时代？"

好问题。

人本时代是一个建立在以人为本的价值观基础上的美丽新世界，一个
为促进所有人的发展而充满机遇和挑战的世界。航行于未知领域需要接受
和适应新的真相，因为许多旧的规则和公理不再适用。如今，所谓的"一
切如常"早已不再正常，但这并不是坏事。

无论疫情是否存在，企业都被迫转变，如果它们想要在未来的世界中蓬勃发展并保持活力，就需要持续转变。能否及早捕捉市场信号，然后有效地满足员工的需求，将是检验企业适应能力的试金石。市场感应能力和员工感知能力将是平衡经济利益与同理心的核心。正在蓬勃发展的企业已经开始思考如何设计出更加以人为本的工作模式，关注如何让技术的应用更加简单，并关心员工的工作体验。但伴随着 2020 年经济增速放缓，想要将这些新知付诸实践，需要企业主动重新设计并以果断而勇敢的方式领导。

毋庸置疑，这个美丽新世界是可怕的。但正如大卫·鲍伊（David Bowie）告诉我们的，每当变化来临，你别无选择，唯有转身面对陌生的一切。

说到面对陌生的事物——疫情刚过，像人一样的聊天机器人就来到我们身边，人类社会的下一个巨变已经到来了。

当 OpenAI 在 2022 年 11 月发布 ChatGPT 时，我们见证了有史以来最快的用户增长速度，[7] 为达到每月 1 亿用户，Uber 用了 70 个月，Spotify 用了 50 个月，Instagram 用了 30 个月，而 ChatGPT 只用了 2 个月！[8] 太厉害了！

ChatGPT 并不是第一个生成式人工智能解决方案，但对消费者来说它是最容易使用的。它在内容质量和互动性方面有着令人印象深刻的表现。有了它，人工智能领域被重新定义了。在工作领域的数字化转型征途中，我们已经来到了另一个历史性的转折点。

人们对此喜忧参半，虽然 75% 的公司表示它们计划采用人工智能技术，但许多企业家对人工智能即将引领我们走向的道路持批判态度，许多企业呼吁对此加强监管和治理。[9] 比尔·盖茨（Bill Gates）称生成式人工智能是"革命性的"，[10] 而埃隆·马斯克（Elon Musk）称人工智能是"我们作为一种文明所面临的最大风险"。[11] 沃伦·巴菲特（Warren Buffett）和查理·芒格（Charlie Munger）都对人工智能的炒作持谨慎态度。在 2023 年度伯克希尔 - 哈撒韦公司股东大会上，当谈到机器人和人工智能对股市及整个社会的影响时，两位高管都表现出一定程度的悲观情绪。

特别是芒格，他似乎对人们对人工智能的热情不屑一顾，反而偏爱他所称的"传统的智能"。在他看来，尽管 ChatGPT 的实用性很强，但是数十年的实践经验无可替代。[12]

尽管我们有理由以批判的态度对待当今时代的重大变革问题，但我们还是会想起关于弹性工作制的讨论——长期以来被认为不切实际的东西，却迅速变成了现实。

这就是我们与新的工作现实对峙的开始。

新的真相可能会让我们获得自由

本书呈现了在这很短时间内（2020～2023 年）出现的很多新真相，正是这些真相触发了我们的工作方式、工作内容以及工作初衷发生根本转变。

这些真相取代了传统的管理理念，即人们想要什么，什么样的组织文化和领导风格能够帮助他们茁壮成长。它们共同表明传统的管理理念已经发生了翻天覆地的变化。它们要求我们在如何制定战略、学习和领导方面有所转变。由于它们影响到了工作的方方面面，因此它们要求组织、领导者甚至员工自身转变思维、采取行动，以适应不断变化的世界，并保持竞争力。

本书试图以一个全新的视角来审视当今以人为本的议题（People Agenda）。这一范式（见图 0-1）不仅认识到劳动模式和员工情绪的转变，还展望了运营模式与组织文化需要如何适应新时代。

在这种范式下，我们将看到传统的雇主和员工的关系是如何转变的，以及人们是如何工作的。我们还将讨论在不同时代的环境中满足员工生活方式需求所面临的挑战，当今人们对工作的基本期望，阻碍所有人前进的魔咒；以及如何吸引和留住积极进取的人才。

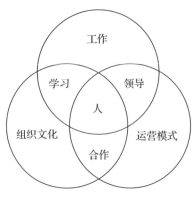

图 0-1 以人为本的议题范式

我们将强调使命和同理心在打造包容性组织中的重要性，以及公司如何摆脱指挥与控制的传统模式，创造一种与员工同呼吸、共命运，让每个人都受益的组织文化。

我们将思考人工智能会如何影响人本时代。一些人认为人工智能将削弱人类对工作的贡献，以前所未有的方式改变公司的运营模式。我们将反驳这种观点并概述个体和公司有哪些放大其智能的机会。

我们将重点关注如何以可持续的方式管理组织中最有价值的资源——人。我们将讨论如何提供体面的工作，并将健康的工作方式植入公司的基因。我们也将讨论可持续的人员管理在实践中究竟是什么样子。

最后，我们将分享成功的人才战略的蓝图，该战略可以帮助所有领导者和高管实现其未来工作和可持续发展目标。

改变从来都不容易，有时我们唯一的选择是参与其中或者退出。人本时代给我们提供了一个选择，要么适应变化，要么被时代抛弃。对于那些接受这些新现实的人，现在有机会进一步创新，更大胆地实现商业和社会抱负，并创造前所未有的可持续人才优势。

为什么是我们

这些都是改变世界的观念，那么为什么要由美世团队的三位成员来书写呢？我们的经历——特别是在疫情期间的经历，让我们了解到世界各地对于工作新现实的不同看法，我们对以人为本的议题的热情让我们相聚在一起。

凯特（Kate）是一名组织心理学家，疫情期间她曾经居住在中国和英国，并与跨国公司合作制定其人才战略。作为美世全球洞察和咨询项目的领导者，她始终把握劳动力趋势、新兴技术和领先的人力资源管理实践的脉搏。同时，她现任世界经济论坛（World Economic Forum，WEF）的合作伙伴，在未来工作目标重启之际，帮助首席人力资源官进行创新和应对。

居住在纽约的澳大利亚人伊利亚（Ilya），带来了全球公司高管的视野。作为美世战略负责人，他与领导团队合作，确保美世在应对疫情时可以保持业务连续。他同样关注美世的业务发展，因为我们采用各种生成式人工智能工具来增强我们自己的员工队伍，提高我们的业务竞争力，并继续为我们的客户带来越来越多的积极影响。

卡伊（Kai）是一名经验丰富的战略家，他创立了自己的公司，现在领导美世的劳动力转型工作，多年来一直在为欧洲的公司提供指导，他的著作 Digital Human（2017）倡导在数字化转型中优先考虑人类。在疫情的动荡中，卡伊继续他的使命，帮助客户重新思考工作方式，并在巨大的压力和不确定性下做出决策。

尽管我们三人有着不同的经历和观点，但我们都清楚地认识到，一旦我们打破了几个世纪以来的工作方式，摆在我们面前的将是一个千载难逢的机会——换种方式工作，定义"人本时代"的制胜之道。

WORK
DIFFERENT

第一章

再见，员工；你好，贡献者

工作方式已不同

当企业（某种程度上）找到应对疫情的方法时，全世界大约 50% 的劳动者发现自己的工作方式发生了变化。就像史蒂夫·乔布斯（Steve Jobs）（带着他独特的语法风格）可能会说的那样，工作方式已不同（Working different）。[1]

对那些已经习惯远程工作的人来说，无论是在家里、咖啡馆还是可以轻松"蹭网"的当地公园，他们只需重新安排一下日程即可。但居家办公的新手们则必须重新布置自己的工作空间，升级自己的技术，并弄清楚如何在主持一个在线会议的同时给自己的女儿做一个奶酪三明治。事实是我们每一个个体都变得更像一个组织，而组织则开始变得更加人性化。

现在看，这一切似乎都很简单，甚至有些习以为常。

当时却并没有这么容易。

那些疫情期间不得不在办公室工作的人也面临着自己的挑战：什么时候戴口罩？应该多久检测一次？和人的距离应该如何把握？如果我接触了病毒携带者，但我没有任何症状，而且我多次检测结果为阴性，那我应该待在家里隔离吗？

同样地，在今天，上述问题仿佛都很容易回答，而在当时却并非如此。

明智的公司适应了。（我们喜欢认为自己适应得好，正如我们喜欢认为自己很明智。）适应不仅是出于必要，还因为我们确实有机会进行创新，并加速我们对工作内容和工作方式的思考。

疫情迫使（明智的）商界领袖比以往任何时候都更加努力地倾听员工的意见。整个工作世界变成了一场大规模的头脑风暴会议，无论是资深财务总监还是刚入职两周、年仅 19 岁的仓库员工，任何人的想法都不会被排除在外。

员工引导着领导者们倾听、学习、观察，规模空前。我们无法量化这种方法是否奏效，但有一点是肯定的：它营造了一种让员工感到自己被倾听的工作氛围，高管们开始弥合多年来在工作观上与员工的鸿沟。

说来有趣，美世的移动办公人员似乎很喜欢这种新的工作灵活性。（他们还喜欢从床上到办公桌只需 45 秒的通勤时间以及允许穿连帽衫的着装规定。）他们能够创造自己的工作环境并制定令自己舒适的时间安排。他们能够布置一个家庭工作空间，尽量减少干扰，配备良好的照明，同时与厨房柜台上那袋诱人的巧克力葡萄干保持安全距离。

但并非人人都具备灵活办公的条件，也并非人人都享受这种工作方式。突然之间，居住空间的大小变得重要起来。对许多人来说，远程工作并非乌托邦。住在合租公寓里的人没有隐私，拿熨衣板充当办公桌也并不理想。能否接入 WiFi 以及宽带的质量意味着就业能力，住在小开间里的人和有空余房间可办公的人之间的差别显而易见。

这就是职场所经历的转变。人们对知识型员工的困境可能给予了过多的时间和关注。其他行业也面临着不同的挑战，迫使人们采取不同的思维方式。从医护人员到警察，从教师到收银员，从环卫工人到外卖骑手，一线员工夜以继日地与疫情作斗争。他们保障了我们的日常生活，为我们的孩子提供教育，为我们清扫街道，为我们送餐。美世的研究表明，当知识型员工感到倦怠时，技能型员工则感到厌倦。[2] 分裂的声音震耳欲聋，"大怨恨"（The Great Resentment）正在酝酿中。

但就像任何伟大的变革期一样，这也是一个思想和技术飞速发展的时代，我们了解到，一名教师可以在家长的协助下对一群孩子进行远程教学。我们意识到，电话问诊比前往诊所更加便捷。我们看到，随着药剂师和护理人员承担起以前由其他专家承担的职责，处于危机中的医疗系统得以缓解。我们目睹了数字支付和自动化传送机制的爆发式增长，这不断挑战着我们关于到底哪些任务需要面对面互动才能完成的固有认知。

虽然我们可能永远不希望由机器人告知我们得了绝症，但我们也并不需要与医生面对面交谈来获得其他检测结果。我们开始意识到如今的工作可以用不同的方式来完成。我们可以解构一项工作，并以不同的方式重新构建它，以解决规模、人才短缺和效率等方面的问题，并为潜在的继任者提供学习机会。这些新的工作方式促使人们重新思考工作本身、谁来完成这些工作以及这些工作中真正有价值的部分。当我们开始从真正为公司增值的角度看待工作时，我们发现，并非所有工作都是平等的。并非所有工作都是好工作。

合同制贡献者

每个人都知道，时代正在发生变化，这些新的现实让每个人都开始思考接下来工作方面可能会出现什么情况。很显然，对于像我们这样从事与人力资源相关的工作的人，我们需要前所未有的同理心来理解这些新现实中丰富多样的经历。很明显，员工的健康和福祉现在已经成为就业等式中的一部分。同样很明显的是，在我们试图弄清接下来会发生什么的时候，雇主与员工之间的关系已经被重置了。

在传统的雇佣合同中，雇主通常会对工作的地点、时间和工作方式做硬性要求；而员工则按照这些要求完成工作并获得报酬。清晰的工作描述、明确的任务分配以及不可协商的工作方式一度是一份好的雇佣合同的标志。然而在疫情结束之后，经过激烈的创新与员工的自我反思，员工们开始在工作中重视不同的事物。

在此期间，员工和他们的老板合作，他们为一个共同的目标而奋斗，那就是抗击疫情、保持日常生活的稳定、共同学习和创新。这为人们想要的工作方式奠定了新的基调，人们希望被视为真正的合作伙伴。他们有意识地投入自己的时间、技能和知识，并期待这些投入能带来不止于薪水的回报。而活跃的劳动力市场也对他们的需求做出了响应。

当为公司做出贡献成为一种新的心智模式的时候，员工希望被看作合伙人、合作伙伴、同事以及合作者。这代表了员工和承包商如何看待自己与那些为他们支付薪水的人之间的关系。

贡献者不仅仅参与过程，他们也关注结果。他们不会掐着点儿下班，而是思考在下班之前可以完成什么工作。

虽然贡献者可能执行与之前同样的任务，但他们希望在完成任务的方式上拥有更多的自主权。他们的意见会被听取，而且往往会被采纳，这将使他们的自我激励水平达到新的高度。

领先的公司了解这一点。

那些在疫情之前就走上这条道路的公司表现得最好。以全球制药公司诺华（Novartis）为例，在疫情发生之前，它发起了一场建立"去老板文化"的运动，这场运动从根本上颠覆了传统的雇佣模式。其所推崇的新模式以"仆人式领导"原则为中心，旨在提高领导者包容和赋能员工的能力。管理者要支持他们的团队，而不是相反。同理心是实现这个目标的关键。[3] 当诺华需要加快疫苗的研发和生产时，它已经拥有了一种以好奇心、外向型思维和创新为基础的企业文化，其人才——或者称为"同事"（这是它对员工的称呼），已经准备好做出更大的贡献，帮助解决疫情危机。

设定表格

美世团队喜欢表格，所有的咨询顾问都喜欢。

表 1-1 是我们最喜欢的那类表格，它展示出我们从员工和客户那里听到的关于员工与贡献者思维方式的 10 种二元对立。

表 1-1　员工与贡献者思维方式的 10 种二元对立

员工思维方式	贡献者思维方式	对领导者的启示
我计划在未来十多年里在这里发展自己的职业生涯，我希望能接受工作相关培训	我想在未来几年里做出自己的贡献，并在工作中学习有价值的、可迁移的技能	工作的动机已经从保持就业状态转为保持市场竞争力。这就更增加了在工作中学习的必要性。为新的职位而不仅仅是当前职位进行培训是新的雇佣契约的一部分
我会适应既定的工作模式，遵循公司的文化，调整对副业的投入度，以完成现有工作	我希望在工作中展现出最好的自己，这意味着不要工作太长时间，或者可以根据我的生活调整工作方式	从职场中的责任感转为适应工作和生活日程的安排，减轻了工作责任与非工作责任之间的紧张关系，从而创造了对工作更强有力和更长期的承诺
我的价值是由我在工作中的职位和级别决定的，我希望能有额外的福利和机会来体现这些成就	我的价值由我的贡献决定。我希望从第一天起，自己的技能和经验就得到赏识，并且希望得到实现目标所需的资源	根据资历或地位确定员工的价值可能会导致高绩效员工离职。了解贡献者的技能和能力，可以更准确地评估每个人的贡献，并推动更着眼于未来的贡献观
我加入一家公司，成为一个部门或团队的一员。我为自己的老板工作，为公司的成功做出贡献。我想要确认自己符合工作岗位的需要	我加入一个公司并被激励为一个目标做出贡献。我想做让自己引以为豪的工作并满足所有利益相关者的需求	为了打造更具包容性的工作环境，应关注公司的亲和力和使命，并为满足所有利益相关者（客户、社会、员工，而不仅仅是股东）的需求而设定明确的成功指标
我希望得到与自己工作水平相符的报酬，以我所做的工作而非我的工作方式为基准。我希望自己得到平等的待遇	我希望得到的认可能够反映出自己对团队成就或成果的贡献，并同时满足我最看重的东西（福利、培训、薪酬保障、工作弹性等）	人才的识别和奖励方式正在被重置。一刀切的奖励方式会让人才寻找更好的就业机会，因为"一刀切"只是在坚持自己能提供的而非让人兴奋的奖励方案
如果我是一名敬业的员工，表现出良好的组织公民行为，并且绩效水平稳定，我就会晋升到更高的级别，而这将带来更高的薪酬	如果我是一个有潜力做出更多贡献的高绩效员工，我将有机会发挥自己的潜能，公司也会为了留住我而激励我	至关重要的是，要逐渐转变"只有向上才是唯一出路"的观点，攀登所谓的阶梯并不是每个人的目标，也并不适用于扁平化、网络化的组织结构。要确保奖励的一部分与技能和贡献挂钩，寻找机会让人才充分发挥潜能并不断前进——即使他们希望改变自己的工作节奏
成为一名优秀的员工意味着要做自己可能并不总是认同或看不到即时价值的工作，而做这些工作就像是以一种缴纳会费的方式来表达对等级制度的支持	不要给我琐碎或无聊的工作。向我解释我们为什么要这样做，然后，我就会负责任地高效完成我的工作，并确保利益相关者对我的工作感到满意	利用科技取代重复性工作，设计出更具吸引力的工作，让人们能够做出更多贡献，而不仅仅是创造利润。提供有意义、有吸引力的工作总是有助于留住目标导向的贡献者

（续）

员工思维方式	贡献者思维方式	对领导者的启示
作为一名员工，我尊重我的上司和资深前辈，因为他们有着比我更丰富的专业知识，所以我会把困难的决策交给他们去做	作为一名贡献者，我认识到专业知识和辅导来自多个维度。我的职责是帮助决策者做出明智的决策。我期望在我的能力范围内被赋予做出决策的权力	如今，管理者对某一主题的了解通常少于其团队成员，而且往往投入的时间有限，这限制了他们的洞察力。因此，有效的决策依赖于高效的知识共享和参与
要成为一名优秀员工，就意味着不越雷池半步，效仿上司或前任所做的一切。不按常理出牌，要么上位，要么出局	作为一名贡献者，我清楚自己想要提供什么、何时可以提供以及能提供多少。我有各种兴趣和技能，不想被束缚在一个职位上	员工的偏好和技能总是在不断变化，员工可能期望在不同时期做出不同类型的贡献。需要让他们能够轻松地根据自己的能力来承担相应的工作量，并且改变对他们的激励方式
我把工作和生活分得很开。我明白，要想在这里取得成功，我必须接受公司和团队文化，学会参与和融入。即使我觉得公司文化或价值观与我的信念不完全一致，或不允许我忠于真实、完整的自我，也必须如此	当我加入一家公司和一个团队时，我希望在塑造其文化方面发挥积极作用。我希望我的意见和建议能够得到认可。我希望公司能善用其权力，如果我的价值观与之不符，我会就我所受到的待遇发表意见（甚至是对外发表公开意见）并离开公司	主动构建包含多元性和包容性的文化对于公司的创新和声誉至关重要。让员工敢言，让其个性得以彰显，意味着公司所构建的文化更有可能代表公司的客户，反映时代的价值观并与员工产生共鸣

合作关系强调的是听到什么而不仅仅是倾听本身

疫情后活跃的劳动力市场以及由此引发的跳槽热潮无疑鼓励了领导者更多地倾听员工的意见，数字焦点小组、脉动调查⊖和员工情绪分析都应运而生。随着数据的涌入，很明显，许多员工认为他们的公司不尊重他们在工作之外的生活，没有意识到员工在疫情期间的辛勤付出、焦虑情绪和安全风险。随着新一代进入劳动力市场，旧的工作习惯和思维方式已经不合时宜。这一代人已经真正理解了数字化工作，呼吸到了公平和包容的空

⊖ 脉动调查（Pulse Survey）用于调查员工满意度。

气，并在学校就学会了斥责霸凌行为。

我们需要在新的范式下工作，欢迎来到人本时代！

随着工作变得越来越复杂，新技术考验着每个人的适应力（有时甚至会考验他们的耐心），很明显，知识已经不再集中在组织最高层。传统的决策结构会降低企业的敏捷性。为了生存，组织需要作为有感知的有机体而不是官僚机构来运作。显然，各组织需要减少指令式领导以及各自为政的工作方式，以满足因危机而产生的快节奏职场的需求。与此同时，员工也需要明确的方向、更负责任的团队以及以赋能为核心的领导力。人们普遍认为：是的，我们从疫情中幸存下来了，现在请指给我们一条通往乌托邦的路吧。

举例来说，当贡献者对完全弹性的工作模式、压缩的工作周、工作共享计划或各种混合工作模式表现出兴趣时，许多公司听取了员工的意见，并授权他们来实现。这种授权非常重要，因为如果员工不相信他们的需求会得到重视，他们的贡献就会大打折扣。

在美世，我们努力倾听大家的意见，我们的同事似乎更乐于居家办公，工作效率也更高。但是，成为合作伙伴不仅意味着满足员工的需求，还意味着要为共同的结果而合作，坦诚地了解哪些工作适合什么工作模式，同时保持开放性，持续探索新的工作方式。这种倾听的实践和对弹性工作制的讨论有一个意想不到的好处，它促使我们更有意识地思考我们的时间花在哪里，我们与谁一起共度时光，以及我们如何跨越时间和物理界限进行异步协作。

但这很难做到。伟大的文化并非凭空出现，而是经过精心设计的；而且只有通过共享价值观以及围绕工作和互动方式的多次讨论，新建立的文化才能长久留存。像任何良好的关系一样，想要走得更远就需要付出努力。那些认为自己公司在这些"新知"方面落后的员工会带着自己的技能寻找新的机会，而那些留下来的员工则表达了他们的不满。全世界的雇主都意识到，它们必须改变现状，如果它们还没有这样做的话，那就应该变得对员工更加友好。它们需要借鉴在疫情中磨炼出来的同理心，并将其转化为具体行动，从而为每一位团队领导者提供更有效的合作技能。

虽然在疫情最严重的时候，我们需要更多的合作关系和设计思维来解决问题，但对于疫情过后应该如何开展合作，我们却有着不同的看法。以对弹性工作的预期为例，2022 年，全球 66% 的高管认为，工作本质上是在办公室里完成的，78% 的高管担心，如果这些工作方式持续下去，员工是否有能力建立稳固的人际关系。[4]

然而员工的看法却不同，全球 74% 的员工认为他们的组织在远程办公或混合办公模式下更成功，80% 的员工明确地表示他们的团队在远程办公和现场办公混合的情况下协作良好。[5]

许多领导者立即意识到了这种观念的脱节，另一些人则对此视而不见。后者很快被此影响。看看美国发生了什么：根据美国劳工统计局（U.S. Bureau of Labor Statistics）的数据，2021 年员工的平均离职率达到了惊人的 47%，其中包括自愿离职和非自愿离职。[6]2022 年，员工自愿离职使企业损失超过 1 万亿美元。[7]猜猜全球哪些行业受到的影响最大？根据领英（LinkedIn）的数据，是专业服务行业。因此，我们美世作为利益相关者，希望能够找到一种新的合作方式。[8]

别误会，我们并不是天真的游牧式办公（Work-from-anywhere）的倡导者。我们善于倾听，乐于与员工对话，勇于探索各种可能性，尝试各种新工作方式。在 2023 年年底，许多组织开始让员工重返办公场所。大规模远程工作的影响是复杂的，而且不一定是积极的——文化、学习和敬业度等问题层出不穷。问题在于领导者如何解决这些问题，并抓住弹性工作制为员工、组织敏捷性以及公司的多元性和包容性目标带来的机会。潘多拉的盒子已经打开，当"数字化优先"的员工与"数字化优先"的公司相结合时，若错失这一变革工作方式的机会，真正的代价将清晰显现。

改变行为

在 2020 年之前，职场在缓慢地向更加以贡献者为中心的方向发展。社交媒体的普及使得任何不当行为都会被迅速传播，从而引起公众的讨论与问责，年轻的候选人在面试中提出了有关文化、多元性和技能发展的问题。但是，疫情迫使每个人都加速转型，否则就会被时代抛弃。

我们都通过在职培训了解到新工作方式的可能性。这改变的不仅仅是员工的观点，高管们也对组织的适应能力有了更积极的态度。大多数员工都在这种新的范式下茁壮成长，这种范式的特征是协作、同理心，当然，还有睡衣。

公司也了解到，我们在工作中做的很多事情可以用不同的方式来做。例如，美世（中国）的一位同事告诉我们，他们通常需要两天时间才能完成的月度报告，在远程协作下只需要几个小时就能完成。因为迫于形势，团队不得不寻找更高效的方法来完成任务，其中一部分就是评估利益相关者真正想看报告的哪些方面。还有一些企业发现，有了新技术，他们就能以不同的方式配置工作岗位，通过不同的媒介来减轻熟练员工的负担，并将工作分解，让更多的初级员工能够承接和学习。

此外，我们逐渐认识到，将人才调往其他地方施展才能并不是一件坏事。其中有一些是疫情导致的，比如法国化妆品巨头路威酩轩集团（LVMH）之前生产高端香水的工厂转向生产洗手液。[9] 德国的麦当劳则在餐厅被迫关闭或缩短营业时间时，将员工借给连锁超市奥乐齐（Aldi）。[10] 但到了 2023 年，仅有 7% 的公司明确表示它们仍是人才联盟的一员，即与其他公司共享人才。[11] 并非所有创新都被采用，但新的人才实践的种子，如人才市场，已经播下。

最后，组织会了解到，新潮的技术正在积极地推动事情的发展——无论是最初的 Teams、Zoom 和 Slack，还是后来的生成式人工智能与微软的云办公软件 Microsoft 365 都在改变我们分享和协作的方式，帮助我们更智慧地工作。我们越来越清楚地认识到，技术熟练的员工们将在整个公司范围内利用新技术，而不仅仅是在这些技术最初被设定使用的地方，由此带来的知识和创造力的提升将永远改变我们的贡献方式。

史蒂夫·乔布斯的确会为大家感到骄傲，因为我们发现工作可以如此与众不同。

更多、更多的变化

在整个 21 世纪，雇主与员工之间的不成文契约一直在稳步演变（见表 1-2 ）。传统上，企业对员工的首要目标是留住他们。员工被视为一种资产，他们根据交易性质的忠诚契约来工作，在该契约中，薪酬、福利和安全是用时间投入和产出来交换的，而所有这些都由企业决定和支配。

这种模式还不错，但远非完美。在关注员工动机的同时提高生产力的需求，演变成了以成就、友谊和意义为中心的敬业度契约。员工比以往任何时候都更被视为人，而不仅仅是需要优化的资产。在完美的雇主和员工的关系中，这意味着更高的薪酬、更完善的福利和更好的工作体验。雇主们不得不接受"员工满意度是留住人才的关键"这一观点，于是出现了一个衡量和提高员工敬业度的行业。

我们在疫情暴发前看到的是这种模式的破裂。满意度对留住人才的推动作用越来越小，疫情加快了我们所谓的"茁壮成长契约"的形成——一种以使命、公平和影响力为基础的就业模式。员工要求用更健康的工作体验来换取对组织变革的支持。在此期间，对公平、技能和全人健康的关注成了中心议题。

表 1-2　工作中心理契约的演变

过去的重点：保留	过去的重点：激励	当前的重点：复苏	未来的重点：激发
忠诚契约（交易型）	敬业度契约（以工作和工作场所为中心）	苗壮成长契约（全人考虑）	生活方式契约（未知的生活——生活方式）
基本需求 薪酬、福利、安全	**心理需求** 成就、友情、意义	**福利需求** 使命、公平、影响力	**满足需求** 选择、联系、贡献
劳动者是需要留住的资产	员工不仅仅是被购买和优化的资产	由人引领，科技赋能人机合作，创造最大价值	以人为本，建立合作关系人才生态系统中的人们结成合作关系，共同建立可持续的系统
用薪酬、福利与安全换取时间投入与产出	用更广泛的一系列奖励（薪酬、福利、职业发展、经验）换取敬业度	用更健康的工作体验换取对组织变革的支持	用包括弹性工作方式和就业能力在内的整体薪酬回报，换取持续的相关性（满足组织需求）

为周末而工作

在经历了对工作的反思之后，当我们开始恢复正常工作与生活时，生活方式问题显然在不断增加。现在，健康、幸福和对全人（Whole Person）的更大尊重已成为人们关注的焦点。美世的研究证实了一种生活方式契约的出现。人们在权衡利弊时会有一种心照不宣的共识。2022 年，有约三分之一的员工表示，他们愿意牺牲加薪来换取更大的工作弹性，还有约三分之一的员工愿意牺牲加薪来换取额外的休息日，有 29% 的员工表示会在加薪和更好的福利之间选择后者，还有四分之一的员工愿意牺牲加薪来换取更多的时间，用以专注于企业社会责任（Corporate Social Responsibility，CSR）活动。[12]

2022 年，花旗银行从英国聘请了分析师到其在西班牙南部的办事处工作，起薪只有他们在伦敦的一半。[13] 有趣的是，住在温暖、阳光充足的地方并不是这些分析师接受这份工作的主要动机。相反，保证周末不工作或在高峰期每天工作不超过 8 小时，才是这笔交易一拍即合的原因。尊重员工的生活并提升他们的就业能力，以换取持续的相关性，这是新的交易趋势。员工希望用自己的时间和精力所换取的回报显然已经发生了变化。仅仅有足够的薪酬、两周的假期和每周二的聚餐，并不足以缓解每周工作50 小时带来的不满足感和压力。

奥纬咨询（Oliver Wyman）的研究表明，Z 世代（1997 年至 2012 年出生的人）将生活放在首位，并希望以新的方式做出贡献。他们希望在注重可持续发展的公司工作，有机会参加与社会责任相关的活动会促使他们留任。[14] 那些已经与这个群体接触，并以此来设计未来工作方式的公司都走在了时代的前列。2023 年，69% 的公司表示，它们正在通过建立一种让员工在工作中能自在地展现真实自我的文化，来全面认识到员工。[15] 同时还有实际薪酬回报的问题，正如"整体薪酬回报"一词所暗示的那样，每周有三天在办公室工作的人是否比完全远程办公的同事有更大的晋升机会，即使后者的工作效率和前者一样高（甚至比前者更高）？同样，答案并不简单，我们的研究结果表明，出勤率很重要。2022 年，75% 的 HR担心，那些选择继续从事远程工作的员工将难以获得晋升，74% 的员工认为，他们的经理会被要求将远程工作的合同制员工转为自由职业者。[16]在人才决策中不加限制地使用人工智能也可能助长这种偏见，因为历史数据更倾向于全职现场办公的员工。倡导者之所以主张人工智能技术可以提供信息来辅助决策，但不应自主做出招聘或晋升决策，部分就是因为上述不良影响——在机器人代理如此诱人又省时的情况下，这确实是一个风险。

此外，还有技能提升的问题。在 2022 年，有三分之一的员工表示，每当他们想学习新技能时，都因为在工作期间甚至是工作之余没有足够的时间投入到学习过程中而望而却步，许多人只是没有看到这种个人投资在薪酬和晋升方面的回报。[17] 那么如何将技能提升和培训纳入生活方式契约呢？这是一个相对来说比较大的问题，因为如果人能活到 100 岁，那就意味着需要工作大约 50 年的时间，那么即使只是为了让我们都保持就业状态，我们也需要不断地学习和再学习，以支持多种职业转换。

新兴的生活方式契约有多种形式，取决于人们的居住地、财务状况以及他们在生活中真正重视什么。关键是要保持公正以及以人为本——重视人们的选择、他们的人际关系（联系）以及贡献。通过合作来了解这些需求是对个人未来的投资，从长远来看，这将提高员工的留任率和工作满意度，并使企业受益匪浅。

一个你无法拒绝的主张

在建立以人为本的企业环境时，你的出发点应当是确保企业的员工价值主张（Employee Value Proposition）与你的目标员工产生共鸣，并使你的组织有别于其他千千万万的组织。

我们想要补充的是，员工价值主张旨在帮助组织吸引它们想要招募的人才的注意力，并在他们加入后激发他们的敬业度。通常情况下，员工价值主张可能包括报酬（薪酬）、工作生活平衡、员工福利、稳定性、职业发展、工作环境和企业文化等信息。每家公司都在努力满足过去、现在、未来员工的愿望、需求和激情的同时，为这些声明或承诺增添自己独特的内容。简而言之，员工价值主张回答了目标员工的首要问题：我到底为什么想要在这里工作？

诚实和令人信服的员工价值主张为生活方式契约奠定了基础。正如高德纳咨询（Gartner）的研究指出的那样，"能够有效履行员工价值主张的组织可以将每年的员工流失率降低近 70%，并将新员工的敬业度提高近 30%"。[18] 从本质上讲，价值主张是承诺，而工作体验则是现实。如果承诺和现实之间的差距就像 Tinder 上"钓鱼"交友的人的照片与本人的差距一样大，那么麻烦就大了。

有一家公司不仅拥有非常吸引人的员工价值主张，而且努力应对过去的声誉挑战，它就是耐克（Nike）。现在它被许多人视为一家创新、员工友好、"酷毙了"的公司。它的承诺"我们看到了体育推动世界进步的力量"（We see the power of sport to move the world）彰显了它提升人类潜能的价值观。耐克的与众不同之处在于，它致力于创造一个注重平等、包容、赋权和尊重的环境；这一使命深深地引起了其目标员工——积极参与的贡献者的共鸣，而这也是该公司通过修订工厂规范和引领可持续发展而努力建立起来的。

耐克的核心员工价值主张是"团队共赢"，这种情怀奠定了整个公司的氛围。公司文化强调创新的团队精神。福利和薪酬也是如此，员工可以享受健身房折扣、搬迁福利、有竞争力的薪酬、退休计划、深造的机会，以及为自己和家人购买耐克商品打 5 折的优惠。正是耐克对工作环境和员工权益的关注，使它成为首选雇主。

英国消费品公司联合利华（Unilever）不仅将可持续发展作为其员工价值主张的核心，还以此为号召，激励员工成为变革的领导者。以下是联合利华的四大支柱，旨在将其员工价值主张融入员工生活：[19]

- 使命的力量（Purpose Power）。联合利华告诉它的员工和潜在客户"这不仅仅是一份工作"；这是一个机会，让他们在实现目标的同时改变世界和企业，造福人类。
- 成为催化剂（Be the Catalyst）。联合利华鼓励人才探索并挑战现状，积极主动地改变世界。

- 不同创造辉煌（Brilliantly Different Together）。联合利华强调集体的力量，它将每个人的优势和差异结合起来，以产生更大的影响。
- 超越自我（Go Beyond）。联合利华将自己定位为高质量的发展平台，帮助员工充分发挥潜力。

一个关于变革的简短但重要的题外话

如果我们的老朋友大卫·鲍伊还在世，他可能会告诉我们变革全靠人民。如果对今天的不满（Dissatisfaction）与对明天的清晰愿景（Vision）和切实可行的第一步（First-step）相结合，那么我们的变革力量就能克服对新工作方式的任何阻力（Resistance）；这就是 D × V × F ＞ R 变革等式。[20]由充满活力的多元化人才组成的公司很可能更容易接受非传统人才和非传统工作方式。了解谁在加入、谁在离开、谁在进步、谁在停滞不前，可以帮助领导者解决员工工作体验中不符合员工价值主张（即变革等式中的愿景）的那些方面，同时帮助领导者发现关键的第一步，以推动变革发生。

这不仅关系到有多少人离开，他们在这里待了多久，更要搞清楚为什么他们会离开以及为什么他们不再回来。了解不同的人希望从工作经历中获得什么是最重要的，尤其是如果我们不想突然有一天发现公司已经无人可用。

在人口增长放缓和强硬移民政策的双重影响下，如果我们仅限于吸引当前组织内的人才，或者不能解决那些阻碍某些群体取得进展的问题——例如缺乏儿童保育、有针对性的培训，或社会对他们普遍存在一种偏见，来帮助他们重返工作岗位，那么未来就可能会出现人才断档的情况。领导一家以人为本的企业意味着要对与当前截然不同的人才模式持开放态度，并关注非传统的招聘方式。降低学徒工必须拥有四年制大学学位的要求，双盲简历提交以及基于技能的招聘，是在金融、商业管理、工程和医疗保健等行业中正在发生的一些趋势，这不仅增加了工作的吸引力和多样性，还改变了管理者对于谁能胜任工作的固有观念。Burning Glass Institute 的研究表明，在 2017 年至 2019 年间，这些行业的雇主降低了对 46% 的中等技能岗位和 31% 的高等技能岗位的学位要求。[21]

企业在了解客户偏好方面花费了大量的时间和金钱，为什么不花其中一部分来了解员工呢？根据共同利益对他们进行分组，查看内部员工流动情况，了解政策和实际工作中可能存在的固有偏见以及员工价值主张的哪些方面没有引起不同员工群体的共鸣。进行倾听练习，了解他们对雇主的期望（以及他们对你在劳动力市场中的竞争对手的看法），可以帮助你成为一个吸引人的雇主。

绘制内部员工流向图很容易，但将学到的知识付诸行动却很难。年轻员工、远程工作的员工、终身员工、资深员工、不同种族和性别的员工，甚至高压力岗位员工的需求和关注点都会有所不同。而且不同的目标员工群体会有不同的偏好，例如信息技术（IT）专家可能偏爱最新的数字工具和设备，而财务专家可能更喜欢传统软件。在座的读者，有喜欢用微软 Excel 的吗？

我们真正需要关注的是没有被代表的群体。是的，也许今天你的企业正在增长，但是想想如果你的企业能避免人才流失，同时改善了知识共享，或提高了对关键未开发人群的吸引力，你的企业的增长速度会有多快？

你将听到我的咆哮

"但是，美世的顾问们啊！"你可能会说，"我不是一个有洞察力或营销能力的人。谁能够帮助我进入梦寐以求的候选人的内心，并深入了解他们呢？"

　　问得好。虽然我们无法直接帮助你做到这一点（尽管你可以说上述工作是市场调研的某种延伸），但是我们可以给你一个起点。根据我们的全球人才趋势研究，以下是员工真正想要的东西（见图 1-1）。

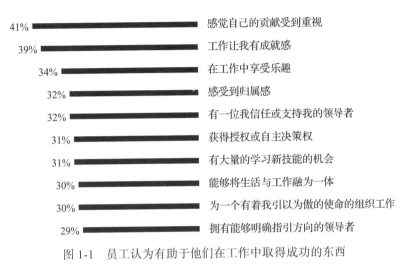

41% ■ 感觉自己的贡献受到重视
39% ■ 工作让我有成就感
34% ■ 在工作中享受乐趣
32% ■ 感受到归属感
32% ■ 有一位我信任或支持我的领导者
31% ■ 获得授权或自主决策权
31% ■ 有大量的学习新技能的机会
30% ■ 能够将生活与工作融为一体
30% ■ 为一个有着我引以为傲的使命的组织工作
29% ■ 拥有能够明确指引方向的领导者

图 1-1　员工认为有助于他们在工作中取得成功的东西

员工领导者打败领导员工的人

　　伟大的员工领导者都深知管理个人与管理业务之间的区别。他们的工作重点是确保团队拥有获得成功所需的一切，确保团队成员得到公平对待，以及确保团队成员从工作中获得的不仅仅是薪水。如果不冷静地审视自己的偏见和偏好，他们就无法做到这一点。

　　伟大的员工领导者都深谙人性。他们能在决策时平衡经济效益和同理心，在我们的研究中，高成长性公司在这方面一直做得较好。[22] 他们不仅仅关注公司的员工人数是否合适，还要确保每位员工都有适合自己的岗位并对岗位感到满意。

无论他们是项目负责人、专家还是带人经理，优秀的员工领导者都会挖掘每个个体最重要的特质。他们知道员工目前拥有哪些技能，希望发展哪些技能。他们会就机会和发展的可能性与员工进行非常坦诚的对话。他们在整个组织内倡导生活方式契约，并在实现员工价值主张方面发挥重要作用。

而拥有伟大员工领导者的公司，会让更多潜在的贡献者对自己的公司感兴趣。如你所知，感兴趣是找到自己一生挚爱的第一步。

员工领导者的行动呼吁

1. 围绕生活方式目标进行对话

我们很容易陷入难以为继的工作模式，而不是退一步问问自己或团队：我希望从自己的贡献中得到什么回报？为了实现自己的生活方式目标，我准备做出哪些取舍？为了了解哪些职位、工作时间安排和职业道路可以满足不同员工的期望，我们要与员工进行坦诚的对话。

2. 培养包容性人才文化

要建立一支充满活力的团队，在不同的工作模式和工作方式中实现跨职能合作，需要付出努力。建立团队章程和设定工作方式都会有所帮助，拥有一位专注于推动建立包容性文化并指出现有问题与不足的团队成员也会很有帮助。但没有什么是比了解自己的偏见和偏好，以及它们如何阻碍团队的贡献和进步更重要的了。

3. 不断挑战自己和他人的世界观

新一代人的性别观更加多元化（在美国和英国，每10人中就有1人被认定为顺性别者），同时他们的视角更加多元化，也更愿意挑战现状，尤其是在公平、包容和心理健康方面。[23] 千万不要错过！确保你企业中的每个人都能接触到来自员工的故事、见解和想法，并确保年轻的人才能畅所欲言——逆向导师制、影子董事会、跨人口统计差异的辅导⊖都会对此有所帮助。

高管和人力资源部的行动呼吁

1. 培育一种能与未来人才产生共鸣的员工价值主张

人们的价值观正在发生变化，而工作体验也在以惊人的速度变化。为不同职位的员工规划关键体验，并定期根据他们在公司工作的实际情况对这些体验进行验证。与没有接受工作邀约的人才进行沟通，并养成查看社交媒体和参与评论中有关真实工作经历的讨论的习惯，这些都会很有帮助。

2. 加倍重视工作乐趣与弹性，并着眼于未来

我们的研究表明，那些能够兑现承诺，在当下提供愉快的工作体验的公司，以及那些能够帮助贡献者在未来有所作为的公司会胜出。不同国家和不同代际的人对此的理解也不尽相同。让你的员工参与进来，为他们自己和同事制定专属的需求，并将其融入你的承诺和现实。

⊖ 这是一种教练方式。教练或导师将辅导具备不同人口统计学特征，例如年龄、性别、文化等的个体。

WORK
DIFFERENT

第二章

压力山大，焦头烂额然后躺平

焦虑。

疲惫。

抑郁。

不可持续的工作习惯。

不切实际的工作期望。

每年造成全球生产力损失将近 1 万亿美元。[1]

作为一个章节的开端，这些看起来未免过于沉重。但是在你的公司里，有些员工因为自己的工作，每天都在经历这一切。想象一下他们有多不好过。

我们经常被问及，全球是否真的有相当一部分职场人士感到工作过劳、不受赏识、不被重视。不幸的是，根据我们的观察，我们已经看到了很多人存在上述情况，因此答案是肯定的。美世的研究告诉我们，从 2019 年到 2021 年，全球职场人士的精力水平下降了 11%。而他们对自身职业倦怠风险的感知则从疫情前的 63%（这已经高得令人难以接受了），上升到两年后更加令人震惊的 81%。[2]

每两名员工中就有一人表示，他们每天都感到精疲力竭，医疗开支不断增加，而且有相当一部分员工在休完长期病假后无法重返工作岗位。显然，并非所有人的生活都很幸福。[3] 但问题是，当我们看到痛苦的迹象时，往往为时已晚，无法扭转局面了。

这可不是一个好的现象。这就也引出了一个问题：组织到底哪里做错了？

是工作真的变得如此危害健康，还是人们的适应能力比以前差了？这种心理健康危机仅仅是因为员工们更敢于直言不讳，才变得如此明显，还是因为我们的职场确实出了什么大问题？是不是管理者集体缺失了什么？

诚实的答案是：以上皆是。

这是我们自己造成的，我们必须加以解决

我们的新工作方式无疑是问题的一部分。是的，在疫情期间，个体变得更加独立，也更加有进取心，这带来了我们所谈论的思维方式的不同，这很棒。但是对其他人来说，居家办公的孤独感、连续工作多个班次的疲惫感，或者远程工作不断加快的节奏，再加上被赶出舒适区带来的挫败感，使得他们的压力不断加重，这就非常不妙了。

有些人不喜欢时刻紧盯着计算机的感觉，这让他们感到疲惫，但是如果不这样做，一旦错过 Slack 上的实时消息，就会有不好的事情发生。

有些人不喜欢 Zoom 会议，因为老板和同事会通过镜头看到自己家里有多乱；有些人则因为整天盯着别人的面孔而感觉很疲惫。

有些人不喜欢远程工作导致的有意义沟通的缺失，这是我们人类不习惯的（或者至少过去不习惯的）情况。

有些人不喜欢额外承担起缺勤同事的那份工作；有些人则对不得不返回实际场所工作而感到不满。

还有些人不喜欢那不可持续的工作时间安排。

在疫情之前，职场有其结构与边界，在"工作"这件事出现之后，结构与边界就一直存在。突然之间，它们消失了，我们不得不重新思考自己的生活，并且承担起比以往任何时候都重的工作责任。但并不是每个人都具备自我管理的能力，也并不是每个人都有那么多的时间来充分适应这种变化。

难怪大家都觉得如此疲惫，我们光是写出这些就觉得筋疲力尽了。

管理者并不知道应该在何时以及如何对此进行干预：我是否应该说些鼓舞士气的话？我是否应该调整他们的工作内容？我是否应该把他们调到新的岗位？我是否应该让他们暂时休假或离职？

挑战在于，一方面我们一直在大谈授权——"放手吧管理者，员工有

这个权力"，而另一方面我们却在说"嘿，管理者，你们需要介入并且解决这个问题"。

对个体而言，如果他们所需要的支持、资源和沟通都得不到满足，他们的压力只会越来越大，这就增加了职业倦怠和"精神离职"的可能性。这不仅仅是因为新的工作方式或不可持续的工作时间，更是因为人们的信念与他们被要求做的事情之间存在认知上的不一致。这有可能是因为你们创造的出色的员工价值主张已经被压力过大的老板置之脑后，或者是因为公司关于包容性或休息时间的制度只是空谈，与员工的日常实际情况不符。

好消息是，人们越来越多地谈论心理健康和工作压力，开始承认自己确实感到精疲力竭、幻想破灭，并面临职业倦怠的风险。这是一种进步，但是对很多带人经理来说，这也是一种新的挑战——从发现问题到谈论问题，再到有效地处理可能影响员工心理健康和福祉的个人与文化问题。再加上许多人在处理这些问题时，所面对的是可能以远程、混合模式工作或新组建的多样化团队，这确实是一个当今面临的问题。

而且，也正如当今的很多问题一样，它没有简单的答案。

人类精力危机

按照合同，你的工作时间是每周 40 小时，但是实际上你每周工作的时间都超过了 50 小时。几个月过后，身兼数职已经成为常态，但是你的收入却没有增加。

按照合同，你的职位是协调员，但是入职两周后你就做了本应由两个协调员承担的工作。两个月后，因为管理者离职后无人接替，你开始做管理者的工作，但你并没有升职。

你一整周都在努力完成自己的待办事项，但是到了周五，你还没有完成任何重大项目。你对此感到无措和不堪重负，你需要一分钟（也许两分钟，也许三分钟）来喘息，来思考，来做一个活生生的人，来发挥创造力，但是你失败了。一切都没有任何改变。

这一切，都不可持续。

这就是为什么在"人本时代"来临之际，各组织正面临着一场"人类精力危机"。

坦率地说，我们都不应该对此感到惊讶。当贡献者们疲惫不堪、心灰意冷，想要（其实应该为"理应"）得到渴望已久的休息或加薪时，我们又怎能指望他们发挥出最佳水平呢？我们已经察觉到这一点，也深知其重要性，现在必须采取措施来解决。

人类精力危机的起因是新的工作方式尚未被全面采用，而旧的工作方式又没有被完全摒弃（不然就不会存在"为什么我同时通过 Outlook、Teams 和 Dropbox 收到同一份文档？"的疑问了），以及转向更加以人为本的工作环境存在延迟。与此同时，人们背负的高目标、要完成的永无止境的待办事项清单，都造成了认知负担，而这种情况是不可持续的。换句话说，一些贡献者会因为无法适应远程工作和数字协作而失去了活力，另一些贡献者则因为无限延长的工作时间和无报酬、不被认可的伪晋升，而像《王牌大贱谍》的主角奥斯汀一样失去了自己的精气神。

许多人将这种混乱现象视为现代数字职场的一个不健康特征，这也说明新方式和老传统之间的矛盾尚未解决。你可以把它想象成糖山帮（The Sugar Hill Gang）和德雷克（Drake）之间的说唱大战。只是这次糖山帮希望朝九晚五地踏踏实实工作，这样他们才有时间嘻嘻哈哈（而且他们不会停止），而德雷克则不想忍受 60 分钟的通勤时间，因为这样他就没有时间在上班前做点自己喜欢的事了。

微软发现，自疫情以来，一个典型的工作日的长度增加了 13%，下班后和周末的加班时间则分别增加了 28% 和 14%。[4] 疫情使人们的工作方式、时间和地点更有弹性，并加速了数字化进程。但如果我们不小心，这些创新将进一步加剧人类精力危机。此外，即使我们的工作时间是合理的（可持续的），工作的复杂性、持续的学习以及对于跟不上时代的潜在心理恐惧也会让我们疲惫不堪。

人类精力危机呼唤一种可持续发展的新型职场。越来越多的公司将这一理念铭记于心，开始尝试诸如周五不开会、每周四天工作制等新制度，并利用直接民意调查或被动采集数据来实时检查员工的精力水平。它们还确保将大型变革项目纳入其员工规划模型，以预测这些举措对不同团队能力的影响，使团队能够增加人员或寻找新的方法来加快项目进程并顺利交付。

在谈及人类精力危机时，玛氏公司（Mars Inc.，以下简称玛氏）全球健康主管凯瑟琳·巩特尔（Cathryn Gunther）说："玛氏将精力视为整体健康的一种表现形式。玛氏和其他公司相比的特别之处在于，我们有意识地关注个人和团队的精力。玛氏的数据显示，我们的员工的精力和敬业度与工作满意度密切相关，而且精力充沛的管理者领导的团队的敬业度也更高。"[5] 玛氏实施了一个名为"生命精力"的标志性项目，该项目起源于强生人类行为研究所。[6] 该项目要求员工停下来思考自己的人生目标。它教导人们如何在四个精力领域（身体、心理、情感和精神）构建精力管理流程，帮助员工在工作中发挥自己最好的水平。将个人的动机和激情与公司的使命联系起来是有意义的。但即使你热爱自己的工作，下班后仍然会精疲力竭。

当然，从观念角度来说，精疲力竭和充满斗志并不相互排斥。但如果我们不改变那些对我们不再有益的工作习惯，尤其是那些耗尽我们精力的工作习惯，我们就无法创造健康的工作环境来激励和留住人才。我们现在有责任审视我们的工作场所和工作习惯到底具备多大的可持续性。好消息是，许多人已经意识到这一点。2023 年，有 37% 的公司的人力资源领导者表示，他们正努力在重新设计工作时考虑福利问题（例如，现实的工作量、无会议日、降低工作复杂性、积极的工作环境、信任文化等）。进步当然是有的，但其他 63% 的公司呢？[7]

快速科学课的第一部分：精力是有限的

科学规律告诉我们，物质能源是有限的资源。员工的精力也是有限的。人是会疲惫的，因此可以合理推断，在团队中工作会使人更加疲惫。

在这种情况下，我们要更加谨慎地部署人才，并解决那些消耗员工精力的问题。要想让员工保持愉悦和高效，就必须齐心协力，这就意味着要弄清楚是什么阻碍了他们。挑战在于，随着许多公司变得高度本地化，加之未与员工充分沟通就单方面启动项目，它们有时没有意识到这些新项目是如何占用员工的时间的，从处理电子邮件到学习新技术，再到他们可能主动参与的更广泛的变革项目。而工作的复杂性并没有降低。要解决这个问题，就要求各组织将精力视为有限的资源，更好地预测各种压力，并在感觉到有问题时采取行动。

从员工精力管理的角度来看，显而易见的是，在后疫情时代，单纯计算员工出勤是不行的，因为这忽略了一个关键点：仅仅是物理的在场并不能带来同等或更好的绩效。与人们重返工作场所相比同等重要甚至更重要的是，让人们在情感上回归。长期以来，我们一直处于救火模式，现在我们需要找到一种更可持续的工作模式。

快速科学课的第二部分：长期危机思维

说回救火模式。

1999 年，美国国家航空航天局（NASA）的无人火星气候轨道飞行器在火星大气层中被烧成灰烬。这导致美国国家航空航天局在这个项目上投入的1.25 亿美元打了水漂，数百名科学家、工程师和领导者的声誉毁于一旦。[8]

罗伯特·博姆（Robert Bohm）在《哈佛商业评论》（*Harvard Business Review*）上发表的题为"停止救火"的文章中写道："这场灾难的根源在于一个简单的沟通问题。一个工程小组使用公制单位，而另一个工程小组则使用英制单位。但这种解释掩盖了一个更为复杂的潜在问题。通过分析轨道飞行器坠毁的根本原因分析所得到的教训从未像今天这样有意义。"[9]

根据美国国家航空航天局在轨道飞行器坠毁前不久发表的一份报告，早期火星气候轨道飞行器项目分包商的员工人数远远少于计划人数。这导致了工期延误以及一连串错误的技术决策。为了迎头赶上，美国国家航空航天局从其他处于早期阶段的项目中借用了大量的工程技术人员。为了赶工期，工程师们每周工作 70 小时，这可能会在短期内造成更多的错误，并在长期内导致效率下降。这场坠毁灾难的早期预警信号被错过或忽略了。坠毁后的一份调查报告暗示，导致坠机的导航错误本可以通过火箭科学家所说的"应急燃烧"来纠正。[10]这是试运行的一种花哨的说法，但由于其他紧急工作（即博姆所说的"救火"工作）的挤压，是否进行燃烧的决定一直没有做出。

罗伯特·博姆在《哈佛商业评论》上撰文解释说："有时，即使是管理良好的组织也会暂时陷入救火模式，但这不会造成长期问题。真正的危险在于，救火越激烈，逃生越困难。"

回到当下。现代企业员工面临的挑战之一，是许多组织中日益盛行的"长期危机"（或"长期救火"）模式。这种模式已经在许多组织中占据主导地位。我们的工作节奏比以往任何时候都要快，这让人疲惫，但是与此同时，我们也无法在这样的情况下做出正确的决定。

投资者的期望越来越高，新技术也不断涌入。但事实上我们中的许多人根本不具备技能或经验来做好相应的准备。在一个脆弱（Brittle）、焦虑（Anxious）、非线性（Nonlinear）和不可知（Incomprehensible）的 BANI 世界中，预测多种风险的影响是一项挑战，而这也是一些管理者完全放弃长期规划的原因。[11] 我们已经失去了这个习惯，大脑中的这部分能力已经丧失。因此，一切都变得紧迫。工作压力增大、精力耗尽就是不断救火的结果，但问题是，大多数这样的火灾并不是真正的大火，只是火花而已，只需要喷点水扑灭，而无须动用消防水带、六名消防员和一堆破拆工具。

要修正这种坏习惯，我们首先要回归本质。良好的目标设定和分解可以起到帮助作用，这是执行业务战略的核心杠杆，只是这一过程往往执行不力。强有力的期望设定与风险评估，以及在项目启动初期就界定 RACI（Responsible，Accountable，Contributor，Informed），即谁是责任人、谁是负责人、谁是贡献者、谁是知情者，可以使项目目标与部门目标更一致，尤其是坦诚地讨论如何平衡财务指标（即收入、利润或现金流）与人力资本指标（即福利指标、缺勤、工作时间或未休带薪假）时。如果只面向投资者和高管的角度不断做出回应，我们会长期生活在危机当中。如果我们想要更可持续的工作和更以人为本的职场，我们就必须停止救火。

请对我手下留情

正如阿黛尔（Adele）的名曲 Easy On Me 所唱的那样，"当我们都故步自封时，事情就不会发生改变"。那么谁应该对现在的情况负责呢？是员工，是经理，还是企业领导者？

更重要的是，我们的健康干预措施是在改变现状，还是给员工增加了新的工作负担？

无论你对这些问题有什么看法，事实是我们的文化和组织中有某种东西促使人们需要更多的私人时间、更多的病假，以及更多的休息时间。

年轻一代更愿意谈论心理健康问题（这是个好消息），管理者对这些问题也更加警觉（也是好消息）。但残酷的现实是，压力正在增加医疗支出，健康通胀对预算造成了巨大压力，每年因缺勤和福利保费上涨造成的生产力损失估计达 1 万亿美元。[12] 我们都需要行动起来。

同时还有一系列因素在发挥作用。在欧洲，长期的生活成本危机挤压了家庭收入，引发了人们对能否支付账单、偿还贷款以及为退休提供资金支持的担忧。这对最弱势群体的打击最大。最近，许多年轻人开始质疑教育的价值是否值得他们背负这些债务。

在亚洲，我们看到抗议不合理（不可持续）的工作时间的"躺平"现象，它影响了公司对员工的吸引力。尽管许多南亚国家在 2023 年仍然具备年轻劳动力的优势，但是日本、中国和韩国等国劳动力老龄化的影响，推动了有关提供医疗保健和退休金的紧急讨论。

在美国，强劲的劳动力市场掩盖了其他迹象，这些迹象表明美国工人的状况不佳，生产力损失的天数在增加。尽管疫情已经过去，但 2023 年的焦虑、抑郁和倦怠水平都达到了历史新高，而当年的劳动参与率则低于疫情前的水平。

在南非，2022 年第一季度的总体失业率为 35%，24 岁及以下的年轻人群的失业率更高（64%）。根据南非统计局的数据，虽然毕业生的失业率相对较低，但导致失业的最大因素是挫败感——许多年轻人"失去了找到适合自己技能、满足自己对通勤时间要求的工作的希望"。[13] 无论你走到哪里，焦虑、工作压力、对金钱的顾虑以及对这些压力的各种反应都在不断增加。

压力与绩效之间的联系

在 2021 年日本东京奥运会上，全世界都目睹了体操传奇选手西蒙·拜尔斯（Simone Biles）中途退赛。她经历了被称为"扭曲"的空中失感状况——体操运动员在运动过程中突然失去方向感，甚至出现连最基本的动作都无法完成的情况。这种现象会扰乱运动员在赛场上的表现，即便那些动作他们已经完成过无数次。在拜尔斯的案例中，这意味着她无法在空中旋转时正确地看到地面。因此，由于她的这种症状，她几乎不可能正确地着陆，甚至无法安全地着陆。

我们都知道，压力是主观的、个人化的并且是复杂的，让你感到压力的东西可能会使你的同事受到激励。正如我们在竞技场和工作中看到的，同样的情境可以让一个人达到巅峰状态，也会使另一个人陷入僵局。当一个人屈服于压力时，团队中其他成员的生理和心理压力就会增加，因为他们要承担压力供需之间的缺口。整个团队的压力水平也会增加，从而产生了一群产能不足、无精打采的贡献者。再加上不断升级的世界事件的新闻报道，以及在生活成本危机和新的工作议题中保持清醒头脑所需要付出的努力，这一切都让我们疲惫不堪。换句话说，压力是会传染的。

不确定性、变化带来的疲劳、为压力很大的其他团队成员分担工作、平衡多重角色（如养育子女或照顾年迈的亲属）、超时工作、适应新的工作方式、应对数字疲劳，以及全天候工作等，这些都会降低士气，造成有毒的工作环境，影响绩效。

话虽如此，适度的压力可以刺激某些人取得更好的表现。美世的职场健康专家沃尔夫冈·塞德尔（Wolfgang Seidl）说："（有些）人需要有足够的压力来保持投入，以实现茁壮成长。对他们来说，压力是自己在职业生涯中不断成长的信号。"[14] 还记得我们需要取得微妙的平衡才能感觉自己在茁壮成长吗？

但长期的压力会改变我们的情绪，从而导致职业倦怠。在我们对职业倦怠驱动因素的研究中，尽管男性和女性都认为薪酬是导致职业倦怠的首要因素，但女性还同时将工作量的增加和无法兼顾工作与生活列为导致倦怠的次要因素。[15] 男性则认为在接受新工作方式时失去了自己的人际网络，以及工作中日益增加的不公平感，是造成他们心理健康问题的原因。显然，对于不同的贡献者，我们应有不同的响应和支持其需求的方式。世界卫生组织（World Health Organization，WHO，以下简称世卫组织）职业与工作场所健康部门负责人伊万·伊万诺夫（Ivan Ivanov）认为，不合理的管理方法和糟糕的工作设计是导致这一日益严重的健康危机的促成因素。在世界经济论坛举办的全球健康专题讨论会上，他说："我们不能用认知行为疗法、抗抑郁药物和临床护理来治疗患者，然后再让他们回到让他们生病的工作环境中去。这绝对无效，而且是一种浪费。"[16]

　　许多其他与压力有关的问题在疫情发生之前就已经显现，而且大部分都被过于轻率地容忍而非解决。工作的不稳定加剧了工作中的"错失恐惧症"（Fear Of Missing Out，FOMO）。很多问题来自等级制组织结构，在这种结构下，晋升和由此带来的出人头地都基于工作资历。这通常是围绕着一种信念，即做超越本职的工作将加速职业发展，有助于获得晋升，推动加薪，并从工作成功中获得成就感。虽然强烈的职业道德和自律精神值得称赞，但以牺牲充实的生活为代价的工作，也许并不那么重要了。

　　一定有另一种工作方式——另一种生活方式。

当问题不只是压力

　　根据世卫组织的说法，"职业倦怠是由于工作场所的压力长期以来都没有得到成功管理而造成的"。报告指出，与工作的心理距离拉大，以及与此相关的消极或愤世嫉俗的情绪或专业效能的降低，都会让员工产生能量耗尽或精疲力竭的感觉。[17]（值得注意的是，世卫组织直到 2019 年才将职业倦怠纳入"国际疾病分类"。）它建议我们注意的迹象包括情绪失控、疲惫、总是感到沮丧、社交退缩、食欲不振和绝望感。报告还指出，情绪敏感人群（Emotionally Sensitive People）更容易出现上述迹象，同时还必须对触发情境保持高度警惕。那么，我们都应该知道的职业倦怠的触发因素有哪些？我们又该如何帮助我们的员工始终保持积极的工作心理？

新的工作环境加剧了工作压力。例如，研究表明，随着远程工作方式的应用，我们中的许多人都感到工作压力增加了。其中一些人把每天几分钟（或几小时）的通勤时间都用于工作，这意味着每天 8 或 9 个小时的工作时间变成了 10 到 11 个小时，而这通常并不会伴随着薪酬的增加。

除非我们从各个层面适当奖励我们的员工，否则我们可能会发现自己没有可以奖励的高素质员工。马氏职业倦怠量表（Maslach Burnout Inventory，MBI）强调了可能导致职业倦怠的六种因素，对于担心团队成员产生职业倦怠的管理者，表 2-1 是美世给出的一些建议。[18]

表 2-1 马氏职业倦怠因素及建议

马氏职业倦怠因素	美世的建议
工作量	定期与团队成员沟通，了解其工作量是否符合期望值。当工作量超出预期地增加时，给员工建立一个可以反馈的渠道。培养项目管理和自我意识方面的技能。在敬业度调查中询问有关工作量的问题。特别注意设定任务优先级时主次不分、分配任务不合理的问题和完美主义
认为缺少控制	审视可预测的工作与意外要求之间的平衡。围绕边界设定和范围变化培养技能。确保没有人是孤立无援的，并根据需要指定伙伴。警惕那些忽视了他人工作量和压力的决策
缺乏奖励与认可	如果有人感觉不到自己的价值，那么你就该考虑如何让他们的工作得到认可，并让其他人更清楚地看到他们的贡献。在整个团队中培养同理心和感恩的技能。注意那些得到奖励或休假，但因为工作未能充分享受的人
糟糕的关系	审视你以及你的团队与重要工作相关方的沟通频次、沟通质量。培养管理利益相关者的技能。特别注意合作关系模式，缺乏信任或尊重会削弱团队活力或士气
缺乏公平性	考虑如何对待担任相似职位的成员，特别是在机会和资源分配的公平性方面。培养与绩效管理、工作透明度和团队责任感相关的技能。特别注意只表扬或优待某些成员的频次
价值观错位	如果你觉得价值观和信仰与组织的决策方式不一致，请直言不讳并参与变革。培养以价值观为基础的领导技能，并重新确认让团队成员聚集在一起的原因

我很愤怒，厌倦了曾经的一切

并不是只有梦龙乐队（Imagine Dragons）能代表大众的想法，布赖恩·克里利（Bryan Creely）也很有发言权。他曾担任企业招聘人员多年，并在 2020 年被裁员后成了一名职业教练，用他的话说就是"为了过上更无忧无虑也更独立的生活"。[19] 2022 年，他在抖音短视频国际版（以下简称 TikTok）上发布了一段视频，讨论了一种名为"躺平"的现象：一个员工仅完成工作的最低要求，没有更多的追求。

这段视频获得了超过 4 亿次观看，显然引起了几代沮丧的职场人的共鸣。（值得一说的是"躺平"引发了"周一摸鱼日"运动，这点没必要解释了。）它为新的职场趋势画上了一个感叹号，并且让比以往任何时候都更多的人意识到，除了在工作中不断超越自我，生活还有更多意义。

具体地说，"躺平"并不是物理上（身体上）离开，而是情感上离开工作。其主要体现在，员工选择不再做任何超出其工作职责范围的事情。据盖洛普公司估计，半数美国员工已经接近"躺平"，因此我们最好都重视起来。[20]

"躺平"的人质疑不成文的雇主–贡献者合同，并提出以下问题：我为什么要在没有更多报酬或认可的情况下去做更多超出我工作职责范围的事情？（翻译一下：这对我有什么好处？）他们之所以选择"躺平"，往往是因为心理工作契约遭到了破坏。在疫情期间，无数人做了很多超出自己工作职责范围的事情，而且是心甘情愿的。虽然有些人通过这种方式茁壮成长，甚至学到了新技能，但更多人的努力却没有得到足够的认可、奖励或回报。是的，2021 年的一个星期四晚上，所有英国人都自发为英国国民医疗服务系统（National Health Service，NHS）的工作人员鼓掌，感谢其在抗击疫情方面的辛苦付出。但这是否有助于这些工作人员在 2022 年加薪？令人遗憾的是，持续到 2023 年的罢工表明答案是否定的。

因为工作量差异很大，实际的额外工作量也是一个需要考虑的因素。

员工们确实会怀疑自己是否在做别人的工作。

他们想知道自己是否被期望接替某个离职或休假的人的工作，如果是这样，他们是不是在没有加薪的情况下被要求这么做？

他们想知道自己是否在把时间浪费在繁忙但无意义的工作上，而不是为公司或自己的简历增添价值。

美世的梅利莎·斯威夫特（Melissa Swift）建议各组织仔细研究一下，它们在哪些方面可能会鼓励表演式工作。在她的著作 *Work Here Now：Think Like a Human and Build a Powerhouse Workplace* 中，斯威夫特写道：审视自己做的每一件事，以确保你没有无意识地通过自己的行为或所奖励的内容去助长表演式工作，这是值得的。你是否给那些安排毫无意义的会议来炫耀的人更高的绩效评级？你是否向自己的上司汇报过多？人们常常惊讶地发现，一个身居领导岗位的人指出自己的反效率行为，就可以阻止很多表演式工作。[21]甚至在克里利提出这个标签之前，员工们已经"躺平"很多年了，只是没有人意识到。如果一个员工能以最少的努力完成工作（而且没有人注意到），那么，对他们来说这是件好事。但是，自从蒂莫西·费里斯（Timothy Ferriss）在 2007 年出版的《每周工作 4 小时》（*The 4-Hour Workweek*）一书中提出缩短工作时间的主张以来，为实现这一目标所采取的全球化和过度委派的做法就招致了批评。人们质疑组织中的工作到底是在哪里完成的，人工智能和自动化是否真正提高了能力和专业技能。其他贡献者则通过反对他们认为不合理的要求或不可持续的工作文化，来改变他们的工作方式。有些人并不是因为被分配了额外的任务（起因）而"躺平"，而是因为他们认为自己受到了不公平的待遇、不被尊重、不受重视或被忽视。听起来熟悉吗？它们也可以被称为压力、疲惫、倦怠或"躺平"：这些现象的前因后果极其相似。这些都是在新的工作环境中保护自己的不同方式。根据人们的性格特点，有些人会退缩，有些人会抵制，有些人会衍生出其他身体或心理上的症状。

有问题也没关系

多年来工作场所的心理健康问题一直没有得到承认或被忽视了，尤其是在那些重视出勤率或劳动保护程度较低的市场。压力常常被污名化，因为它给员工和管理人员带来不适，而他们中的大多数人对压力可能造成的后果知之甚少。但是人们因为害怕对自己的职业生涯造成影响，例如被视为不称职，或不被考虑参与重要项目和晋升，而不敢提及压力。

现在很多公司都吹嘘自己的员工并不恐惧表达。但是，与前几代人一样，如果企业文化又回到了"要么适应，要么出局"的大男子主义态度，这种开放性就会被封闭起来。

后来由于疫情——当时我们的压力都很大，于是心理健康问题开始在全球各公司的高管对话中占据一席之地。如今，领先的组织正在将心理健康和福利作为其人才战略的重要支柱，而现在也正是时候。

以戴尔科技公司（Dell Technologies，以下简称戴尔）为例。戴尔的智囊团认为有必要为员工提供心理健康支持，尤其是在美国以外的地区。因为公司一半以上的员工居住在美国以外的地区。该公司在其现有的国际员工帮助计划（Employee Assistance Programs，EAP）中试行了本地化和个性化的解决方案。它们首先在新加坡和马来西亚启动了这一项目，对公司的医疗索赔记录进行分析后发现，虽然同样受到职业倦怠和压力的影响，但与其他国家的员工相比，这两个国家寻求支持的员工人数较少。[22]

那么，什么会促使贡献者愿意利用现有资源呢？公司重点关注了四个关键领域：

- 减少与心理健康相关的耻辱感。
- 提高对情感健康重要性的认识。
- 提供全面的计划。

- 确保所有人都可以方便地参与到该计划中。

戴尔本就是一家数字化公司，因此戴尔求助于技术。它围绕本地需求，构建了一个多语言的解决方案，并与戴尔现有的福利生态系统相整合。通过将预防性护理（即数字化自我护理会话和虚拟辅导会话）与关键性护理（即必要时的实时临床支持）相结合，戴尔提升了心理健康的重要性并让大家都关注到心理健康，使其与员工福利计划的其他方面一样，成为人才战略的关键要素。[23]

许多人都明白，在人本时代，心理健康问题以及经济、社交、身体等各方面的福利问题都需要得到重视，尤其是考虑到我们花在工作上的时间，以及如果我们处理不当，个人和组织将付出的代价。现在，管理者和同事有更高的责任去警惕压力和困扰的迹象，倾听语气和情绪的变化，并随时准备采取行动。

问题是，并不是每个人都做好了承担这一责任的准备。

与美世合作的一家保险公司的经理说："我从来没有遇到过这么多员工请心理健康假，这给团队的其他成员造成了压力。我担心的是，在我们同意员工长期离开工作场所后，让他们再回来就很难了。我们需要更早地进行干预，并同时考虑其他选择，比如兼职、零工或工作共享。我们需要重新设计我们的工作，更好地确定优先次序，并在人们陷入困境时及时提醒。我们不是做不到，我们只是不擅长进行这些讨论。"

现在是人本时代！伙计们，是时候好好进行这些讨论了。

暴风雨后的平静

职业倦怠、精疲力竭、躺平、人类精力危机以及长期危机都有两个共同点：

- 它们都是认知和情感负荷增加的结果。
- 它们都是以人为本的问题，需要以人为本的响应。

这并不容易——范式的转变从来都不容易。但是我们都需要认识到，新的职场要求我们积极地重新设计工作，对压力保持警惕，并在探索各种工作弹性和远程工作模式的过程中不断对工作进行重新协商。当然，我们还没有做到这一点，但是好的一面是，数据和技术可以指引我们朝着正确的方向前进。我们需要更系统性地变革工作，让我们的员工体验回到健康的状态。

虽然这些问题没有明确的、放之四海而皆准的解决方案，但在我们看来，以下七种趋势是领先企业在探索让福利成为一种权力而非特权的过程中所遵循的。

1. 确定实际存在的不可持续的工作方法，并针对根本原因采取行动

许多公司都从员工流失率、工作时间延长以及敬业度调查的针对性问题中，知道员工在哪些方面面临着与压力相关的疾病的风险。在这种情况下，向员工了解他们的经历是一个很好的开始。

一家四大专业服务公司就是带着这样的挑战来到美世的。我们对它们的一个重要部门进行了一些审查，主要侧重于团队创造价值的领域和方式，特别是谁在完成这些工作。然后，我们探讨了这些工作是如何完成的，哪些工作可以通过技术手段来辅助完成，哪些工作由公司内外的其他贡献者来完成可能会更好，所有这些都是为了让员工回归到他们最擅长的领域（通常是他们学习的目的或当初加入公司的原因）。然后，我们对当前的工作文化进行了审核，并为一项文化变革计划的实行提供了支持，以解决那些妨碍高效异步协作的工作习惯问题。

工作强度不断增加，花在汇报和演示等表演式工作上的不可持续的时

间，再加上高强度的工作文化，所有这些都使得许多工作变得具有挑战性，即使是最优秀和最聪明的人也难以胜任。对工作进行全面重新设计并重置文化规范，不仅能让团队重拾欢乐，还能帮助这些岗位上的员工看到一条可持续的晋升之路——一条不会危及他们健康的晋升之路。将部分工作自动化、重新分配工作和重新设定目标确实会有成本，但它们对留住人才的影响是巨大的。

2. 像管理预算一样管理精力，进行预测并遵守原则

新的举措、新技术的学习和不可预见的事件都会不断叠加工作量，消耗我们的精力。如果不对其加以控制，我们就会越陷越深。改进目标设定和"做或不做"的决策方式，尤其是围绕新举措和转型要求进行改进，可以带来巨大的变化。留出一笔精力预算，帮助团队管理由缺勤导致的工作量变化以及能力限制，也有助于缓解短期的精力问题并降低与压力相关的风险。完善的精力资本支出（CapEx）和精力运营支出（OpEx）流程也至关重要，这些流程要考虑到签署新项目的下游影响。如果影响未知，正式的测试和学习试点团队可以在线下基于项目先小范围地开展工作，或评估以后在全公司范围内成功推广该项目需要哪些资源。这种策略可以帮助公司在战略和运营层面上更好地规划人力资源，从而抵消能力和资源的限制。

一家金融机构利用动态人力资源规划平台，使管理人员能够每季度重新评估员工即将面临的工作量。这让他们不仅能够绘制业务需求驱动因素（外部）的变化图，并了解这些变化对人才供应的影响（考虑到内部人员流动率和缺勤率），而且还能够模拟大规模的转型计划对员工能力的潜在影响。

当高管看到资源不足的部门存在系统性瓶颈和潜在的突破点时，他们会开始讨论如何使用随时待命的特遣人才库，并在企业层面更好地规划项目，而不是给繁忙的团队增加负担。一位高管评价说，仅仅是看到建议项

目对员工能力的实时影响，就改变了他对项目优先级的看法。公司里都是聪明人，每个人的项目都有其合理的业务理由，但如果不加以控制，这些各自为政的决策所产生的综合影响就会使情况变得糟糕。

3. 了解激励员工的因素，并将重新设计员工体验作为优先事项

贡献者们明确表示，他们希望在情感上和身体上都处于一个有目标、有归属感、健康的工作环境。他们希望在良好的经济条件下获得心理安全、弹性和透明度。（当然，更高的薪水自然不会有什么坏处。）尊重他们的时间、良好的会议礼仪、可持续的工作量以及能够让他们明确表达期望的畅通渠道，也是良好的员工体验的重要因素。如果付出大于收获，员工就会出现道德倦怠。

如果我们想在职场中激励下一代努力工作，我们就需要围绕他们的不同需求和兴趣重新设计职场，直面使他们失去积极性和动力的原因。这意味着要关注价值观和文化；这意味着要识别员工生活中的重要时刻；这意味着要建立一个既可持续又公平的价值主张。如果我们不坦诚地面对阻碍我们的原因，就无法做到这一点。一家制造企业承认，它在18个月内引入了22个新技术流程。难怪许多领导者将公司的"管理"描述为一种负担，而非特权。许多技术改进实际上是将职能团队（如财务和人力资源部门）的工作直接推给管理者。没错，这样做增加了自助服务，让人们可以自主完成，但也转移了完成这些任务的时间负担。将管理人员视为这些职能团队的客户，并明确他们与专家和技术的理想互动方式，这样做会改变游戏规则。结果是某些技术的功能被关闭，一些活动被交还给真人团队来完成，以更好地吸引真人员工的参与。

4. 停止喋喋不休，让我们专注于对话

为了使这种新的工作秩序切实可行，我们需要拥抱现代职场，而不是

把旧的工作方式强行搬到数字平台上。我们对进入职场的"数字原住民"的了解是，他们想要与众不同的工作方式。他们不像前几代人那样使用电子邮件，不像前几代人那样仅仅偶尔使用社交平台，也不像前几代人那样依赖传统媒体，他们甚至不像前几代人那样只使用表情符号的原始含义。不过，他们可能会用"好的，老家伙"这样的调侃来唤起人们对这些差异的关注。在职场，每个人都需要达成共识。

要穿过噪声，需要跨越代际的沟通渠道和策略。这在很大程度上仍是一项进行中的工作，但明确使用哪些沟通渠道、良好的内容架构和内部沟通协定将减轻这些变革带来的痛苦。

要让变革继续下去，就必须制定规则和方向，并且要让领导者和员工都接受。这有助于培养一种文化，这种文化旨在界定最合理的沟通渠道，分享其背后的逻辑。以便人们能够就使用哪些系统（以及何时使用）和用于何种目的做出明智的决策。数字协作社区不是广播社区，协作工作空间不是内容存储库。在帮助你选择合适的福利方面，福利门户网站与移动应用程序不同，而移动应用程序在帮助你选择适合你的福利方面与面对面的知识共享又不同，但它们都有自己的用武之地。对渠道和策略的忽视，以及对数字辅助工具能提供帮助的领域的忽视，不仅会加重人们的疲惫感，还会阻碍我们将员工真正的力量和员工突出的贡献发挥到极致。

贡献者的意见至关重要，但如果一味迎合每个人的喜好，就会让我们整天在无数的应用程序和论坛之间来回穿梭，难以跟上时代的步伐。一家制药公司发现，通过彻底简化所有内部流程和职能政策，员工能够更高效地利用自己的时间。作为这一变革的一部分，该公司制定了会议准则和培训时长规则，并完善了内部沟通策略。人力资源团队将冗长的政策声明缩短了三分之二，并要求业务合作伙伴也这样做。

另一家公司在指定的办公室日不录制会议，防止员工通过远程方式参会或事后在家里回看会议视频。他们发现，这一变革，加上提前发送预读材料，使他们在一起的时间都用在了高质量的对话和决策上。

第三家公司每年取消所有常规会议，以便在必要时可以有意识地评估其必要性并决定是否重新设置（或取消）。

5. 解决团队成员间的工作方式问题，为技术应用留出时间

在决定如何以及在哪里花费工作时间时，我们都需要更加明确自己的意图。这往往要求我们仔细研究公司和自己的工作习惯。好消息是，在数据驱动的世界里，专业人士往往有很多机会重新评估自己的工作方式。从微软的员工体验平台 Microsoft Viva 的活动报告，到生成式人工智能对我们日程安排的反馈，再到传统的 DIY 考勤表审查，我们可以通过多种方法来了解我们的工作时间花在了哪里、是如何花费的——以及我们未来是否想以不同的方式工作。

解决持续的团队工作压力，帮助贡献者表达他们的担忧以及设定界限，现在尤为重要，因为传统工作日和会议的界限围墙已经轰然倒下。

美世的一名员工评论说："我们团队最大的问题是，一些团队成员使用新的数字工具辅助工作，而另一些成员则坚持用电子邮件发送工作计划，并在线下工作。后者让前者的工作时间翻了番，有些成员觉得他们在做其他人的'小助手'，因为他们要把线下的工作重新输入在线系统。"

规范非正式沟通的流程、商定的协作工具和创新都是关键所在。同样关键的是，要确保同事之间相互尊重、相互负责，让团队成员随时了解情况并交付高质量的成果。

6. 以身作则，培养健康的工作习惯；营造一种氛围，让员工能够管理好自己的生活，并进行社交互动

当我们从旧的工作世界过渡到新的工作世界时，我们需要全面地审视

福利，并诚实地看待，在这个问题上我们如何以身作则。

当今工作环境中的许多压力和焦虑都是由社交孤立和归属感降低造成的。在大多数情况下，这些感觉是由远程工作带来的，但是纵使我们减少差旅和会议，这些感觉还是会继续存在。我们可以独立地、远程地、异步地工作，但并不意味着这是完成手头任务的最佳方式，也并不意味着这是奠定良好合作伙伴关系基础的最佳方式。

在敏捷团队中，焦虑和归属感降低的问题也日益严重，尤其是年轻人才——他们可能会因为经常性跳槽而难以掌握自己的专业技能。社交是与不同工作风格的人合作的一剂良药，而积极的合作伙伴关系则可以消除新工作模式和职位转换带来的失落感。但是，人们需要归属感，无论是一个有共同目标的团队，一个职业或专业的团队，还是一个对他们的职业生涯亲力亲为的带人经理或教练。

许多公司发现，重返办公室恢复了一些同事所渴望的工作结构，并对员工的心理健康产生了积极影响。还有一些公司发现，鼓励员工和管理者明确他们什么时候需要接孩子，或者什么时候要抽时间去健身房，已经为什么是可接受的休息时间以及如何休息奠定了新的基调。对于那些重度混合制工作或远程工作的员工来说，基本规则很有帮助。别忘了，许多雇主正在试行每周四天工作制，以减轻压力，恢复精力。

越来越清晰的是，随着工作习惯的演变，我们越来越不知道自己放弃了什么，也不知道自己错过了什么。有一家公司规定，新员工在采用任何新的工作模式之前，前三个月必须在办公室工作，这样他们就可以建立自己的人际网络，融入公司文化，并找出在家庭和工作场所兼顾心理、社交和身体健康需求的方法。

7. 如果你想要一个以人为本的工作环境，那就与人共同创造

弹性工作时间安排和远程工作是新的工作世界的两个重要方面，而找

到应对新挑战的创造性解决方案则是这一变革的关键所在。一成不变的工作方式久而久之就会变得陈旧，员工们都希望自己所在的公司能够接受并实施新的举措。一家美发连锁店计划在工作最繁忙的周六实行下午五点钟就关门的政策，看看能否把更多的时间留给员工，尤其是在夏季。这是一种尝试，如果它的员工能在一天的早些时候吸引顾客以弥补损失，它就会保留这种新的营业时间。有些公司已经走在了时代前列，它们不断倾听新加入组织、新进入职场或来自自己熟悉领域之外的人的要求，并让这些人共同创造未来工作。

人们会被那些以善待员工著称的公司所吸引，并留在那里工作。年轻的人才不会忍受过去的工作环境，他们也不应该忍受。他们希望看到的是，合理的工作时间、体面的工作以及对员工更为人性化的投资等要素都能得到同等的重视。

当人们在 Glassdoor 和社交媒体上公开讨论在一家公司工作的真实体验时，公司无法承受失去潜在员工的风险——仅仅是因为他们读到了描述公司有多糟糕的帖子（通常是由对公司不满的员工发布的）。

对领导者和雇主来说，现在正是利用手中的所有工具来创建和维护一个蓬勃发展、以人为本的工作场所的时候。我们拥有各种可以帮助我们重新设计工作的工具，从帮助我们评估当前工作完成情况的应用程序，到通过人工智能、自动化技术并配置临时员工来缓解压力并进一步改善工作完成方式的方法。我们拥有各种工具，可以帮助我们倾听员工的心声，评估工作模式和压力指标，从而帮助我们在员工健康水平（和工作效率）可能下降时及早进行干预。我们有福利应用程序和个性化的员工帮助计划系统来提供支持。我们并不缺乏工具，但我们有时会犹豫是否要打开潘多拉的盒子。事实上，我们需要撰写本章这一事实本身就表明，潘多拉盒子正在破裂，这些问题已经迫在眉睫，而围绕这些问题的讨论都是我们亟须开展的最重要的讨论。

我们不知道你怎么想，但我们已经准备好告别"躺平"了。

员工领导者的行动呼吁

1. 压力和疲惫问题需要得到关注和通过行动解决

与你的团队成员讨论压力问题，鼓励他们就工作习惯进行自我反思，分享应对机制，并让大家能够轻松地发现工作量和利益相关者方面的困难，以便及早解决。确保有机制让那些可能感到脱节、孤立的人与其他人进行沟通，并确保每个人都能随时获得心理健康支持（如员工帮助计划、福利应用程序等）。

2. 明确目标，解决工作强度问题

确保每个人都清楚自己的交付成果，并找出公司、部门和团队中的精力消耗点。要正视工作习惯和技术、创新举措可能带给员工的压力，正确评估学习新技术给员工造成的影响，并给足时间让他们适应。设计工作，以确保工作在分配的时间内是可控的，并鼓励人们依靠技术来改善他们的工作方式。

3. 帮助员工在归属感和敏捷性之间找到平衡

随着我们转移到更敏捷的工作岗位、内部人才市场，并采用更加弹性的工作方式，要确保有一个地方、一个团队或一个社群，让员工感到有归属感，这一点至关重要——弹性的工作方式不能以牺牲社交关系为代价。确保他们有地方巩固自己的学习成果，并与关心他们职业发展的人一起跟踪自己的进步。

高管和人力资源部的行动呼吁

1. 把握节奏，调整转型计划

权力下放的工作模式有许多优势，但当人们在应对以下情境——整个企业的转型、国家发起的发展计划、本地团队的优先事项以及个人目标时存在困难，优势就无法发挥。想办法了解需求的交汇点，并与受影响的员工合作，以便随时调整影响员工精力和心理的各种计划。在建立外部需求模型的同时，绘制由内部项目激发的需求图，有助于直观地了解员工的能力情况。

2. 围绕健康和福利，将数据转化为洞察

我们生活在数据科学和预测模型的时代。我们中的许多人已经掌握了所需的数据，如果我们能将数据转化为洞察，并对警示信号采取行动，就能让下一代的生活变得更好：无论是管理者直接下属过多、员工持续加班、员工无法休假、社交帖子中的负面情绪、未能采取预防性保健措施，还是某些医疗服务提供商提供的服务效果不如人意。今天，我们已经掌握了这些数据，所以请利用这些数据，并将它们提供给其他人。

WORK DIFFERENT

第三章

新的工作节奏

音乐响起

一些音乐发烧友认为，现代节奏的巅峰之作源自詹姆斯·布朗（James Brown）在 20 世纪 60 年代末期的乐队，乐队中不仅有两位极具风格的放克鼓手——克莱德·斯塔布菲尔德（Clyde Stubblefield）和约翰·"贾博"·斯塔克斯（John "Jabo" Starks），还有史上最有个性的贝斯手——威廉·厄尔·"布茨"·柯林斯（William Earl "Bootsy" Collins）。他们的放克风格可谓无人能及。

另一些人则偏爱 20 世纪 80 年代的音乐：Eurythmics 乐队、宠物店男孩乐队（Pet Shop Boys）、迈克尔·杰克逊（Michael Jackson）、灭迹乐团（Erasure）、赶时髦乐队（Depeche Mode）、杜兰杜兰乐队（Duran Duran）、史班杜芭蕾乐队（Spandau Ballet）和简单意见乐队（Simple Minds）。这些选择同样精彩。

还有一部分人钟情于那些塑造了今日嘻哈音乐面貌的老牌制作人：DJ Premier、马利·马尔（Marley Marl）、Bomb Squad 和里克·鲁宾（Rick Rubin）。我们对此深表认同。

新一代的人们则倾向于各种电子舞曲（EDM）的风格：慢摇（Downtempo）、鼓打贝斯（Drum-and-bass）、迷幻舞曲（Trance）、Dubstep、酸爵士（Acid jazz）和科技舞曲（Techno）。这也是不错的选择，毕竟我们随时都愿意为一段高质量的节奏而欢呼。

这些是音乐发烧友的选择。但对于那些商业领域的极客，比如我们呢？

像我们这样的商业爱好者欣赏节奏强烈的音乐——看看我们的音乐软件播放列表就知道了。这种节奏能把人们带入舞池，让人产生合一的感觉。因此，我们选择了各种（比喻性的）节奏，并将它们应用到我们的现代工作原则中。毕竟，在一个有着良好办公节奏的办公室里工作，比在一个碎纸机和卷笔刀工作声音不断的办公室里工作的成功机会大得多。

你看，工作确实是有节奏的。每家公司的节奏都是不同的——有时候节奏是明文规定的，有时候则是暗示出来的——但优秀的公司往往能找到一种一致的节奏。问题是，多亏了那些主宰着世界商业舞台的 DJ 们，这种节奏是不断变化的，尽管我们喜欢一致性，但变化本身并没有什么错。

随着职场的不断演化，公司的节奏必须改变。在工业时代初期，公司的节奏与装配线上传送带的嗡嗡声一致。到了 20 世纪后期，办公室充斥着打卡钟、打字机、打印机和纸质工作流程的僵化、机械的低拍声。然后互联网出现了，打破了旧的节奏，为个人开辟了创造个性化工作节奏的空间。在疫情期间，这些新的趋势和工具变得更加多样化。

今天，我们站在生成式人工智能和量子计算的前沿，这可能是商业世界有史以来听到和感受到的最复杂的节奏。技术是不断变化的，所以如果想避免停滞不前，我们就必须承认节奏，拥抱节奏，并融入节奏。

同样令人兴奋的是，像 ChatGPT 这样的人工智能实体几乎可以颠覆每一个行业——它可以帮助专业人士撰写一份近乎成稿的新闻稿，或者提出潜在的关键绩效指标（KPI），甚至为品牌广告寻找图片。（值得一提的是，谷歌还开发了一款名为 MusicLM 的人工智能歌曲制作器，让你能够成为自己的音乐行家。）

如今这些技术的工作方式，在过去是不可能的或在经济上是不可行的。创意人工智能再次改变了我们的工作方式以及合作对象，既提升了效率，又提供了一个增加或减少工作人员的选项。创造性不再是人类的专属。作为人类，我们在添加背景信息、调整搜索方向、质疑有效性和评估相关性方面的技能从来没有像现在这样受到重视。讽刺的是，我们越是依赖技术，我们就越了解自己的独特性。

是的，每家公司的每位员工都需要接受并拥抱这些新的工作节奏，因为潮流永不停歇。只要看看 1980 年左右的音乐革新就知道了，当时成本低廉和用户友好的技术使得音乐的制作和消费变得更加容易。嘻哈、新浪潮、电子舞曲和其他音乐流派的兴起可以追溯到合成器、鼓机和多轨录音机的产生。与此同时，索尼随身听不仅让人们可以随时收听音乐，而且还赋予更多的人创建自己的混音带的能力。我们今天仍然可以通过流媒体平台、精心选择的播放列表、移动录音应用程序以及最近的生成式人工智能音乐看到这些趋势。引用超级制作人加尔文·哈里斯（Calvin Harris）的话，当被问及为什么音乐家如此渴望将新技术融入他们的制作过程时，他说："你希望（音乐家）做什么？坐在家里剪辑录音带？"[1]

如果新技术能改善舞池和录音棚，想象一下它可以为你的工作环境做些什么。

在一定程度上，由于职场人口结构不断变化，越来越多的高管开始意识到，他们无法填补团队中的空缺，这往往是因为他们的技术（或者说他们对技术的态度）已经过时。因此，他们正在加紧努力实现业务数字化，并建立一支拥有强大新技术的员工队伍。

挑战在于，不同世代的员工在采用和适应新的工作节奏方面经常有不同的偏好和习惯，此外，我们要警惕已经熟练掌握新技术的员工和对此完全不熟悉的员工之间的不平等。将新的工作方式融入员工已经超负荷的工作日程，就像一个无法匹配节奏的 DJ 的表演。这感觉就是不对，而且如果没有恰当的感觉，就很难提供恰当的节奏。

但归根结底，最好的节奏都是人创造出来的——无论是德特福德的北方灵魂乐俱乐部还是在伦敦西塔广场的美世办公室。这事关我们如何独自工作，如何与他人合作，如何与技术合作，以及为什么我们要一起工作；更关乎我们如何与公司文化和日常工作环境保持同步。

如果节奏恰到好处，人们就会茁壮成长。

同步的重要性

我们在录音、混音、母带制作方面取得了长足的进步，当然，也接受了新的工作节奏。但这种节奏是新鲜的，而新鲜感往往会带来挑战。

比如说，请原谅我们再次深入讨论居家办公——远程办公被认为更节省时间，但在许多情况下，节省的通勤时间却创造了一种新的、不健康的工作节奏。

许多领导者、团队和个人通过大量的虚拟会议来弥补不能聚首于一处的不足，其中一些会议的重要性堪比碧昂斯（Beyoncé）的新单曲，而另一些则和她新单曲的 58 个混音版本一样无关紧要。无休止的在线会议让员工们没有时间休息，没有时间思考，也没有时间茶歇。由于可用的时间总量是不变的，节省的通勤时间变成了早会或晚会，但问题在于：尽管从表面上看工作效率有所提高，却几乎没有转化为更高的产出。

对远程工作者来说，无间断的会议已经是常态。根据微软的数据，自 2020 年 2 月至 2023 年，团队的平均每周会议时间增加了 252%，平均每周会议次数增加了 153%。因此自 2020 年 3 月来，团队平均的工作日时间增加了 13%（46 分钟）以上。下班后和周末在家工作比以往任何时候都更加普遍，分别有 28% 和 14% 的员工表示其采用了此种工作模式。[2] 自从远程工作变得普遍以来，唯一降低的就是"你静音了"这句话的使用频率，因为我们都已经弄清楚了如何使用在线会议软件。（我们终于变得对这项技术非常熟练，以至于许多员工不仅关闭了声音，而且还关闭了摄像头，以便他们可以在会议期间做自己的事情！）

新的工作模式使得员工有机会按照自己的时间表处理工作，这进一步加快了工作节奏。新的工作模式也创造了全天候工作的机会，这引出了一个问题：我们如何避免不断提高对员工的期望？还引出了以下一连串的问题：我们如何消除异步工作可能带来的孤独感？效率是否比敬业度、学习和创新都更重要？如果我们重返办公室工作，是否能有效缓解这种痛苦？

人们可能认为，将更多的工作压缩到每周固定的工作时间，势必会提高工作效率——事实上，疫情刚开始时的报告确实表明了这一点。然而，这种提高随着无休止的会议的涌入而消散，而且看不到任何缓解的迹象，尽管有传言说一些公司已经计划要开会解决大量会议的问题。

我们不是在开玩笑，关于会议的会议真的存在。

2022 年年初，《哈佛商业评论》报道称："92% 的员工认为会议成本高昂且效率低下。"他们还指出了几个新的技术压力因素，并解释说，无数的在线互动往往会导致"会议疲劳"，[3] 而这又会导致大量员工变成"会议僵尸"。神经心理学家说，这种情况是造成技术压力的一个重要因素。[4]

所以，下次当你安排一次（或两次、十次）不必要的会议时，请意识到如果你一直这样做，你的同事可能会看起来越来越像《行尸走肉》里的角色。

"老板，为什么我们要开这些乱七八糟的会议？"

虽然我们没有这方面的统计数据，但如果推测，我们会说大约三分之一的工作会议可以被缩短、合并或完全取消。请注意，这只是一个估计值，但快速浏览一下微软日历（Microsoft Calendar），我们就会发现，这个数字是相对准确的。

企业之所以有如此多的会议，部分是因为会议非常容易安排，而且非常非常容易参加。将整个团队添加到会议中非常简单，只需单击一下鼠标即可。而被添加进来的团队成员没有理由不参加，除非他们正在参加另一个会议。还有部分原因在于新工作模式趋于扁平化，而且缺乏决策原则，这导致了会议效率低下，都是空谈而没有实际行动。

还有"错失恐惧症"，它让贡献者认为他们必须参加以前从未参加过的常规会议，否则他们可能会被排除在圈子之外。领导者往往通过强调某次具体会议的重要性而使事情变得更糟——贡献者因此感到自己有义务参加。各种形式的在场主义仍然非常真实。

在许多情况下，旧的（糟糕的）会议实践也被转移到虚拟空间中。我们没有花时间重新思考在这些新环境下该如何与他人互动，我们只是直接转向使用各种在线会议软件去继续开会。雪上加霜的是，我们错过了面对面开会的社交环节——在等待与会者到齐的时候，我们可以聊聊私事，讲一些逸事来振奋精神、建立联系，我们甚至可以交流一下还没有准备好在会上讨论的即兴工作想法。（这种氛围感觉像是过去的事情了，许多贡献者都在怀念它，有点像那些老派的鼓打贝斯音乐的爱好者怀念那些知道如何播放经典曲目的 DJ。）而在现场办公的员工也会感受到实现出勤、培训和工作目标方面的压力。

还有混合会议，这又是一个完全不同的挑战。对于一些线上与会者以远程方式参加，而另外一些线下与会者聚集在同一个会议室的混合会议，我们中的许多人有着复杂的感受。是的，它也存在一些问题：会议通常不能按时开始，因为至少有一名远程与会者无法登录，这对线下与会者造成了巨大的影响。或者那些线下与会者正在闲聊，忘记在网上与远程与会者互动，或者只是声音过于模糊而无法被听到。很多时候，为了不让远程与会者处于不利地位，线下与会者会使用他们的笔记本电脑开会——这导致混合会议的流程或多或少与虚拟会议相同，我们仍然错过了面对面的社交互动。

这有点像和朋友一起去夜店，一半的人在舞池跳舞，而另一半人则从某人的智能手机上观看直播。对某些人来说很有趣，但对其他人来说却不是。你要么解决这个问题，要么就被问题解决，正如格洛丽亚·埃斯特凡（Gloria Estefan）所说，"节奏会抓住你"。

调整节奏

工作节奏可以调整吗？我们能不能把一个曲折的 67 分钟的音轨变成一首时长仅 3 分钟的天籁之音？

当然可以。

通过减少会议次数、减少参与人数以及划定谁是决策者来简化决策流程，将为组织和个人节省大量时间。这还将大大加快决策速度，为那些在这个新的工作世界中行动迟缓的公司创造竞争优势。（为此，一些公司已经取消了所有定期会议以推动这种改变发生。）接下来，你需要应用良好的会议原则，无论是传统的还是新的，只要有用就行。我们都知道（但经常忘记或忽略）的传统会议原则包括：

- 只邀请那些能从会议中获益，也会为会议增加价值的人。
- 为每个主题、决策或者更新制定议题并预设时间。
- 提前分享议题以及会议目的。
- 如果这是一个决策会议，那么在会议一开始就宣布决策。
- 确保做好会议记录，抓住事实，删去无关紧要的内容。
- 开放提问环节。
- 回顾结果并跟进行动项目、人员名单和截止日期。

这些是传统的、经典的且仍然有用的原则，就像 Fatboy Slim 的音乐一样，永远不会过时。

以下是一套新的原则，我们称之为马丁·盖瑞斯（Martin Garrix）原则：

- 提前分享关键但冗长的细节，以充分利用实际会议时间。
- 在会议前设置好一切（如虚拟白板、角色和职责、协同共创练习）。

- 创建保存笔记、材料和记录行动的渠道，并在下次会议之前设置提醒流程。
- 关闭录像。如果你想要让人线下参会，就强制要求，不要给他们远程接入或会后回看的机会。
- 对于 10 人以上的会议，或者需要捕捉想法或方向的会议，请使用 Slido、Menti 或类似工具进行头脑风暴，比如："你对第四季度有什么顾虑？""鉴于讨论，我们采取哪个选项？"或者"你觉得泰勒·斯威夫特的新专辑怎么样？"
- 在结束前安排用时五分钟的环节用来讨论三个问题，以收集每个人的意见。通过适当的工具进行投票。

是的，DJ 可以靠一己之力嗨翻全场，但很多时候最好的音乐（和商业）节奏是由一群人创造的。还有人不清楚吗？所有这些都回答了一个问题：为什么在适当的时候，你应该尝试在你的会议中加入社交元素：

- 如果你要开会，请先讲讲自己的故事，比如你周末做了什么，或者你即将开始的假期计划。
- 缩短会议时间。
- 分享最近谁在庆祝一个特殊时刻，比如过生日或庆祝工作周年纪念日。
- 为其他团队分享与会议不直接相关的内容留出时间。
- 再次强调，缩短会议时间。
- 让员工分享他们的想法，无论是否和工作相关。
- 第三次强调，缩短会议时间。
- 在下一场会议前 10 分钟结束本场会议，以便与会者可以稍微休整一下、喘口气。（这需要所有与会者都遵守纪律，并且可能需要将一些问题暂时搁置、转为双边讨论或留到之后再议。）

简单来说，每场会议的目标应该是充分利用每位与会者的时间，力求使每场会议都富有成效、信息丰富，并尽可能尊重所有与会者的时间。组织得当、落实到位的会议将显著提高整体员工对公司的满意度。

引用波兹·马龙的话："去炫耀吧！"

对一些贡献者来说，弹性工作环境的主要吸引力在于它允许他们自由地完成工作。对喜欢弹性工作模式而非传统的固定工作模式的贡献者来说，自主性是一个关键的激励因素。有时，贡献者和雇主对弹性工作的期望截然不同，这就要求我们诚实地评估居家办公实际上有多少自主权，以及哪些依赖因素使得在混合办公环境下的协作变得不同。

那些居家办公的人已经体验到了工作节奏的不同，以下是三个例子：

- 节省通勤和工作准备时间往往会导致更多的空闲时间。（从表面上看，这很好，但是在上午 8:00 而不是 9:00 开始会议就并非总是那么好了。）
- 对那些渴望朝九晚五的人来说，很多人都很难在下午 5 点准时下线。
- 在线日历（可供很多同事直接查看和预定）被分割为 30 分钟一段，即 "管理者时间"（" Manager Time"），这成了工作中的新的时间单位。这个现实会中断 Inventium 公司的阿曼莎·因伯（Amantha Imber）所说的 "创造者时间"（Maker Time）：用三到四个小时来真正进行创造性的工作。[5]

在疫情期间，当所有贡献者都被迫在家工作时，新的工作节奏感觉非常好，因为每个人都处于同样的远程工作状态。以下是美世对此的一些研究：[6]

- 59% 的受访者表示他们的工作生活平衡很棒，而 15% 的受访者则表示很糟糕。

- 58% 的受访者表示远程工作改善了他们的工作生活平衡，而 14% 的受访者则表示远程工作使平衡更难实现。

- 57% 的受访者表示远程工作对他们的幸福感产生了积极影响，而 12% 的受访者则表示他们因远程工作而受到了负面影响。

- 57% 的受访者表示远程工作使他们的压力水平降低，而 14% 的受访者则表示他们的压力水平提高了。

- 55% 的受访者表示他们在远程工作时工作效率更高，而 14% 的受访者则表示他们的工作效率较低。

- 46% 的受访者表示他们在远程工作时工作时间更少，而 20% 的受访者则表示他们的工作时间更多了。

但伴随着封控的结束和临时回归办公室，工作世界变得支离破碎。贡献者现在会居家办公，会在办公室办公，也会在工作现场办公，多亏了移动设备的便利性，他们可以在任何地方、任何时间工作。手机也有它的缺点：我们开车经过信号很差的隧道时电话会中断，或者从远程办公室拨入时会断断续续。

这也是一个代际问题，Y 世代经常评论说，当有人突然打电话给他们时，他们会觉得很不爽。今天的商务礼仪要求你预约或者发短信确认是否可以给他们打电话。众所周知，Z 世代更有可能听取有影响力的人的意见，而不是阅读你的电子邮件。X 世代和婴儿潮一代将需要以适合年轻一代的方式在新的工作世界中进行沟通。

问题在于，居家办公、在办公室办公、在工作现场办公和移动办公的贡献者的工作节奏可能彼此不同。在两场会议中间，居家办公的贡献者可能只需要 5 秒钟的休息时间，而在办公室办公的贡献者则可能需要几分钟来切换会议室。而如果有人在走廊里拦住后者提问，那么他就需要更多的时间。"偶遇同事"（Bumping into People）这个术语被用来表达巧合如何激发新的想法和创新，这正是组织在转向远程办公模式时所缺乏的（这就是为什么苹果一直希望它的贡献者花更多的时间在其员工友好型办公室里工作）。

在办公室办公的贡献者遇到计算机故障时，公司内部的技术人员可能在 5 分钟内就能修复完毕，而居家办公的贡献者则可能需要在公司支持热线上等待技术人员 20 分钟才能解决。

居家办公的贡献者可能会错过与同事的互动，而在工作现场办公的贡献者可能会错过一些家庭时光，每周 3 天现场办公的混合工作模式旨在应对这一挑战。

对于那些已经习惯了对何时工作、如何工作以及工作时如何着装拥有更多控制权的人来说，现场办公可能感觉像是一个平行宇宙。分歧正在显现：2022 年，许多一线员工表示他们厌倦了自己的工作，尤其是在工作弹性方面，而与此同时，大量的知识工作者表现出倦怠的迹象。

很明显，无论公司、领导者还是贡献者，都没有从中获益。但这个问题解决起来可能并不像人们想象得那么困难。

我要你回来

随着世界经济论坛发布"良好工作框架"（Good Work Framework，美世团队也参与了开发）[7]，我们获得了有关后疫情时代以人为本的工作模式的指导，其中十分清晰的一个方面是：弹性的混合工作模式是所有人的权利，而非少数人的特权。如果所有贡献者都能找到最符合他们需要的东西——能让他们在保持良好的工作生活平衡的同时以最高的效率工作，并且领导者能够平衡这些需求与组织的需要，那么公司自然会进入一个更紧凑、更积极的工作节奏。

关键在于，我们在不同的团队中体验着不同的工作模式，每个团队都有自己的节奏，每一个节奏都受到了空间、时间和数字边界的加剧影响。许多贡献者都认为，在办公室或现场工作时会有更多的精力，但在家中或其他远程环境中工作往往会更加专注。这些都是我们为了释放员工的全部潜力而需要面对的新现实。

说到混合模式，许多贡献者都喜欢这种模式。因为它节省了通勤时间并提供了工作弹性，同时还保留了面对面协作带来的社交和精力提升的优势。

当然也要考虑特定业务和职位的必要性。美国运通（American Express）在 2022 年推出了一种名为 Amex Flex 的弹性工作模式，与高度监管行业要求员工重返办公室工作的趋势背道而驰。根据该公司在知名招聘平台上的介绍，该计划为员工提供了更多选择，让他们"根据自身的工作性质、面对面协作的需要和其他因素"选择在现场工作或远程工作。比如"现场保安"这样的职位，必须在现场工作，而"销售代表"这样的职位则可以远程工作。这里的关键是确定哪些工作适合哪种类型的工作安排。这有助于贡献者和管理者成为合作伙伴。[8]

公司在应对这些新的工作节奏的同时，也在快速重新配置工作空间。公共区域的可调节办公桌和照明可以根据个人偏好快速调整，在优化空间的同时可以让每位员工的体验更加个性化。一些公司在户外区域提供 WiFi，以便人们可以在这些区域进行会议。还有一些公司，比如美世，使用技术将现场与会者的图像实时显示在屏幕上，以促进混合办公与会者平等交流。

伴随公司之间的统计数据差异增大，尤其是在经济逆风和裁员数量增加的情况下，关于未来几年远程工作将如何发挥作用目前还尚无定论。然而有一点一定是正确的：弹性是一个重要的保留因素，随着每周四天工作制实验的推进和共享工作机会的出现，共同工作的新方式将继续演变。

根据 2023 年高德纳咨询的估计，全球只有 39% 的知识工作者能以混合工作的方式工作，这意味着大多数员工无法在工作场所之外开展工作，并且在大多数情况下，他们的日程不会像采用混合工作模式的同行那样灵活。[9]这一事实说明了公司、行业和社会分裂的可能性。

欧洲建筑集团斯特拉巴格（STRABAG）拥有约75 000名员工，大部分员工都驻扎在建筑工地。在疫情期间，该公司的管理层决定在符合防疫规定的情况下，让文员回到办公室工作，原因是公司不想让建筑工地的一线员工觉得他们的待遇与文员不同。

虽然这适用于某些公司，但如果其他公司（例如可以在任何地方开展工作的科技公司）采用这种做法，可能就会落得员工跳槽的下场。什么能带来长期收益取决于行业、职位、公司规模和管理层的态度。没有唯一的答案，每个组织都需要探索、学习和（重新）调整。

随着企业专注于生产率和未被利用的办公空间，人们对回归面对面工作的策略的兴趣日益浓厚。有些人质疑，在疫情期间看到的进展，是否由于弹性工作尚处在"实验"阶段（就像古老的霍桑实验）。即使是国际象棋大师，在现场比赛时似乎也比远程比赛时更加出色。人们还对年轻员工的社交技能、经历的多样性和推理能力表示担忧。远程工作对于那些缺乏交流而造成的学习机会的损失，以及企业文化不那么有形时员工忠诚度的影响，目前还很难衡量。很明显，无论是公司的长期收益还是员工的持续就业能力，都必须与潜在的损失和收益相权衡。无论采取什么政策，清晰、公平和一致性都是关键。当你有办法最大限度地提高人的贡献时，你就赢了。

与圣徒共舞

随着人们不断找到自己的个人节奏，组织正在努力将这些杂乱无章的节奏整合到统一的公司节奏中。精明的商业领袖，就像精明的爵士音乐家一样，可以创造出一种流畅的风格，既留有即兴创作的空间，又能实现功能性的和谐——想象一下，在爵士小号大师温顿·马萨利斯（Wynton Marsalis）管理的办公室工作不是很有趣吗？这种整合大部分是通过倾听、探索完成的，同时也受到他们喜欢的工作节奏的影响而不断发展。

如今，工作安排也受到了广泛的影响。例如，供应的季节性波动（比如食品行业）和需求的季节性波动（比如 12 月的节日购物），都要求高度的弹性和创造性，而这些要求在某种程度上不适用于员工的个性化要求。

自组织团队是弹性应对不同工作量的最常见的例子。例如，工程公司费斯托（FESTO）通过允许生产团队自我管理，并使用一个类似 Doodle[⊖]的应用程序来组织工人轮班，从而取得了成功。差异化的薪酬模式有利于员工接受这种做法。

工作的弹性需要处理工作的本质和相关结果的问题。组织越来越关注如何以不同的方式重新配置工作任务，例如：我们能否减少工作依赖性，以便让临时员工处理某些任务？或者：它们可以发放给一个集中式中心或外包中心吗？哪些内容是重复的，可以自动化？哪些任务可以通过生成式人工智能更快完成？我们如何以对世界产生净正向影响的方式做出贡献？以上这些将关于弹性的讨论，从只关注何时、何地工作推进到了关注谁来工作、如何工作甚至为什么工作。

例如，远程团队已经在他们的核心工作时间（如果你需要，就是 7×24 小时模式）接管了其他大洲全部工业工厂的维护工作——将自动化整合到新的工作节奏中。对于护理人员等其他人来说，工作共享计划为兼职开辟了新的工作机会，从而扩大了组织的可用人才库。迈尔斯·戴维斯（Miles Davis）[⊜]会为这些节奏的整合感到骄傲的。

改善我们工作节奏的另一种方法是以不同的方式思考工作时间。重新

⊖　一款日程安排软件。

⊜　世界爵士大师。

引入核心工作时间并非在讨好员工。禁止在核心工作时间之外开会的规则也并不是对个人自主权的限制，而是对更有效的时间管理的鼓励——这也是后疫情时代出现的"重聚"（Back Together）政策的核心。

同样，尊重休息时间和个人休假是一种明智的做法，这绝非倒退回工业时代。新的做法是为现场会议、协作和其他面对面活动指定联系日。许多组织都将联系日纳入了混合工作制和每周四天工作制，以弥补员工人际交往时间的缺乏。一个劳动力机构确保连续三天的联系日，这样，那些实行两天在办公室办公的混合工作制员工不仅可以选择他们在办公室的日子，而且还可以调整他们的上班时间，同时兼顾工作轮班和节日庆祝活动。

还有许多简单直接的措施旨在吸引员工回到办公室，比如：周五不开会，提供午餐，或在规定的工作周内可以随意选择在哪儿工作。虽然这些福利或制度有助于使面对面工作更有吸引力，但是吸引员工返回办公室的关键是为他们提供他们最看重的东西：

- 透明度。
- 弹性。
- 尊重。
- 学习和培训的机会。
- 健康和福利措施。
- 包容性文化。

在美世的咨询实践中，我们对弹性的理解并不仅限于居家办公或在办公室办公。为了在知识工作者和技术工作者之间建立一个公平的竞争环境，我们从六个维度考虑了弹性：在哪里（地点和设施），何时（时间和日程），如何（规模和技术），做什么（工作内容和分工），谁来做（人力和自动化），以及为什么（目的和影响）。[10] 这是一种有助于工作设计的方法论，见图3-1。

过去一年，我们一直在关注工作的"在哪里"和"何时"，但未来工作要求我们质疑工作的所有维度

在哪里
地点和设施

Amir，工程师
"我每周有几天在办公室与我的团队合作，但除此之外，我都居家办公！"

何时
时间和日程

James，技术员
"我每周工作40小时，但为了满足家人的需求，我会灵活调整工作日和工作时间。"

如何
规模和技术

Liz，会计
"在旺季，我每周工作60小时，但在一年中的其他时间，我每周工作30小时。"

做什么
工作内容
和分工

Shannon，法务
"我与另一位经理分担工作，并缩短工作时间以满足个人需求。"

谁来做
人力
和自动化

Hannah，设计师
"我根据需要从事符合我兴趣的项目，我是我自己的老板。"

为什么
目的和影响

Ava，索赔处理员
"我在他人最需要的时候为他们提供帮助。我选择在这里工作，是因为我的志愿工作时间会被转换为相应的慈善捐赠。"

图 3-1　弹性的六个维度

　　我们发现，真正的弹性需要深入工作重新设计，即将工作解构为可以根据这六个维度重新配置的任务，以更好地满足个体和雇主的需求。对所有组织来说，这都很重要，瑞文·杰苏萨森（Ravin Jesuthasan）和约翰·布德罗（John Boudreau）的开创性著作 *Work without Jobs* 对此进行了论述。[11] 该书认为，依赖性较小的任务可以分配给临时员工或非传统员工、自动化和人工智能的结合体。随着成功结果的出现，工作共享模式也找到了进入管理层的方式。这些方法不仅能够吸引人才，还通过将任务发放给集中式中心完成，以及确保任务得到合理分配，来提高效率。工作设计还可以缓解人才供应问题，并有助于建立学习机制。

　　作为另一个在弹性工作中获得双赢的优秀案例，联合利华找到了无须将零工员工转为全职人员就可以为他们提供更多财务保障的方法。正如联合利华首席人才和奖励官普拉西德·若维尔（Placid Jover）告诉我们的那样："我们已经找到了一种介于全职人员和零工员工之间的第三种就业方

式。这是一种提供员工所期望的安全性和弹性的工作模式，这就是所谓的 U 工作模式。"他解释说："在 U 工作模式下，员工仍然是联合利华的永久员工。联合利华和员工共同商定年度薪金并按月结算。员工是否为联合利华工作并不重要，每个月他们都会有源源不断的收入。有时联合利华会召唤员工，根据他们的经验和技能提供适配的工作。如果员工接受了这份工作，除了每个月的月度薪金，还将获得相应的任务奖金。"该工作模式背后的思想和经济性不仅对员工很有吸引力，而且使公司在财务上更高效。

弹性工作在安排上变化很大，取决于很多因素。当涉及我们如今面临的工作节奏上的分歧时，领导者和管理层很难找到折中之路。但试图用仓促的决定、随意的命令、严厉的声明或者权力威胁来解决日益扩大的鸿沟，是不可取的。最好的计划是通过团队合作以及组织中所有相关人员的沟通和意见来建立的。

无论采取何种工作节奏，都必须足够灵活，以适应我们生活和工作中的独特节奏。无论采用何种工作节奏，只要确保政策能够根据人们的生活和工作灵活调整，都将带来回报。为了我们的幸福、心理健康和退休生活，我们需要生活中的工作节奏。所以，有时它可能感觉像是舞池里的谋杀（苏菲·艾利斯 - 贝斯特演唱的歌曲，下一句为"你可最好别破坏这节奏"），但 DJ 请记住，你最好不要破坏节奏。改变是困难的，但新的节奏会创造新的音乐。

人性化资源

如果回顾过去 200 年工作的发展，我们可以看到工作条件的明显改善，特别是在工作场所安全、健康和社会保障方面。但是，我们是否充分拥抱了新技术、新工作方式以及弹性调整节奏的潜力所带来的机遇呢？

让各个团队自己来寻找他们的平衡点是合理的，但组织不能没有刻意的设计与指导——许多组织对工作中的这个重要方面进行了过度授权，但并非所有的管理者都具备帮助员工和公司做出正确决定的合作技能。在这样的情况下，没有人的目标能够完全实现。我们需要更广泛地分析和优化当前的工作实践，即工作流程和决策过程。这是一项变革性的任务，需要投入大量精力和关注，但这是值得的。

现在我们有一个独特的机会，来对我们的工作方式进行持久的改变。通过更好地理解当今公司的可塑性节奏——以最佳方式将技术可能性与人的能力结合起来——我们可以创造一种新的工作节奏，一种对从"主唱"到"贝斯手"再到"牛铃手"每个人都有益的工作节奏。

在合理的情况下，弹性不仅提供了敏捷性，而且实际上还可以提高生产率。

而我们，正在创造它。

员工领导者的行动呼吁

1. 设定原则，围绕弹性进行对话

明确员工如何在工作时保持弹性（敲定上班时间、班次、地点，设置联系日或压缩日程表），如何在工作周保持弹性，以及如何在非工作时间保持弹性（制定关于请假、参与外部工作活动的协议）。原则越明确，员工和管理者就越容易应用。

2. 倡导有效的会议文化，尊重人们的时间

坚持会议最佳实践，并推动在工作内外对彼此时间的尊重。促进对他

人工作偏好的理解，增进对团队齐聚一堂和异步协作的共同期待的理解。

3. 了解你和你团队的工作偏好

看看你们在哪些方面是一致的，在哪些方面又有所不同。寻找共同点，想办法将不同的工作风格整合到同一个节奏中。考虑异步协作和全天候日程（7×24）的好处，经常回顾、调整和适应，以建立一种更为自然的节奏，让工作顺畅流动，并激发创造力。

高管和人力资源部的行动呼吁

1. 重新设计工作流程和决策流程

检查压力点和创造价值的领域，深入了解当前的工作方式和未来可能的工作方式，以及谁实际做了这项工作（按级别、雇用状态等）。管理变革并衡量效率与生产率。

2. 为职位打造多维度的弹性

利用技能评估和重新设计工作来打造对员工和组织都有效的弹性。要明确公布出来特定职位可能实现的弹性，并对尚未设计出的弹性工作模式保持开放态度。找出工作中的依赖关系，以及新的节奏可以在哪些方面帮助释放未被挖掘的潜力。

WORK
DIFFERENT

第四章

留下来不值得

那些我们真正想要的

这是无比糟糕的一周。

你的上司把同事的错误归咎于你，而同事非但没有认错还让你背了黑锅，真糟糕。

星期三的六个临时会议打乱了你的工作流程，为了赶上进度，你不得不工作到周四凌晨一点，同样糟糕。

由于上司突然改变主意，原定于下季度交的 50 页幻灯片现在要求下周一一早就交出，这更是糟糕。

周五，工资入账了。考虑到你糟糕的一周，这些钱可谓少得可怜，真让人痛苦极了。

这就是问题所在：每个人，我们指的是离开你公司的每个人，似乎都找到了更好的去处。他们更新的领英页面全都是关于新入职和大幅加薪的好消息。

你处于一个糟糕的情况——这让你思考：他们真的赚得比我多么？我是落于人后的傻瓜吗？如果答案是肯定的，是不是该更新我的简历了？

答案很肯定："也许吧。"

一方面来说，是的，你现在的工作很稳定，你也觉得和办公室里其他人相处起来很愉快、很舒适。确实，工作稳定性和舒适度都很重要。另外，在办公室政治或工作量方面，没有人可以保证你在跳槽后会遇到更好的情况。但你所有的前同事至少看上去都比你好——财务上、身体上和精神上。（你特别热衷于财务方面）。请拿起笔和纸，不假思索地写下这个问题的答案：如果你可以在你的公司推行一项新的政策，那会是什么？

会不会是更高比例、更频繁地加薪？更好的医疗保险？更多（或更灵活）的假期？完全远程工作？取消着装要求？

你问 50 个人，会得到 50 个不同的答案。对所有的管理者来说，从他们成为管理者的那天开始，这个问题就让他们感到困扰。但有一个话题仍然牢牢占据首位：薪酬，或者更具体地说，薪酬的公平度。

他们是对的。如果我们看一下美世在 2022 年年初至 2023 年年初的薪酬数据，我们会看到两个趋势：跳槽员工似乎比留任员工在薪酬方面表现得更好；全球范围内新入职员工的薪酬比终身员工高出 3.6%，这种不公平的现象在没有强大工会或没有集体谈判惯例的国家更为严重。举个例子，在印度，跳槽员工在新公司的平均薪酬比同等内部薪酬增长高出 5.3%。这一数据在英国为 5.6%，在中国为 3.6%，在美国为 3%，而在德国仅为 0.4%。因此如果我们以 2023 年英国专业服务工作者的平均工资计算，这相当于每名留任员工每年比跳槽员工少拿 3000 英镑，仅仅是因为他们更忠诚。这好像不太对劲。

真心难买

是的，员工离职的原因是多种多样的，当你不想在离职面谈中分享更多时，薪酬就是一个很好的理由。我们每个人都以自己独特的方式计算个人待遇，鉴于生活事件和个人情况的变化，我们所珍视的东西会随着时间的推移而改变。但我们不要自欺欺人：更高的薪酬确实可以缓解很多问题。在我们详尽的员工偏好数据库中，薪酬对离职意向的影响的权重在 2023 年急剧上升。[1]

如果我们实话实说，更高的薪酬是更好的财务状况或更好的财务未来的简称——事实上可以说，比起"金钱"，薪酬与安全感的关系更大。所以我们要谈谈实际收入（扣除税和各种社保）、实际财富（考虑到我们今天的钱能花多久）、财务知识（我们对如何最大限度地利用资金的了解程度，以及这对我们行为的影响）。这些因素因性别、世代和地域的不同而有很大差异。

人们对财务状况的关心是永恒的，而且不分区域与行业。在各种研究中，财务健康都在员工的需求层次中占据首位。美世的研究表明，在2022年，支付每月开支是员工最关心的问题，考虑到大多数市场的员工都面临着生活成本危机，这并不令人惊讶（见图 4-1）。

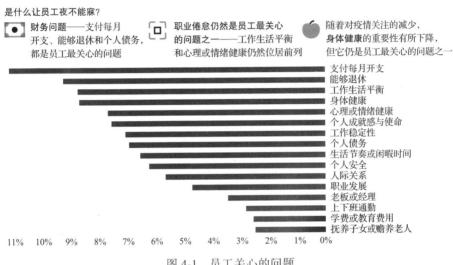

图 4-1 员工关心的问题

钱的确是一个问题。在美国，2022年有5050万人选择辞职并跳槽到新的公司，人数与2021年相比增加了5%，与2019年相比增加了20%。[2]粗略地估计，在英国，2022年有900万人离职。[3] 即使在新加坡，2022年的离职率也明显高于疫情前。因此无论对错，人们总是这山望着那山高。

钱，钱，钱

再过10年，当我们回首往事时，很可能会把疫情视为一个转折点——我们终于明白，旧的员工契约已支离破碎，无法修补。它已经不合时宜——人本时代已经到来，工作的动机已经发生了改变。

第二次世界大战后形成的这份契约，在疫情前已经式微，只是没有被讨论而已。在过去，裁员并不那么普遍，养老金和其他长期激励措施让员工留在同一家企业。到了 2020 年，这些养老金大多已不复存在，周期性裁员成为常态，而"零工经济"正如火如荼。随着技能成为真正的职场货币，留下来和停滞不前的内在风险比以往任何时候都要高。员工们几乎已经失去了留下来的动力，而年轻的员工们则对此提出了更明确的观点，并指出了其中的原因。忠诚契约曾经是大企业的关键，现在契约双方都对其进行了剥离，以至于到了无关紧要的地步。

员工们知道，没有一个雇主可以让他们视作灵魂伴侣。就像寻找爱情的单身人士一样，员工们也有自己的选择。在很多西方国家，数据显示，员工很有可能在嘴上说感到满意的同时打算离开，因为他们知道自己可以找到一份更有吸引力的工作。[4] 如今大多数（70%）自称热爱自己工作的 Z 世代员工，要么正在积极寻找下一份工作，要么对下一个机会持开放态度。尽管这一趋势在年轻劳动力中最为明显，但高敬业度与高离职意向之间的这种脱节是我们多年来一直在追踪的一个现象。事实上，在很多情况下，留下来的正是那些对现有工作不满和对自己的前途不那么乐观的人。

很大比例的员工感到薪酬过低、职业生涯停滞不前、不被赏识，这种情绪往往会导致员工"愤而投递简历"——他们因为感到沮丧，于是登录领英或者 Glassdoor 向无数 HR 的邮箱投递出无数份简历。（如果这听起来是你想看的东西，那就上 TikTok 看看吧，你可以看到很多相关视频。）

我们的研究表明，Z 世代将薪酬（今天付我更多钱）和职业生涯（明天帮我赚更多钱）放在首位，根据所处的地理位置的不同，这两者的重要性也会发生变化。[5] 虽然所有员工的情况都是如此，但年轻员工比年长员工对此的要求更强烈，也更容易因此跳槽。事实上，年轻员工要求加薪的可能性是前几代人的两倍，要求晋升的可能性是前几代人的两倍多，跳槽的可能性是前几代人的三倍。

绝大多数情况下，高辞职率的驱动因素不是对工作的不满，而是对……你猜对了，是对更高薪酬的渴望。2022 年，收入是人们提出的第一大离职原因，而 2020 年它还只排在第七名（哇！），有趣的是，女性比男性更认为自己的薪酬过低（第一次出现这种情况！）。[6] 无论是小时工，还是技术工作者、知识工作者，都是如此。毕竟，现在是人本时代。

但对有些人来说，换工作就像换内衣（或网络签名）一样容易。当有机会获得可观的（希望如此）加薪时，谁又能真的责怪人才离开呢？

用泰勒·斯威夫特的话说："留下来值得吗？"或者，如 The Clash 乐队的乔·斯特拉默（Joe Strummer）所说："我该留下还是走？"

我该留下还是走

是时候深入探讨跳槽这个兔子洞⊖了（你明白吗？跳槽？兔子？你以为咨询顾问没有幽默感吗？）

美世的实时洞察调研显示，77% 的雇主认为对薪酬不满意或能在其他公司获得更高的薪酬是 2022 年人们跳槽的首要驱动因素（见图 4-2），位居其后的四个驱动因素分别是个人原因（55%）、在同行业担任不同职位（40%）、职业倦怠或精疲力竭（36%），以及缺乏弹性工作安排等（31%）。[7]

对员工而言，跳槽最明确和最令人信服的理由，非薪酬莫属。亚特兰大联邦储备银行的数据表明，如果员工希望获得更高的薪酬，最有效的途径就是跳槽。[8]

如果我们从那些选择留下的人和那些选择离开的人的角度来看这些数

⊖　兔子洞的表述最早源自《爱丽丝梦游仙境》，在英语中象征着进入一个未知领域的入口。

据，我们会看到一些戏剧性的情况：随着时间的推移，跳槽者的薪酬增长率最高。

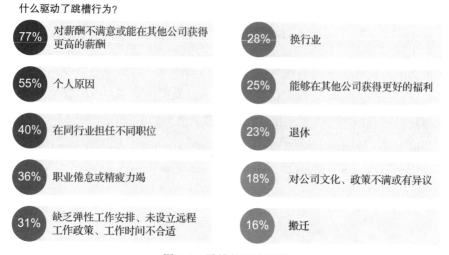

什么驱动了跳槽行为？

77% 对薪酬不满意或能在其他公司获得更高的薪酬

28% 换行业

55% 个人原因

25% 能够在其他公司获得更好的福利

40% 在同行业担任不同职位

23% 退休

36% 职业倦怠或精疲力竭

18% 对公司文化、政策不满或有异议

31% 缺乏弹性工作安排、未设立远程工作政策、工作时间不合适

16% 搬迁

图 4-2   跳槽的驱动因素

差异是巨大的。这些数字清楚地表明，如果一个员工想要获得更高的薪酬，那么最佳途径就是更换工作。2021 年后，这种情况愈演愈烈。请看 2022 年的数据（见图 4-3），跳槽者的平均薪酬增长了 8%～9%，而留下来的员工只增长了 5%～6%。可以说，只要在你的职业生涯中多跳槽几次，你就走上了一条完全不同的薪酬轨道。

除了薪酬，还有其他诱人离开的因素。这可能是一种可以将自己从没有职业前景的职位中解放出来的方式，特别是在没有其他内部选择的情况下。虽然有些职位可以加速职业生涯发展，但也有其他职位可能会阻碍职业生涯发展。美世校友黑格·纳尔班蒂安（Haig Nalbantian）指出："我们经常看到，与创收或面向客户相关的职位晋升速度普遍更快，而升任主管能让人们在组织内的就业前景水涨船高。"[9] 有些公司在让你尽早地进入主管职位方面做得很好。

图 4-3 工资增长追踪器

　　另一些公司会让你在跳槽时进入具有多个晋升路径的职位，纳尔班蒂安称之为"捕手"职位，因为美国职业棒球大联盟的很多经理曾经都是捕手。他指出，他们的职位性质，例如"他们坐在哪里，他们与谁互动以及他们对业务的影响，本质上有助于他们积累丰富的经验"。[10] 但身处没有职业前景的职位就不能如此了。如果这个职位没有晋升的路径，那么转到一个可以晋升的地方才有意义。毕竟，对某些人来说，事业就像鲨鱼：如果停止前进，就会死去。

　　频繁跳槽对员工的另一个深远的好处是能够保持敏捷性和弹性。当员工经常换工作时，他们更有可能获得新技能、形成新的关系网并提高他们的市场竞争力。阿拉斯加大学安克雷奇分校（University of Alaska Anchorage）管理学助理教授克里斯托弗·莱克（Christopher Lake）认为："频繁跳槽的人可能有更丰富的经验可以借鉴，而这些经验可以为他们带来更多样化的工作机会。"[11] 员工意识到跳槽是取得成功的合法途径。当你在 18 个月内跳槽三次就能获得 30% 的加薪时，问题就变成了：我为什么要留下来？

爱你身边的人

如果我们把"大辞职"和"躺平"看作反对传统制度的选票，也许答案就在我们眼前。也许这个系统根本没有向那些仍然忠诚的人支付足够的红利——无论是金钱还是其他方面。事实上，在一家公司待得太久不仅不会让我们感到更有就业保障，反而往往会增加我们的就业风险。那么抛弃人脉和组织内专业知识真的值得吗？忠诚真的不再有回报吗？

考虑到未来建立在过去的决定之上，许多员工正在问自己一些关于工作文化和未来前景的重要问题，而这些问题在 5 年、10 年或 20 年前可能根本不会被问及。

你可以试着计算一下有关个人工作的资产负债表：

- 我目前的总薪酬和福利到底价值多少？
- 如果我留在这里，薪酬与福利会增加吗？如果我跳槽，财务影响有多大？
- 就我的健康、财富和幸福而言，哪些跳槽最有可能带来最好的结果？新公司的晋升或加薪的节奏如何？
- 留在这家公司，是会让我更有市场（价值）还是更没有？
- 留在这家公司，我可以获得培养市场化技能的机会吗？我所能获得的技能和发展价值几何？
- 如果我真的留在这里，我将获得哪些额外的薪酬与福利？
- 我收到的退休福利和其他投资的价值是多少？如果我跳槽，或者如果我保持忠诚，我最终会得到更多退休金吗？
- 从长远来看，为了短期加薪而跳槽值得吗？

这些都是非常非常重要的问题，公司也在努力解决它自己的问题：

- 薪酬在吸引和保留人才方面的真正作用是什么？
- 在我们现有的团队中增加高薪的新员工会有什么影响？
- 我们的员工在多大程度上可以看到他们总薪酬方案的财务价值——包括福利和投资，而不仅仅是他们每月工资单上的数字？
- 我们员工的财务知识如何？我们可以分享哪些建模工具以帮助他们做出更好的财务决策？
- 我们的薪酬是否能激励正确的行为，例如培养更多技能或提高技术水平？激励是引导员工在组织内调动还是留在同一个业务线？
- 对于起薪和非周期性加薪，我们的理念有何不同？
- 现行制度如何确保资本可以返还给员工，而不仅仅是返还给股东，从而确保忠诚员工能够获得与他们的真实贡献相符的回报呢？
- 我们的薪酬实践传递了什么信息，特别是当一个人的实际收入由于当前的经济环境或市场条件而低于其应有收入时？
- 我们有什么办法来激励有价值的贡献者忠诚于我们？

目前普遍的观点是将人才的薪酬与公司业绩挂钩，尤其是对高层。你选择在哪里工作将会对你的实际收入产生重大影响。但是，当人们评估留下来是否值得时，并不仅仅关注底线，至少不应该这样。留在一家公司，你得到的回报是多方面的——有就业的保障，有已知的福利要素，有人脉，有尊重，还有归属感。

面对零工经济和技能型市场，传统的员工契约——拥有丰厚的退休金和个人定制的金表退休礼物——已不可挽回地破碎了。在 TikTok 的世界里，我们的注意力范围不断缩小。人们变得不耐烦，容易烦躁，需要改变与刺激，而他们职业生涯也是如此。

但是，在急于赚取更多现金的同时，人们是否错过了更广阔的未来？

请一直相信

虽然对雇主来说充满挑战，但这种情况对许多雇主来说是可以解决的。即使在充分就业的经济环境中，组织也可以增加员工数量并留住人才。实际上，更大比例的员工选择留下来而不是离开，虽然他们没有像人工智能聊天机器人那样以严谨的方式进行薪酬计算，但他们确实主观地权衡了一系列因素，而这些因素通常使留下来更具吸引力。

许多员工可能会觉得，根据他们目前的协议，留下来不划算——这一趋势将随着世界各地招聘信息的薪酬范围披露而愈演愈烈。薪酬的可见性将是一个均衡器。如果雇主希望它们最好的贡献者留下来，它们需要尽快加紧修复系统。

一些潜在的修复方法包括：

- 通过改善雇主和贡献者之间的沟通来展示完整的协议。计算整体薪酬回报（包括学习投资、福利、退休和薪酬）的技术平台可以帮助人们看到全貌。总回报越吸引人越好。

- 了解你们公司的薪酬差距数据。你为新员工支付的薪酬在哪个方面高于终身员工？你为男性、女性或少数群体支付的薪酬在哪个方面不同？这些答案你应该能够脱口而出。

- 识别可以不受地点限制的职位。利用全球薪酬趋势、跨大西洋基准薪酬数据或基于技能的薪酬信息，使这些职位对更广泛的人才具有吸引力，无论他们身在何处。

- 拥抱市场的真相。为什么人们必须离开才能获得成长？想一想如何增加工作流动性，如何拓宽工作经验，如何培养一个公司内部的劳动力市场，来支持人们在公司内的其他部门而非其他公司找到下一份工作。

- 为员工提供符合他们价值观的协议。要接受一个事实：人们经常在寻找拥有更全面的员工价值主张的工作。他们可能会用薪酬来换取弹性，或者换取超出目前工作范围的贡献方式，比如回馈社区、拓展技能，或者为自己或家人带来额外福利。

对员工领导者来说，留住人才包括更有预防性地消灭刚刚萌芽的不满情绪。例如，将薪酬作为预防人员流动的一种手段，而不是作为使用昂贵的新人才来填补职位的最后手段可能更好。假如你的最佳员工表现很好，那么提前提高他们的薪酬可能并不是一个坏主意——即使年度调薪要在好几个月后才开始。

领先的公司正在使用内部劳动力市场以及薪酬公平性分析，以找出薪酬问题和差距的根本原因。定期使用基于同行的市场价格定位工具和技能薪酬规划工具，有助于确保你提供的薪酬在你所在的行业和地区有竞争力。

无论是确保员工获得基本生活工资、缩小薪酬差距，还是保持内部薪酬与市场水平保持一致，它们传递的信息都很明确：领先的公司是那些在薪酬方面保持领先地位，而不是那些等待员工提出薪酬问题的公司。

无论正确与否，许多领导者都不相信他们的公司能够提供计划外或大幅度的加薪。而与此同时，一些公司比以往任何时候都更愿意为顶尖人才支付高于平均水平的薪酬，并推动非周期性薪酬调整。2022 年，有高达 17% 的公司都签署了非周期性薪酬调整协议，也就是说，如果员工留任，他们获得提前加薪的概率几乎是五分之二。[12] 挑战在于，如果没有明确且经过充分沟通的策略，这些调整可能会导致薪酬不平等或出现与公司长期薪酬战略不符的错误预期。

解决财富问题，而不仅仅是薪酬

雇主通过创新性地设计整体薪酬回报，来响应员工的需求。例如，它们承担了员工的学生债务以帮助员工获得更优惠的利率，为员工发放一次性的燃油补贴，向员工的家庭成员提供更实惠的健康福利，或者利用它们的购买力，集中采购从科技设备到健身房会员的任何商品以帮助员工节省成本。这一切都是有帮助的。但是能够产生显著影响的，不仅是帮助员工了解他们今天的整体薪酬回报（包括福利、薪酬和培训）的真正价值，还有帮助他们了解他们今天的决策对长期财务状况的影响（见图 4-4）。对女性来说尤其如此，因为她们通常寿命更长，但往往在投资上不那么积极，参与劳动力市场的程度也比较低。这些都导致了养老金的性别差异，即使在像英国这样的成熟经济体，养老金的性别差异也超过了 40%。

图 4-4 新的工作契约展示了员工价值主张的更新

思爱普公司（SAP）整体薪酬回报职能部门的负责人切特纳·辛格（Chetna Singh）在美世的播客节目中解释道：雇主不能人为地将薪酬、文化和职业生涯割裂开来。

"我常说有三个 C。第一个 C 是显而易见的，那就是薪酬（Compensation）和福利。这是整体薪酬回报的核心和基因。第二个 C 是文化（Culture）。文化异常重要。如果你发现企业的文化是有毒的，即使你得到了很好的薪酬和福利，你也不一定会留下来。这就是为什么文化如此重要，而整体薪酬回报扮演着关键的角色。第三个 C 是职业生涯（Career），它意味着你是否在学习、在成长，是否有足够的机会让自己去忘却和重新学习，并在职业生涯中不断进步。我们整体薪酬回报职能的魅力在于，它通过有形手段提升了组织的无形价值"[13]

换言之，企业不能只关注薪酬，所有变量必须相互配合，才能充分满足员工的需求，并确保他们在未来继续拥有就业能力。很显然，对员工来说，职业发展速度与实发工资一样重要。

领先企业分享它们的薪酬理念。

它们大力推广其整体薪酬回报协议，让自己的员工几乎不想跳槽。

切换模式：为留下来的员工支付溢价，如何

从逻辑上讲，雇主不会从员工的高流动性中获得任何好处。毕竟，寻找和聘用新人才既费时又充满不确定性。高德纳咨询公司的前副总裁布里安·克罗普（Brian Kropp）预测，公司需要为比它们习惯的水平高 50% ～ 75% 的离职率做好准备。[14] 此外，填补一个职位所需的时间比疫情之前增加了 18%，大约一半的人在得到一份工作机会的同时，还在另外考虑至少两个工作机会。据估计，如果公司将招聘新员工的广告宣传费用和新员工上手时间计算在内，替换一名员工所需的成本通常是其薪酬的两到三倍。[15]

员工离职会造成生产率下降。最关键的是，在工资通胀的环境中，雇用新员工的成本几乎总是更高，而且一名员工的离职往往会引发更多人离职。所以，有时候，维持现状是一件好事。我们在《哈佛商业评论》上发表的研究报告证实了这一点，因为终身员工不仅是好的留任者（顾名思

义），而且他们往往会对周围的人产生积极的影响。年轻的人才通常倾向于跳槽，但实际上当他们与这些终身员工在一起时，他们的稳定性也会更高。[16]

但逻辑并不总是合乎逻辑的，不是吗？

最令人费解的是，许多公司在管理终身员工的薪酬范围、绩效预算以及对这些现有忠诚员工的反要约方面倾向于保守（也可以称之为谨慎）。而与此相反的是，正如先前亚特兰大联邦储备银行的数据所显示的那样，同样是这些雇主，它们非常乐意支付溢价，来雇用与流失的人才拥有相同技能组合的新员工。然而，这些新加入者是未经验证的，他们中可能会有人与公司文化格格不入。既然高管们甘愿支付更高的薪酬来招聘人才，那么我们不妨想想，是否将有限的资源用在了正确的方向上？[17]

高流失率会对公司文化产生连锁反应，最关键的是会造成组织内知识的流失，而且往往会影响运营层面的稳定性，尤其是当新员工的薪酬信息曝光时，老员工的不满情绪可能会加剧这种情况。当"十年员工"鲍比得知"十个月员工"贝蒂拿着和他一样多的薪酬，甚至比他更多的薪酬时（取决于招聘广告披露了什么），他可不会接受。

当然，在你没有时间培养新技能的情况下，就需要为你急需的新技能支付溢价。但除此之外，关于雇主应该把钱花在哪里，逻辑是很清楚的：投资现有员工是首选，而非第二选择，因为：

- 任职时间与工作绩效正相关。跳槽会使员工无法快速适应自己的职位，从而无法达到最佳工作效率。终身员工则可以帮助公司保留重要的知识和经验，从而避免公司重蹈覆辙。
- 降低人员流动率可以最大限度地减少对公司文化的破坏，并对客户满意度产生积极影响。人员流动会影响公司运营，而在服务行业，这种影响可能会持续很久。

- 美世的数据还显示，留住更多的终身员工对留用率指标有积极影响。不仅是他们自己的留任，还有他们身边年轻一代的留任。[18] 想想看：如果新员工看到几个表现出色的老员工被解雇或被迫下岗，他们就会担心自己的饭碗不保。但是，在一个稳定的团队中工作可以平息年轻一代跳槽的欲望。

这没你想得那么复杂。

承认惰性。

发挥创意。

积极主动。

抓紧你们的员工，不要放手。

这也是为了成为更伟大事业的一部分

曾有一位艺人告诉我们，一切都与钱有关。很多人都同意这一点。但如今，钱并没有人们想象得那么重要，实际上，员工们比任何时候都希望成为更伟大事业的一部分。

不是任意一件事，而是伟大的事业。

他们希望自己的公司不仅仅生产新药、发起新的社交媒体活动，或提供另外一种软件即服务（Software as a Service）技术。

他们想要有所作为。

他们希望自己的公司有所作为。

我们正身处一代人对共同价值观和使命的召唤中，这种召唤可以超越薪酬。价值观的一致性对员工决定留任还是寻找新工作产生了深远的影响。如果一家公司没有践行它们所设计的极其吸引人的员工价值主张，那么这家公司最终可能会拥有一群倦怠的员工，他们会毫不犹豫地为了多赚几块钱就离开公司。

对跳槽产生巨大潜在影响的一股力量是不断变化的企业责任，以及利益相关者资本主义（Stakeholder Capitalism）格局。但是，在平衡所有利益相关者的需求与固有的做法——专注于股东回报之间，公司有必要做到言行一致。

在一项研究中，《经济学人》（The Economist）调查了 30 个国家的资本与劳动力在经济收益中所占的比例，发现尽管在疫情期间出现了向员工返还财富的趋势，但是到 2020 年，发达国家的劳动力所得份额下降了 2.3 个百分点，现金流活动的主流是将资本返还给所有者而不是员工。[19] 与此同时在我们的调查中，大多数公司都表示，它们在满足员工的工资预期方面遇到了困难，并且未来几年仍不能改善。[20]

这种脱节对员工来说就像一记耳光，尤其是当许多公司在 2022 财年结束时公布了创纪录的盈利时更是如此。对于公司牟取暴利的行为的不满，正在引发一场更广泛的关于如何平衡利润与责任的讨论，而这种讨论并不总是那么美好。在英国、欧洲中部和美国，这种讨论呈现出了不同的态势——定价权差异、工会力量强弱和劳动法规的不同，共同造就了跳槽者和留任者的薪酬差距。

正如我们之前所分享的，在德国，集体谈判是常态，与美国等国相比，新员工与终身员工的薪酬差距微乎其微。对美国的上市公司来说，观察 CEO 的薪酬与员工薪酬中位数的比例，就能看出薪酬理念如何有利于高层人士，尤其是当股票回购提高了高管的实发薪酬时。[21] 例如，在 2022 年，一家备受瞩目的家装零售巨头因在增加高管薪酬的同时降低员工薪酬中位数而遭到强烈抗议。[22]2022 年是生活成本危机严重的一年，而富时 100 指数公司的 CEO 的薪酬在这一年却上涨了 22%。[23]

与此同时，英国所有高薪公务员的薪酬披露导致英国广播公司

（BBC）的女主播公开罢工，抗议同工不同酬。随着美国东西海岸出台薪酬透明法，以及英国等许多国家在2023年启动试点，新员工可能获得的收入已经透明化。

员工并没有坐视利润向上输入——他们在大声疾呼，用脚投票。在美国，2021年10月被称为"罢工十月"，因为有10万名员工离开工作岗位参加罢工。[24] 随着约翰迪尔（John Deere）、家乐氏（Kellogg's）甚至星巴克的员工因工会规则而罢工，要求给予员工更高议价能力的压力也在随之增加。根据美国国家劳资关系委员会（U.S. National Labor Relations Board）的数据，要求加入工会的员工人数达到了历年新高。

在英国，2023年有10万名护士加入了邮政工作人员、护理人员和边境管制人员因薪酬问题而举行的罢工。[25] 形势如此严峻，以至于政府不得不削减工会的权力，以保证基本服务的正常运转。[26]2023年年初，欧洲中部各地的主要工业和公共服务部门陷入瘫痪，员工们要求对十年来最高的通胀率进行补偿。

随着生成式人工智能的兴起，我们在世界各地都看到了抗议活动，因为创意人士认为他们的工作受到了剥削，而随着技术与人力的融合对工作的重塑，零工的工作安排与日俱增。工作稳定性和工作所有权备受争议。是的，生成式人工智能使得创造力更加民主化，但也使创造力商品化，而这正影响了员工的权力。这不禁让人质疑，人工智能带来的新数字红利是如何分配给员工和股东的。

虽然采取了极端措施并花费了大量时间，但所幸员工的声音还是被听到了。越来越多的公司认识到，要想成功赢得（并留住）人才，提高整体盈利能力，就必须转向利益相关者价值模式，而不是股东价值模式。这一趋势在疫情前就已经出现，但过去几年的动荡将它推到了风口浪尖。

因此，我们正在改变对于好工作和好公司的定义。越来越多的公司开始有意识地关注以下几点：提供基本生活工资、保证薪酬公平、在不扣减工资的情况下保持工作弹性，以及提供有助于人们保持就业能力的晋升机会。我们看到这些变化反映在公司声明以及它们对环境、社会和公司治理（Environmental, Social, and Corporate Governance, ESG）的承诺中，因为公司寻求转变方向——提供员工最想要的东西，这对公司、客户和股东都有利。

问题是，要在人才这一最重要的资产上找到合适的投资水平绝非易事。无论从当下和长远来看，确保这项投资可负担都至关重要。我们确实需要解决这个问题，否则我们所有的人才都可能会跳槽。

晋升（Moving up）并不一定意味着离职（Moving out）。离职很有吸引力，也会带来很多职业优势。然而，许多组织低估了它们可以在自己公司范围内创造的有吸引力的职业机会。为什么不顺应人员流动的趋势，鼓励在公司内部进行更多的横向调动呢？哪怕不用等到年度调薪？不要让关于职业发展和薪酬提高的固有观念成为阻碍。充满活力的人才市场、横向调动的普遍性以及更具响应性的薪酬模式，这些都是既顺应趋势，又能让想要跳槽的员工留在组织内的方法。

那么，人们真正想要的是什么？越来越多的公司正在努力寻找答案。为了回应员工对薪酬透明度的质疑，一些公司正在开展薪酬公平性研究，以发现并解决不同员工群体之间的薪酬差距。科技公司Verve做出公布员工的薪酬及其背后的合理性的举措；与此同时，当员工问及同事的薪水时，全食超市（Whole Foods）会直接给出答案；还有工程巨头博世（BOSCH），它根据公司目标和业务部门目标向员工提供浮动薪酬。

与消费者一样，员工也开始期待更多的选择、更高的工作弹性和更个性化的整体薪酬回报。联合利华的"我的回报"计划让员工可以灵活选择他们最想要的福利。奈飞公司（Netflix）也推出了类似的计划，让员工在现金和股票期权之间做出选择，包括他们希望以期权形式获得多少比例的薪酬。这两种回报方案都是量身定制的，能更好地满足个人需求，提高员工的忠诚度，而这种忠诚度是很难在短期内获取的。

更高的工作弹性是员工跳槽的另一个常见原因，但这一点也正在被重新评估。虽然低劳动保障与固定薪酬对零工员工来说是标配，但福利和浮动薪酬可能很快就会成为让他们保持敬业并取得最佳绩效的工具。忠诚从未像现在这样有吸引力。

谁在制定新的员工契约

许多聪明绝顶、经验丰富的商业决策者花了大量的时间来研究如何取悦薪酬流程中的每一个人，从核算薪酬的财务人员到接受薪酬的员工。以下是两家重新启动薪酬福利制度以应对时代挑战的公司。

1. 爱立信（Ericsson）：资助福利改革以吸引当今的员工

爱立信知道，要在新时代留住员工，它们需要从根本上重新思考其整体薪酬回报的主张，使其比以往任何时候都更具创造性和整体性。正如公司整体薪酬回报负责人安德鲁·皮尔比姆（Andrew Pilbeam）所评论的那样："人们离职的原因不仅仅是薪酬。信任、尊重、职业成长、技能发展和整体薪酬回报等其他因素都发挥着作用。当这些因素不再起作用时，员工离职率就会上升。"

爱立信正在通过采取一种大胆的方法，来改变其整体薪酬回报方案。这种重新设计作为其三年优化计划的一部分，将为公司节省数千万美元，同时更好地满足当今和未来人才的要求。那么，它做了什么呢？

它认真听取员工意见。爱立信询问员工想要什么，它考虑如何帮助员工解决日常财务问题，它试图了解育儿假政策在全球各地的区别，它还询问减少公务用车是否可以为更广泛的环保工作出一份力。

它过渡到全球福利系统。公司越来越多地利用其国际购买力为员工提供更好的福利，同时让个人有能力做出适合自己的健康决定，公司还设置了智能系统，可以提醒员工使用预防性保健福利。确保为每位员工提供全球员工帮助计划和最低水平的人寿保险是整个福利系统的基石。

它积极探索为员工福利融资的新方法。爱立信通过使用自保公司，调整了公司的投资结构，实现了长期储蓄，从而能够对员工真正看重的方面——广泛的志愿服务项目进行再投资。

它在福利方面以价值为导向，寻求更深层次的变革。爱立信向未休完年假的员工返还现金，但公司正在调整这一政策，特别是在优先考虑工作生活平衡的国家。它希望确保福利是对所有员工的承诺。公司的再投资越来越多地用于产假福利和其他有意义的项目。

它正在加强沟通，提高管理者讨论薪酬问题的能力，并利用数据为不同的员工群体量身定制薪酬方案。确保最低、一致的育儿假是为不同员工群体提供灵活工作选择的先决条件。

皮尔比姆补充说："对于整体薪酬回报负责人，最大限度地降低员工离职率是至关重要的，因为更换人员的成本更高。你不能再孤立地看待薪酬问题。这确实是企业预算中最大的开支之一，但如果不着眼于整体协议，并让所有有价值的人才都能看到整体协议，你就无法对其产生积极影响。"

2. 印孚瑟斯（Infosys）：扩大个性化回报规模，激励技能培养

印孚瑟斯的业务模式依赖于吸引和留住备受追捧的数字人才。这在印度炙手可热的信息技术市场上绝非易事。作为印度最大的跨国信息技术和咨询公司之一，印孚瑟斯深知人才是公司的竞争优势。面对竞争如此激烈的信息技术专业人才市场，印孚瑟斯知道它需要提出一个更具吸引力的员工价值主张，以留住并激励它的关键人才。

实现这一目标需要个性化管理，但要在 20 万名多样化、移动化和全球化的员工中推广个性化回报是一项巨大的挑战。经过广泛的咨询，印孚瑟斯开发了一套包含货币和非货币的回报方案，使员工个人能够对自己的职业生涯负责，同时让管理者能够应用人工智能灵活地响应个人需求和偏好。

在印孚瑟斯，财富管理既是对明天的激励，也是对今天的奖励。集团薪酬与福利主管南迪尼·S（Nandini S）解释说："对我们来说，未来取决于能否获取和保留'技术领域'的知识。客户公司需要我们是因为我们对其行业有深入的了解，并拥有技术专长。这需要我们的员工留在公司并发展我们所说的'梳状职业生涯'——对行业有广泛而深刻的洞察，同时具备专业能力。如果员工没有留任，不继续投资于自己的技能培养，你就无法实现这一点。"

印孚瑟斯发现，帮助公司留住员工的方法是要求管理者从三个时间维度来考虑他们所需要的技能，并要求他们只针对第三个时间维度（即创新的最前沿）进行外部招聘。这样一来，内部人才培养就成了重中之重。如果员工和管理者在职业发展上做得不够，公司还会利用技术对他们进行提醒。通过将激励措施与热门技能挂钩，将员工与发展机会相匹配，内外部的薪酬公平问题就不复存在了——"留在公司的好处远远超过离开的回报"。

挑战看似很多，但无须惊慌。这些挑战是完全可以解决的，而且已经激发了许多公司的不同思考。不过，要彻底重新思考回报制度，还需要进行有意识的设计和一些充满勇气的对话，这样才能让所有员工在整个人才生态系统中享有平等的成长、流动和财富积累的机会。这只是一个优先级的问题。

因为这归根结底是数学问题，所以把数学用好就行了。

有关内部和外部人才市场、薪酬和福利的竞争力、技能的价格趋势以及驱动人员流动的潜在因素的数据从未像现在这样丰富。不要只是坐拥数据，而要应用数据，对员工进行细分，并尝试不同的薪酬方法。利用整体薪酬回报来更广泛地鼓励技能培养和内部人才流动，并最终激励更多的员工留下来。

员工领导者的行动呼吁

1. 让薪酬问题更容易被谈及

虽然没有人愿意承认这一点，但职场就是存在"会哭的孩子有奶吃"的现实情况。领导者也是人。你想更好地履行职责，而且当团队茁壮成长时，你也会感到高兴，所以不要沉默，要帮助他人发声。说出你自己的抱负，以及你对自己和团队的薪酬及职业发展轨迹的真实想法。利用数据了解你所在行业、职位和技能集群的薪酬趋势，为开展关于薪酬的对话奠定基础。

2. 讨论职业生涯和整体薪酬回报中的"整体"

避免谈论去留问题。转向去了解你的员工想要什么待遇，并确定如何帮助他们实现这个目标。使用所有的回报杠杆，并将资金投入能产生重大影响的领域，如专业发展、休假和为员工的家庭成员增加福利。了解劳动力的真实成本及其变化情况。不要羞于进行非周期性薪酬调整。

3. 根据员工个人的成长意愿，调节职业发展速度

了解员工的职业目标进度——并不是每个人都想今天就晋升。人们在学习的敏捷性和对变化的开放性方面各不相同，一些员工可能希望在工作

上下变动之前权衡重大的生活事件。营造一种环境，让员工可以根据需要调节自己的工作强度，而领导者则可以发现并帮助那些感觉自己职业发展停滞不前的员工。

高管和人力资源部的行动呼吁

1. 激励员工保持忠诚，鼓励内部流动

在当今快节奏的环境中，要明确自己想要鼓励什么。是经验的广度、学习的敏捷性、技能发展，还是技能熟练度？让内部人才流动（尤其是横向调动）成为公司内部的常态，即使这些流动与薪酬变化无关。如果你想奖励员工拓宽或加深技能，那就在职业轨道和职位等级制度中体现这一点。培养人才发展文化，而不是人才囤积文化。

2. 帮助员工个人建立财务安全

财务知识匮乏是一个全球性的严重问题，因此有必要让员工了解他们的整体薪酬回报及长期投资回报。倾听员工的需求，推出专门计划，以满足不同人群的独特需求。研究如何利用薪酬以外的回报，如抵销债务或在更广泛的层级中分享股权，来对员工进行投资。提供技术工具并开展有吸引力的宣传活动，强化整体薪酬回报（包括培训投资成本、福利、薪酬等）的真正价值，并模拟长期财富和退休金。鼓励员工就财富问题畅所欲言。

WORK
DIFFERENT

第五章

使命决定一切，同理心赢得胜利

戴夫·吉勒博阿（Dave Gilboa）需要休息一下。

在金融和咨询行业打拼多年后，戴夫决定进入商学院学习。但在正式步入学校前，他需要远离这一切，于是他扔掉智能手机，背包环游世界。在为期六个月的旅行中，戴夫弄丢了他的眼镜——这显然是在商学院学习的必备品，因为这对看清课本至关重要。因此，当他结束旅行时，他需要一副新眼镜和一部新手机。

毋庸置疑，手机和眼镜是需要花钱的。

当时，戴夫可以在网上花大约 200 美元买到一部二手手机，但一副新的近视眼镜却要花上近 700 美元，而且显然也无法在网上买到二手货。他认为这很不合理，所以他在第一个学期拒绝购买眼镜，结果那个学期他看东西一直模模糊糊。

就在那时——2010 年，戴夫和朋友们坐下来讨论他们是否可以，以及如何创办一家从经济和社会层面改变世界的公司。最终他们想到了平价眼镜，在这些讨论的基础上，Warby Parker 公司诞生了——这不仅仅是一家眼镜公司，他们希望成为一家有使命感的眼镜公司。

快进 10 年到了现在，Warby Parker 公司以实惠的价格为所有人提供高质量、时尚的眼镜，同时也对世界产生了积极影响——每售出一副眼镜，Warby Parker 公司就会通过非营利组织和致力于提升资源不足社区的视力保健服务的组织，向需要的人捐赠一副眼镜。

除了社会使命外，Warby Parker 还通过削减中间商、在网上以及自己的零售店直接向消费者销售产品，成功地颠覆了传统眼镜行业。这使得它能够以更低的价格为消费者提供更多的时尚选择，同时还能够提供更好的客户服务与更加个性化的购物体验。

今天，为了实现公司的愿景，在公司工作超过三年的团队成员都会被派出去进行国际实地考察，比如前往南美洲，在那里，他们会与当地的非营利合作伙伴合作，为有需要的人提供眼镜。公司对文化的投资是无法估量的——这将改变每个人的生活，从制造商到分销商、员工，再到消费者。他们各自的世界都将受到影响，他们将永远地联系在一起，不仅仅是因为眼镜，而是因为使命。毫不奇怪，Warby Parker 的企业价值观是：

- 将心比心地对待客户。
- 创造一个让员工可以大胆思考、享受过程、赢得结果的环境。
- 走出去。
- 绿色的才是好的。

很简单，对吗？很有力，不是吗？现在你可能会说："但是美世团队，当你创立公司的最初想法就具备一个内在使命时，产生这些价值观当然容易。"可以理解，但是请听我们解释。Warby Parker 是一家 B2C 公司，它的使命并不是其商品的附属品。公司建立并维护了自己的使命和价值观。其他数百家销售高端眼镜的类似公司并没有类似的使命或价值观，但它们本可以去建立。

文化是新的结构

一个公司的文化是无形的东西，很难把握，更难衡量。这就是为什么有些人把文化归为玄学——与抱树、颂钵等类似。没关系！它一直是组织节奏的低音节拍，无形中影响着员工的工作积极性。

美世的研究表明，文化的相关性在增加。42% 的受访者表示，受疫情影响，我们如何建立文化是员工体验中变化最大的方面。近四分之三（74%）的受访者认为，在大规模实施弹性工作时，文化至关重要。公司越来越将文化视为一种战略能力；68% 的成熟组织认为，改善文化对于推动业务成果以及吸引和留住人才至关重要。[1] 已经有 60% 的人力资源部门承担了改变工作场所文化的任务。[2]

对于归属感的渴望是我们关注（未来）公司文化的一个非常个人化的动机。难怪 Glassdoor 上充斥着关于为特定组织工作的真实感受的引述。领导风格是什么？有没有人遵循公司价值观？公司价值观是什么？见鬼，这家公司到底有没有公司价值观？

除了显而易见的理由，即只有公司具备有吸引力的文化，才得以赢得和留住人才，许多公司还不得不以一种艰难的方式认识到文化的力量。例如，它们发现，如果没有数字化思维，它们的数字化转型就无法坚持下去；如果没有包容的文化，以客户为中心只不过是一句口号。而现在，随着对敏捷性的重视，公司越来越意识到，对开放性和责任的承诺比职位高低更重要。

这些公司发现，围绕这些主题开展的工作激发了员工的敬业度与工作热情，远超它们之前看到的所有。

难怪许多公司已经转向文化活动来（重新）塑造和加强它们的公司文化。其中许多活动是在持续数年而不是数月的项目或计划中完成的，并且会邀请组织中的每个人参与。

如果你需要了解这是如何做到的，可以看看全球领先的工业车辆和供应链解决方案供应商凯傲集团（KION）。为了使其品牌更紧密地结合，成为一家综合性的内部物流公司，董事会决定进行一次广泛的、触及每位员工的文化之旅。他们的计划是：建立强大的跨品牌、兼具包容性的公司文化，与新收购的公司产生共鸣，并能够激发团队精神。

听上去很容易对吗？并非如此。

凯傲必须扪心自问，当然最终也要做出回答——作为一个团结的组织，它实际代表了什么？为此，公司制定了一套价值观，概述了鼓励员工和组织成长的思维方式与行为。运营模式正在重新设计，领导者准备就新的方向和价值观与其团队进行讨论。全体员工都参与了对话，讨论战略和文化对他们意味着什么，以及如何将其转化为日常工作。这种逐层推进的方法最终使得凯傲的转型获得成功。该公司也因此被德国权威管理杂志《经理人杂志》（*Manager Magazin*）评为"掌握数字化转型的冠军"，而它留住顶尖人才和实现增长的能力也大幅提升。[3]

这些活动的开展引发了一场对话，促使公司思考自己的真正目标。在社会讨论和可持续发展趋势的推动下，一些公司下定决心，开始为更大的事业做出贡献。这是另一个问题，也会有不同的答案。但有一件事在那一刻变得很清晰：企业需要定义自己的使命，而不仅仅是向股东交付成果。

今天，当年轻人考虑他们想为谁工作时，大型金融机构、律师事务所或战略咨询公司不再是首选（这对我们几位美世团队的成员来讲是难以接受的事实）。人们真正想要的是，成为一家创新、改变生活并对社会产生积极影响的公司的一员。他们可能拥有来之不易的营销学学位，拥有医疗保健方面的专业知识。如果一家销售板球拍的公司需要公关人员，而这家公司有着为社会做出贡献的大局观，也许他们会接受这个工作。你看，人们希望成为创造积极变革的一部分，正如圣雄甘地的名言："欲变世界，先变其身。"或者，如果你想再用音乐举例，就像迈克尔·杰克逊的《镜中人》一样，请从自身开始改变。

有自己想法的员工都想做出贡献，但他们想为那些自己可以支持并可以引以为豪的事情做出贡献。

我们中的一些人在职业生涯中找到了伟大的意义，另一些人则没有。

疫情放大了人们对使命的追求。"大辞职"就是这种集体反思的结果。一些不满意的员工提前退休，另一些则转向了全新的职业。还有一些人继续从事类似的工作，但是找到了一家可以提供更健康的工作环境的公司，在某些情况下，这带来了新的使命感，或将一份工作转变成事业。在某些情况下，使命感之所以能够浮现，是因为新的工作环境更加透明和以人为本，并且回答了"我究竟在为什么而工作？"这个问题。

我们究竟在为什么而工作

贝莱德集团（Blackrock）备受争议的首席执行官拉里·芬克（Larry Fink）创造了一份可以被视作引导企业走向使命和可持续发展的蓝图。在 2022 年 1 月致首席执行官的年度信中，他断言："员工将越来越多地视雇主为最值得信赖、最有能力和最合乎道德的信息来源，甚至超过了政府、媒体和非政府组织。这就是为什么你的声音比以往任何时候都更加重要。对首席执行官们来说，拥有一致的声音、明确的目标、连贯的战略和长远的眼光从未像现在这样重要。在动荡的环境中，公司的使命就是你们的北极星。"[4] 是的，芬克关于使命的观点是有争议的，现在也依然如此。很多批评者认为这种观点有其局限性，那就是投资回报率（ROI）。但是，投资回报率从来都不是问题。芬克所指的是利润和使命的结合，也是我们之前讨论过的利益相关者资本主义的基石。当然，这确实是一些员工选择为非营利组织工作的原因。但是，越来越多的营利性组织的员工也开始要求雇主采取可持续行动。不过，他们也希望获得的报酬能配得上自己的贡献。

在过去的几年里，越来越多的组织开始起草使命声明，以说明它们的社会议程。

虽然对企业使命存在多种解释，但我们将采用"组织存在的理由"这一解释。表 5-1 区分并阐述了驱动组织方向的五种工具。

表 5-1　驱动组织方向的五种工具

工具	含义	主要 * 针对对象
目标（社会使命）	阐明组织存在的原因	社会
愿景	概述组织所期待的未来地位	员工
使命	基于商业模式的价值承诺	客户
价值观	阐明共同的思维模式与适当的行为	员工
战略	描述目标及其实现方法	利益相关者

* 股东始终是这些工具的针对对象

联合利华已经说明了它的使命——"让可持续的生活成为常态"是如何加强了其业务的。它密切关注公司销售情况，以说明其产品的影响力。例如，在 2018 年，它的 28 个可持续生活品牌（致力于通过行动给人类和地球带来积极变化的品牌）的增长速度比其他业务快 69%，它们还占到了公司整体增长的 75%。[5]

联合利华首席执行官艾伦·乔普（Alan Jope）解释说："我们相信，有明确且令人信服的证据表明，有使命的品牌会持续增长。事实上，我们坚信这一点，因此我们准备承诺，在未来，每个联合利华的品牌都将成为一个有使命的品牌。至关重要的是，品牌必须采取行动并展示它们致力于做出改变的承诺。"[6]

西门子也是如此，其可持续发展议题指出："我们希望运用我们的工程专业知识和方法连接现实世界和数字世界，提高人们的生活质量，保护地球。这特别受到我们的企业使命——'以科技共创每一天'的支持。"西门子还支持联合国的 17 个可持续发展目标（Sustainable Development Goals，SDG）。对西门子来说，可持续发展管理有赖于全公司的努力，"（是它）所做的一切的核心。可持续发展深深根植于（它的）组织，并且自 2020 财年以来一直是管理层薪酬构成中不可或缺的一部分"。（这在公司 2021 年可持续发展报告中首次提及。）

西门子的首席人才与可持续发展官（CPSO）、董事会成员兼劳工总监尤迪特·维泽（Judith Wiese）补充道："可持续发展深深植根于我们的基因。这并非可有可无，而是业务上的当务之急。基于我们成功的业绩记录，现在我们为自己设定了更雄心勃勃的目标。我们将加快努力，提高标准，为所有利益相关者创造更多价值。可持续的业务增长与我们为人类和地球创造的价值是相辅相成的。"[7]

这会让你有点想为西门子工作，不是吗？

做正确的事

假设你的部门充斥着打工人，而不是贡献者。打工人来这里工作纯粹是为了更高的薪酬和更好的福利。

与打工人一起工作远不如与贡献者一起工作那么有成就感（或有趣），所以让打工人成长为贡献者的方法之一就是帮助他们打造能为更伟大的事业做出贡献的职业生涯。在过去四年中，当被问及是什么帮助员工在工作中茁壮成长时，"有意义、有成就感的工作"在排行榜上呈现了根本性跃升——从2018年的第11位攀升至2022年的第2位。这表明员工渴望在工作中找到真正的意义。他们想做一些自己真正热爱的事情，一些能够对他们所在的社区和整个社会产生积极影响的事情。

在寻找工作的意义和使命时，员工重新思考了他们希望从工作体验中获得什么，以及他们是否可以从目前的雇主那里获得这些。当员工评估自己的职位时，一些问题浮现出来，比如：

- 我所在的公司是以何种方式让世界，或者让我所在的小小社区变得更美好的？
- 无论是在本地、全国还是全球范围内，为了对人们或社区产生积极的影响，我所在的公司在做些什么？
- 每周工作40多个小时做这些事情，对我来说是最好的利用时间的方式吗？

那么，如何在职场中找到自己的使命呢？根据特蕾西·布劳尔（Tracy Brower）博士在《福布斯》（*Forbes*）上发表的一篇文章，寻找工作使命的贡献者应该"专注于三件事：第一，与超越自我的伟大事业联系在一起；第二，明确自己工作的价值；第三，也是最重要的是，理解自己的工作如何影响他人——而非仅仅关注公司的净利润"。[8]

虽然越来越多的公司意识到潜在的员工非常渴望找到一份在工作和责任方面有成就感的工作，但是它们还没有考虑如何重新定义员工的职位以促进公司的可持续发展。如果公司的使命陈述具有价值，但员工没有看到它和自身的联结，那么公司就要重新考虑这一使命陈述。

员工们也应该对此有发言权，他们可能希望安排时间与公司讨论，以便在公司内部找到更有价值的工作。如今求职者会问一些具体的问题，比如公司代表了什么，以及公司为了让世界更美好做了什么。那些已经在职的人也可以提出同样的问题，看看公司是否正朝着积极的方向发展。

为此，Founder Coach 公司（为初创企业的首席执行官提供教练服务）的首席执行官戴夫·贝利（Dave Bailey）指出："企业可能是由人创建来服务于人的，但我们的使命感并非来自帮助企业，而是来自帮助他人。"[9]

定义和践行企业使命很有必要：

- 它将提升员工的自豪感和认同感，从而提升雇主的吸引力和员工的敬业度。
- 它将使企业看上去更为出色，而这可能有助于销售。
- 它将推动整个公司做出基于价值的决策，以使最终用户的利益最大化。

引用赞达亚（Zendaya）的话来说："找到一些让你快乐的事情，然后去做。坚持你的愿景和你的信仰至关重要。"

企业文化 + 同理心 + 诚实 = 卓越

无论有没有明确的使命，一种现代的、包容的和有吸引力的企业文化都需要建立在同理心的基础上，这是赢得人心的关键美德。

对于那些试图与客户建立更紧密联系的公司来说，同理心开始成为一个商业问题，时至今日依然如此。在疫情期间，随着公司的关注点转向员工，同理心开始变得多元化。新的现实情况是，雇主需要与员工感同身受。疫情打破了障碍，使雇主和雇员能够对彼此有同理心。

让我们明确一点，同理心必须是真诚而发自内心的，而不是为了让企业文化看起来不错才进行的表面工作。换句话说，就像广受欢迎的嘻哈歌手奈特·道格（Nate Dogg）在 1997 年唱过的："保持真实！"

虽然人们通常认为同理心是与生俱来的，但研究表明，在某种程度上，它是可以后天习得的。在这方面，疫情为那些对同理心知之甚少或拒绝承认自己有同理心的人提供了一次学习机会。因此，许多领导者认识到，企业同理心（比以往任何时候都更加普遍）需要成为企业基因的一部分。事实上，"包容"的整个理念都是建立在同理心的基础上的。（应该注意的是，同理心不是同情，同情被定义为怜悯或为他人感到难过。）

同理心经常被描述为理解——站在别人的立场上，理解他们的所见所感意味着什么。以身作则、树立同理心并赞扬他人的同理心反应是支持和促进同理心的一种方式。要创造真正的同理心而不是条件反射式的反应，就必须了解更广泛的背景信息。为什么有人既要兼顾增加的工作量，又要照顾孩子？对于即将退休的同事，试图跟上新软件的推出意味着什么？什么情况下不因为失败而去惩罚团队是合适的？问问那些正在学习拥有同理心的人，他们是否曾经遇到过这种情况，以及他们是如何回应的。

世事难料，当员工经历困难时，富有同理心的反应会对士气产生重大影响。例如宝洁公司提供个人休假，允许员工无薪休假长达三个月，但保留福利。这有助于公司留住宝贵的人才。而 Meta 公司（原 Facebook）在员工遭遇个人变故时提供 20 到 30 天的带薪休假。

在历经疫情最严重的时期后，我们看到了疲惫不堪的员工，他们希望拥有更健康的工作节奏，但是几乎没有机会改变现状。公司正通过倾听做出回应。公司越来越意识到，有必要证明自己不仅仅是为了赚钱而存在的。定义公司存在的原因并确保它能够指导决策和运营，已经迅速成为在更具使命感、由同理心驱动的环境中开展业务的基石。

保持斗志

是的，在人本时代，我们仍然需要领导者。

今天，在 BANI 世界中，我们比在 VUCA[⊖]世界中更需要领导者。[10]

在这场疫情以前，可能有过一小段时间，一些人认为领导力已经过时。这些人的观点倾向于"自主贡献者"——他们有内在的动机，在自我指导的团队中工作。

当封控的冲击向我们袭来时，员工们都在寻求方向和指导。人们乐于按照领导者的命令行事——在混乱中接受指导并获得指引，这让人深感欣慰。

我们确信领导力不会过时（无论领导风格如何）。让我们快速了解一下领导力在传递使命和塑造企业文化方面的作用。

领导者分享公司的使命，帮助员工充分理解他们的工作将如何为更伟大的事业做出贡献。这意味着在设立新的职位、启动新的项目、组建新的团队时，要回答"为什么"。

作为领导者，你可以通过各种方式展示和实现公司使命：

- 成为讲故事的高手。用引人入胜的陈述来表达你们公司的使命，将使命融入日常工作。带着激情和热忱来分享你们公司的使命，让人们觉得这是一次伟大的冒险。
- 言行一致（经典）。每天都以身作则，驾驶电动汽车，进行废品回

⊖ VUCA 是指 Volatility（易变性），Uncertainty（不确定性），Complexity（复杂性），Ambiguity（模糊性）。

收，或成为第一个自愿参加社区服务的人，以此展示公司使命，使其具有感染力。

- 将使命注入决策。你所做的每一个决定都应该符合公司使命。在选择的海洋中航行时，将使命作为自己的指南针，解释你的决策是如何被使命所引导的。
- 将使命融入目标。让团队的关键绩效指标与公司使命保持一致，向团队成员展示他们的日常工作是如何促进这一伟大事业的。设定方向并保证每个人都会被影响到。
- 激励员工参与。引导员工参与使命驱动的活动，并将参与过程打造成庆祝活动，让它以一个有趣和有吸引力的方式，为公司使命注入活力。
- 庆祝冠军的诞生。找到那些将自己的行为与公司使命保持一致的"明星员工"，将他们推上领奖台！认可并奖励他们，让他们的故事激励他人。
- 保持透明。展示你的成就，同时承认差距。把每一个缺点都看作重新承诺和从错误中吸取教训的机会。将透明度扩展到薪酬和职业领域。当人们感到自己拥有决策参与权并有能力做出正确的决定时，他们给出的回应往往最积极。
- 坚持下去。公司使命应该是永不动摇的北极星，是指引和激励的源泉。风雨同舟，无论在顺境还是逆境中，都坚持如此。

通过这些方式使你的公司使命充满活力。你可以激励、吸引并带领你的团队走向一个每个行动都契合公司使命的未来。

使命越是融入到日常工作中，你公司的每个人就越会按照同样的节奏起舞。

富有同理心的领导力是促使组织成功的强大的催化剂。它建立了一个信任和相互理解的环境，鼓励开放对话和促进合作，从而推动创新、提高绩效。

同理心可以让领导者与团队建立深入的联结，提高士气和积极性，从而直接转化为生产率和员工留存率的提高。在变革或逆境中，富有同理心的领导者更能有效地驾驭风暴。他们理解团队的情绪和顾虑，有助于保持团队的稳定和韧性。当压力水平达到新的高度时，人们需要感到真正被理解以及被包容。

在一个理想的世界里，领导者会仔细倾听他们的员工，他们将创造一个安全的空间和归属感，他们会对员工感同身受。

当领导者表现出同理心和诚实时，他们就会打造一个更敬业、更忠诚的员工队伍和一个更强大、适应性更强的组织，从而显著提升长期成功的潜力。

这就是你在人本时代中取得胜利的方式。

员工领导者的行动呼吁

1. 鼓励人们与你的使命建立联系

反思你们公司的目标、愿景、使命、价值观和战略。问问自己是什么阻碍了员工完全认同公司的发展方向，你如何扫除这些障碍？与高管和你的团队定期对话，讨论公司的方向以及他们的工作如何与公司使命联系起来。

2. 了解你的团队成员

看看你的每个团队成员，问问自己是否真的了解每个人：他在工作之外关心什么，他为什么会加入你的团队。在对话中，不要单纯从团队成员的角度看问题，而是要超越其自身视角，看看如何帮助他们在工作中实现茁壮成长。

3. 渴望更伟大的事业和更出色的领导力

工作中有多少时间被分配在做正确的事情上？公司如何抵消其对世界产生的负面影响？对于公司使命中没有商业回报的活动，人们的参与程度如何？你是如何让这些理念深入人心的？无论能否带来更大的好处，都请大声说出来。

高管和人力资源部的行动呼吁

1. 建立自己的文化，不要听天由命

与你的员工进行对话，讨论你希望如何与他们互动，你们秉持何种价值观，认为什么样的行为是合适的。建立每个人都可以支持的公司使命，激活组织中的每个人，将使命融入他们的工作，并帮助他们直接或间接地将他们关心的事情与组织关注的事情联系起来。

2. 让同理心成为一项必备的领导能力

请开始培养这种能力，通过查看数据和职业公平趋势来建立一个真正包容的组织，这些数据和趋势揭示了你在多元化和包容性方面的进展。根据数据采取行动，以有效地指导行为，提高对特权和偏见的洞察，并鼓励所有人发展包容性领导思维。

WORK
DIFFERENT

第六章

信任和问责是一项团队活动

让我们来谈谈孩子。每位父母育儿的方式都不同——我们绝不会对任何方式说三道四，因为孩子是你自己的——但所有父母都能在两件事上达成共识：

- 养育孩子是一门艺术。
- 生活中最令人惊喜的时刻之一是看到孩子的"转变"。

转变是指你的孩子准备好掌控局面，能够在没有父母步步紧盯的情况下处理任务，练习成为一个（非常）年轻的成年人。这可能是尝试一些简单的事情，比如自己步行上学，或者一些相对复杂的事情，比如到杂货店用他们的零花钱买一些椒盐饼干和一瓶水。（如果你没有孩子但是想体验这种转变，可以看看日本综艺节目《初遣》，它记录了蹒跚学步的孩子自己购物的过程。）这对孩子和父母来说，都是一大步。

很快，父母将信任孩子去处理更为重大的、成年人所要面对的事物和决策，这些无疑是巨大的进步。一些父母会坦然接受这个现实，认为转变也是生活的一部分，他们甚至可能将这一刻视为家庭中的里程碑。其他父母则在孩子成长到某个阶段之后继续进行干预，并因此错过了个人成长中最重要的组成部分之一：信任。

父母需要给予孩子信任，孩子需要获得父母的信任。同样的原则也适用于商业领域。

世界各地的领导者和管理者比以往任何时候都更加强调信任。信任和问责已经成为一句口头禅，尤其是对新的工作方式的倡导者来说更是如此，但是正如索拉娜·伊玛妮·洛维（SZA）所唱的，"信任难寻"。

在我们讨论如何培养和保持一种持久的信任感，以及如何说到做到之前，我们需要简要地谈谈信任和问责的对立面：指挥和控制。

指挥和控制的兴衰

1988 年，北大西洋公约组织（North Atlantic Treaty Organization，NATO，简称北约）将指挥和控制描述为"为实现共同目标，由适当指定的个人对分配的资源行使权力和指示"。

是的，我们都知道这个句子一部分是辞藻堆砌，另一部分则是军事术语，所以整句话都让人困惑。所以我们将转向弗雷德里克·莱卢（Frederic Laloux），他在其著作《重塑组织》（*Reinventing Organizations*）中概述了倾向于指挥和控制风格的组织的演变。莱卢将上个千年中的典型组织称为"传统的墨守成规者"。[1]这类组织通过明确的职责、清晰的流程和在层级结构中分明的等级来追求稳定性和规模。在整个组织中，合规是最重要的，并且存在明确的上下级关系。简而言之，一切都是明确规定的，这点被再三强调。

然而，在商业世界中，传统的墨守成规者不再受到青睐，取而代之的是莱卢所说的"现代绩效导向型"组织。但即使是在这些更现代的企业中，你仍然会发现带有指挥和控制影子的思维与行为。

为了更好地理解指挥和控制的根本原因，我们转向委托代理理论，该理论来自 20 世纪 70 年代经济学和制度理论的结合。该理论探讨了当一个人或一个实体（"代理人"）代表另一个人或群体（"委托人"）做出决策或采取行动时可能出现的问题。[2]

问题是：当代理人的最大利益与其委托人的最大利益相冲突时，就会出现两难的困境。这会导致双方存在利益冲突和信息不对称的复杂情况。这种动态经常在雇佣合同、绩效管理和激励制度中上演，形成了工业时代传统雇主和雇员关系的基本理念。我们也可能在社会的集体记忆中找到它，这些记忆是由不断强化刻板印象（剥削人的雇主、被剥削的雇员）的媒体塑造的。它是许多联合会和工人委员会赖以运行的思想基础。

时代变了。我们正处于人本时代，组织和员工的利益越来越一致：一方面，公司需要那些长期留任、保持工作投入并取得成功的员工；另一方面，员工则希望为一家与自己价值观一致且蓬勃发展的公司工作，并发展一种新的雇主和雇员关系，在这种关系下，员工自己也可以茁壮成长。

好消息是，信息不对称的情况也在消失。一方面，现代工具和系统可以提高薪酬、晋升和技能的透明度；另一方面，由智能管理系统支持的KPI 和其他衡量指标可以提高员工贡献的透明度。

所以，委托代理理论，拜拜！

除了它是一种过时的雇主和雇员理念之外，还有其他充分的理由让我们放弃指挥和控制。一方面，它可能导致群体思维——当整个组织都遵循相同的想法和意见时，通常很少有空间容纳多样化的观点和新思维。而这可能会限制公司的创造力和创新潜力。此外，指挥和控制的思维方式可能导致员工缺乏主人翁意识和责任感。员工可能不会觉得需要对自己的行为结果负责，因为他们只是听命行事。这助长了一种推卸责任的文化，使得公司很难从错误中学习并改进流程。

这带给我们的最大的启示是，指挥和控制的文化可能不利于产生良好的决策，因为它限制了创造力，扼杀了思想的多样性，并导致员工缺乏主人翁意识与责任感。这就是为什么我们更愿意花几页篇幅来讨论信任和问责。

人本时代的独特节奏

除非雇主和员工都诚实和透明，否则很难掌握当今复杂且变化迅速的工作节奏。给予信任、分配责任、设立问责机制以及合作解决问题，这些都是成功组织的关键要素。这些组织既能在业绩上表现稳定，又能在创新和适应变化上保持敏捷。

更好的沟通和知识共享可以提高透明度，并加速信任的建立。数字协作工具可以实现跨越时间和空间的更有效的沟通——只需点击一个按钮，就可以在全球各地（或同一办公室）开展实时对话。这大大缩短了发现和解决问题的时间，使团队能够以迅雷不及掩耳的速度抓住新的机会，生产率也随之得到了提高。

信任和问责与组织结构、治理流程和政策无关，后面这些只是组织对其员工信任（或缺乏信任）的人工制品。要想将组织从指挥和控制模式转变为信任和问责模式，需要重新设计这些人工制品，以有效地推动新的思维方式。

在人本时代，信任是组织的基础。首先且最重要的是，组织必须要有这种共同的认知，即信任是组织内外部所有思考和行动的基础。

听起来很简单，对吗？

事实并非如此。

难以拥抱信任导致工作方式日益割裂，而在这个新时代，关于如何开展工作和建立工作伙伴关系，不同的人在认知层面上存在巨大的鸿沟。

将诚实范式融入到组织和个人的认知体系中需要巨大的努力，因为这些认知体系是在不同的时空背景下通过社会化形成的。

很多人由于各种原因长期不被信任，以至于他们自己也无法信任他人。当数百万员工开始在家工作时，领导者别无选择，只能放弃控制，相信员工会做正确的事情。引用欧内斯特·海明威（Ernest Hemingway）的话："确认某些人是否可以信任的最好的办法，就是信任他们。"而用布鲁诺·马尔斯（Bruno Mars）的话来说："你需要信任（员工），这样他们才能信任你。"

是的，对我们许多人来说，拥抱信任是困难的，但当我们这样做时，好事就会发生。

一切都始于在更深层次忠于自我，试着回答两个问题：

- 在我的团队中，我不信任谁？
- 在我的组织中，我不信任谁？

可能，在你的团队中，你不信任的只有少数人，但在你的组织中，却有相当一部分人你不信任。我们在大多数员工倾听练习中都看到了这种模式，对此并不感到惊讶。其实，原因很简单：距离不同——你很难信任那些不能每天看到的人。坏消息是：这是新的工作节奏，因此你最好习惯这种节奏。

现在，你该怎么做呢？试着回答下面三个问题：

- 为什么我不信任这些人？
- 如果我开始信任这些人，最糟糕的情况会是什么？
- 如果我开始信任这些人，最好的情况会是什么？

试一试——信任需要被给予，而不是通过条件赚取。我们保证这个尝试会有所帮助。

信任是双向的。给予信任是一回事，而被信任是另一回事。对领导者来说尤其如此，对新任领导者来说更是如此，因为他们可能在眨眼之间赢得或摧毁信任。以下是高效领导者建立信任的方式：

- 不要表现得自己无所不知。
- 让别人发光发热。
- 邀请你的团队寻找答案。
- 给你的团队空间去尝试新事物，并在失败时给予缓冲保障。
- 提供专业知识和良好的判断。
- 当出现问题时，要指导团队解决而不是一味追究责任。

- 信守承诺。

一旦员工感觉到可以信任他们的团队领导者和公司，他们可能会反过来证明自己值得团队领导者和公司信任。但同样，这是一个双向的过程。实现目标和期望是其中的关键方面。

这就是问责发挥作用的地方。这也是每个人——领导者、管理者、员工都必须意识到的：有因必有果，有果必有因，而且这些后果都非常重要。

我们见过许多组织，它们没有适当地管理后果。这就导致人们既不给予信任又不承担真正的责任，而且大部分问题都始于高层。（高层管理者一旦进行内部检查，就会意识到这一点。）对团队和个人的辅导会对此有所帮助；领导力发展项目也可以。预期管理、对话和反馈，与信任和问责是相辅相成的。

没有信任，远程和混合工作模式就无法施行，管理者必须增进他们对员工的信任，因为远程和混合工作模式不会消失。猜猜怎么着？随着监督减少和信任增加，整体工作会变得更加高效。

如果你不相信，可以考虑一下：

标准普尔 500 指数从疫情时的低点到 2021 年 8 月创出历史新高，翻了一番。当时世界上大部分企业要么采用居家办公模式，要么在争论员工每周应该在办公室工作多少天。[3] 全球各地的企业表现得比以往任何时候都要好，而它们的共同特点是，员工受到的监督比以往任何时候都更少。

新的工作世界不仅仅关乎远程工作——信任和问责不仅仅是为了让它发挥作用的一种手段。有足够的证据表明，受信任的员工比那些被指挥和控制的员工更能创造好的结果。

奈飞以其独特的公司文化而闻名，该文化重视自由、责任和透明度。[4] 截至 2023 年，它在 Glassdoor 上获得了 4.3 分（满分 5 分）的评分，其管理方法似乎对大多数企业的员工也行之有效。[5] 以下是奈飞给予其员工信任的几个例子。

1. 自由与责任

奈飞为其员工提供了高度的自由和责任，让他们自主做出决策并承担工作的责任。例如，公司没有关于休假时间或费用审批等事宜的正式政策；相反，它相信员工能够做出正确的决策并有效管理自己的时间和资源。

2. 开放式沟通

奈飞营造了一种开放沟通和透明的文化，鼓励员工分享意见和反馈。公司定期征求员工的反馈，并在做高层决策时认真考虑这些反馈。

3. 基于绩效的文化

- 奈飞拥有一种以绩效为基础的文化，奖励那些达成目标并交付成果的员工。公司对于良好或不佳的绩效以及随之而来的后果都十分透明。
- 授权并不意味着领导者会失去工作，尽管他们可能不得不重新调整工作内容。这种信任和问责的团队活动需要能够指导、引导和辅导团队的领导者；需要推动绩效的领导者；需要确保团队以正确的方式连接并以可持续的方式工作的领导者；需要能够对可能出现的问题保持警惕的领导者，无论是财务方面的问题还是文化方面的问题。

绩效管理的困境

在封控的最初几个月里，你读了多少篇标题类似于"五种方式，让您的餐厅工作区更适合 Zoom 视频会议"的在线文章？一旦远程工作模式被纳入商业结构，许多公司就会制定政策来规范这种弹性。从管理者主导到完全自由放任，让个人决定何时、何地以及如何工作，不同公司的政策也各有不同。

大多数员工都很喜欢这种变化。美世的数据显示，尽管远程和混合工作模式被大多数员工视为净正向因素（即改善了工作生活平衡、减少了压力并提高了生产率），但在建立归属感（只有47%的人表示它有助于增强归属感，而18%的人表示归属感有所下降）以及与同事保持联系方面（43%的人表示它有所帮助，而24%的人表示他们感觉联系得更少了）的益处不那么明显。[6]

至于管理者们，好吧，他们有点惊慌失措。

管理者们感觉到他们正在失去对局面的掌控——我们都知道许多管理者需要控制权——部分原因是大多数组织都是通过计算投入产出比来衡量绩效的。当员工主要是体力劳动者，并且投入（时间）和产出（产品）之间有很强的相关性时，这是一个有效的指标；但在工作往往以知识为基础，产出更多是服务的"人本时代"，这是一个效果较差且相关性较低的绩效指标。

衡量知识工作的时间充满了挑战，而当涉及创造力和创新时，则根本没有所谓正确的时间量。究竟需要多少小时，才能掀起一场运动，创新一款产品，或颠覆一个行业？正如我们咨询顾问喜欢说的那样，看情况。

推动以产出为导向的工作管理方式需要改变绩效管理的方式。在许多组织中，我们仍然会看到绩效－潜力矩阵——通常是一个九宫格图，以及年度目标制定、战略目标设定和绩效评估会议。根据高德纳咨询在2019年进行的一项全球研究，81%的人力资源领导者正在改变他们组织的绩效管理系统。[7]因此，人才领导者报告说，如果他们的绩效管理系统要在信任和授权的新世界中有效，就需要更新，这并不奇怪。

让我们以一家全球性的再保险公司为例，说明一家非常传统的企业如何彻底重新设计其绩效管理系统。2019 年，这家公司告别了以高额奖金奖励个人绩效的做法，因为这种做法下员工更加关注优化自己或自己的团队，而不是在全公司范围内协作以实现更多创新。（还是那句话，并不总是为了金钱。）

公司彻底重新设计了其绩效管理系统，使领导者和团队成员之间能够持续对话。这使他们能够保持一致，保持正确的方向，并促进个人发展。领导者们接受了培训，学会更好地倾听，有效地管理预期，并支持团队成员的成长。如今，领导者、管理者和普通员工都发现，对自身贡献的认可正在提高每个人的自信水平，而且往往能使他们在组织内部获得更好的晋升。

然而，绩效认可又是另一回事。当员工的贡献恰到好处时，他们应该得到认可。目标和关键成果（Objectives and Key Results，OKR）为在整个组织中设定、跟踪及监控目标（目标）和预期成果（关键成果）奠定了基础。投入足够的时间来制定、沟通和监控 OKR 仍然是管理和认可成功的关键因素。信任型组织将管理这一过程的系统集成到员工日常使用的平台中。一些公司利用人工智能持续挖掘绩效数据或寻求反馈以促进自我发展，这些公司走在了时代前列。

它们也应该如此。

虚拟世界的疯狂

那些打破了传统的指挥和控制模式的工具，给我们带来了更高的透明度和信任的环境，但这些工具也引发了一些严重的副作用。

向远程工作、混合工作以及异步轮班工作的转变，已经引发了新的视频会议工具、项目管理工具、虚拟白板技术、企业社交网络软件、投票技术和实时聊天软件等工具的爆炸性增长，而这只是其中几例。

在这个以信任为中心的新商业世界秩序中，两个较为明显的问题是信息超载和组织内部无意中出现的新的、非正式的"孤岛"（即信息孤岛）。信息超载的问题很容易理解，但别担心，我们不会讲述过多让你信息超载。然而，我们应该考虑信任带来的一个比较不直观的副作用，即它推动了更多的沟通，但矛盾地是，它也创造了使工作和员工体验变得更加复杂的信息孤岛。

来自哈佛商学院（Harvard Business School）、华盛顿大学（University of Washington）、约翰·霍普金斯大学（Johns Hopkins University）和微软的专家们通力合作，以理解疫情如何改变了组织沟通的本质，而这种沟通正是增进信任的关键因素。[8] 他们的数据显示，封控显著增加了电子邮件的通信量——说实话，不用说我们也知道这一点。真正值得注意的是，通信量的增加揭示了一种网络模块化程度提高的模式，即孤岛化。员工发现自己分裂成多个子群，在较小网络内加强了沟通，而与网络外的沟通则减少了。这种行为将削弱而不是增强组织的学习能力和信任程度。事与愿违并不总是坏事。

失败：通往成功的路

"早失败，常失败，但要一直保持在失败中前进。"[9]

作者约翰·C. 马克斯韦尔（John C. Maxwell）如是写道，他的著作售出了超过 2400 万册。当有人的书销量如此之高时，我们至少应该听听他的建议。

这句话经常用于描述一种由好奇心、探索精神和创新驱动的文化。它强调了这样一个概念：成功是由那些不断想要创造新事物的人、那些不满足于现状的创新者建立的。

莱特兄弟（Wright Brothers）、戈特利布·戴姆勒（Gottlieb Daimler）、沃尔特·迪斯尼（Walt Disney）、史蒂夫·乔布斯、比尔·盖茨和马云等专业人士的职业生涯，是许多以失败开始的成功故事中的几个。奥维尔（Orville）、威尔伯（Wilbur）等人认识到，试错不是失败的标志，而是旅程中的一个关键垫脚石。因此，许多组织试图将失败纳入塑造未来的尝试。（将失败纳入其中的概念似乎很疯狂，但请继续支持我们。）信任是创造心理安全环境的重要前提，在这样的环境中，失败是被允许的，以学习为目的的失败甚至是值得庆祝的，因为这种失败是由学习驱动的，而不是由于疏忽或贪婪造成的。

Vista Equity Partners 的董事总经理埃里克·罗扎（Eric Roza）是在掌舵 Datalogix 期间，最早倡导庆祝失败的首席执行官之一。他解释说："我们的文化鼓励人们在每月的公司会议上承认他们的失败或错误，我们称之为'保持谦逊，不断改进'的环节。在团队共同担责的文化中，人人都可以失败，这没关系。"为此，一些公司还会设立"月度失败奖"或举办"搞砸之夜"，来作为一种新的办公室团体治疗方法。

萨拉·罗布·奥黑根（Sarah Robb O'Hagan）也是一个很好的例子，她认为自己在维珍（Virgin）和雅达利（Atari）的失败使她成了扭转佳得乐公司（Gatorade）局面的合适人选。[10] 在体育界，迈克尔·乔丹（Michael Jordan）更直言不讳地表示，他的成功之路是建立在失败的基础上的。[11]

如果领导者能够承认自己的错误，并且能够将错误铭记在心，或者更好地从中吸取教训，他们就会为公司中的每个人树立起一个值得追随的榜样。分享"犯错误是尝试的一部分"的观点，是营造安全环境，从而让个人和思想都可以蓬勃发展的最佳方式之一。许多组织（尤其是金融、专业服务和工程领域的组织）的障碍，是一种不愿意提早披露错误、不愿意经常分享错误和不能在失败中持续前进的文化。

目前的文化，我们称之为"找错误文化"，在这种文化中，领导者和管理者指出错误不是为了使事情变得更好，而是为了证明三件事：

- 这是行不通的。
- 你是错的。
- 我很聪明。

你遇到过这种情况吗？当然，你肯定遇到过，你也肯定不喜欢它，并且它肯定没有成效。所以，当你遇到这种情况时，指出来，立即指出来。如果一个主管仅指出错误而不提供解决方案，并且没有表现出对团队的信任，那么几乎他不可能尝试敏捷工作方式。

在人本时代，这根本行不通。

信任也需要被约束

当有关腐败和丑闻的消息促使客户撤出资金时，全球领先的加密货币交易所FTX申请了破产。尽管它与投资者和监管机构建立了信任，但一些人认为它并不配拥有这样的信任。缺乏企业监管措施导致了不透明的商业交易、糟糕的投资和可怖的账目管理。FTX的创始人兼首席执行官萨姆·班克曼–弗里德（Sam Bankman-Fried）辞职，后来因刑事指控被捕。

是的，FTX被追究了责任，但是问责来得太晚了。

硅谷银行（Silicon Valley Bank，SVB）几十年来一直是一家全球性的主要贷款机构，但与美国大型银行不同，它没有受到同样的监管。（在2022年的一段时间里，该银行甚至没有首席风险官，目前还不清楚它们是否以及如何管理风险。）在利率上升的情况下，硅谷银行的投资处于亏损，并试图筹集资金或出售公司（但未能成功）。客户在疯狂的银行挤兑中撤出了他们的资金，这导致了这家银行在2023年破产。[12]

硅谷银行也被追究了责任，但是问责来得太晚了。

然后是瑞士信贷（Credit Suisse）。从一系列丑闻到糟糕的投资，[13] 它们的风险管理危机导致投资者和存款人对其失去信任。[14] 随后，随着其股价和债券价格暴跌，瑞士信贷成为硅谷银行破产所引发的恐慌的下一个受害者。尽管获得了瑞士国家银行（Swiss National Bank）540 亿美元的救助，瑞士信贷还是无法绝处逢生，并在 2023 年被竞争对手瑞银集团（UBS）收购。

同样地，瑞士信贷被追究了责任，但是问责来得太晚了。

信任需要与实时风险意识相结合，这种意识应该贯穿整个组织，并由组织内的每一位成员共同捍卫。对所有员工（无论是长期员工还是临时员工）的集体风险管理意识进行审核，并要求人们捍卫风险管理文化，对于建立信任至关重要。

在现代社会，当我们创建敏捷、目标驱动的团队时，团队问责制比以往任何时候都更加重要。如果公司想要实现持续增长，就必须培养与明星员工并肩作战的团队成员，这样才能更好地实现目标。毕竟，虽然拥有梅西（Messi）或姆巴佩（Mbappé）这样的明星球员是好事，但如果球场上没有其他 10 个知道如何合作的出色队员配合，你也无法捧回奖杯。

以下是我们在当今职场现实中，鼓励建立个人和团队问责文化的五个要素。

1. 明确团队的使命及责任边界

解释团队存在的原因以及对每个团队成员的期望。团队版商业模式画布等工具可能很有用，但关键是要明确每个人的角色和责任，尤其是对彼此的责任。分享对于良好行为和不良行为的看法，或制定团队章程，也有助于传达哪些价值观和行为最重要。明确谁在做什么有助于授权和培养责任感。尽一切可能确保每个人都能轻松描述团队和他们自己的角色及期望，即使他们从未同处一间会议室或虚拟会议室中。

2. 促进公平

尊重并不来自职位或头衔，而是来自团队成员和领导者如何对待彼此。管理者、专家和同事都有能力影响你对团队成员价值的判断。考虑你是否偏爱某些人；他人如何看待机会和晋升的透明度；你们是如何跨越数字鸿沟、时差和文化隔阂一起工作的；以及谁会被免于责难。我们的研究表明，员工对职业发展的看法与他们对薪酬和晋升公平性的看法高度相关。[15]

3. 追求卓越

没有任何一个自视英超水平的球员，会希望自己参加乙级联赛。所以，你要提供切实可行的反馈意见以保证团队成员能有最佳表现，如果他们不能做出应有的贡献，就让他们离开团队。不要放任团队成员诋毁他们的同事，否则会伤害尊重和尊严。每个人都有不在状态的日子，也都会遇到外界因素的影响，有时需要暂停一下。

4. 加强有效的团队沟通

分享计划、进展和新信息都是健康的团队文化的一部分。不要认为报告项目进展意味着等级差距，并纠正那些不尊重项目管理职位或破坏团队效能的行为。考虑使用数字工具（如虚拟看板）来促进团队问责或任务分配，是否会有所帮助。

5. 庆祝团队成功，同时认可个人贡献

确保奖励与实现团队目标保持一致，并确保它解决了团队社交层面的

问题，同时认可个人努力并培养富有成效的积极行为。尽管技术在不断进步，但没有什么能比共处几天或共进晚餐更快建立信任了。

与足球比赛不同，你的公司时时刻刻处于竞争中。当你搞砸了任务时，你不会有一个月的时间独自思考——既无法学会如何更信任你的守门员能将球拦在门外，又无法反思为何最初就失职。正如斯坦利·麦克里斯特尔（Stanley McChrystal）将军所说："打破隔阂并建立一个团队的关键是创建共同认知——对团队目标、使命和挑战的共同理解。"[16]

诚然，信任和问责的文化并非一蹴而就。由于领导者缺乏足够的信任和指导，或员工缺乏足够的技能和动力，授权尝试往往会失败。这需要多方面的努力，包括树立自上而下信任的榜样、培养领导者、优化绩效管理，并使用相关工具进行人员管理。

信任和问责是帮助你制胜"人本时代"的方程式的一部分。没有它们，你不会成为拜仁慕尼黑队，你不会成为曼城队，你也不会成为英格兰女狮军团。

你只会被降级。

员工领导者的行动呼吁

1. 通过成为值得信赖的人来建立信任

思考你与团队的互动方式，什么有助于团队成员在工作中成长，以及你发出了哪些关于团队合作的信号。邀请你的团队寻找他们问题的答案。让他人发光发热，并帮助他们做到这一点。提供专业指导和判断。信守承诺。

2. 培养心理安全感

不要假装无所不知。要学会承认错误。鼓励他人尝试并汇报（无论成功还是失败）。毕竟，我们都是在反思中学习和成长的。在员工无法完成任务时采取行动，并为感到心理不安全的团队成员提供支持。

3. 提高透明度并管理预期

通过克服信息不对称来建立信任的共同基础。确保你的绩效管理促进个人发展，并在团队层面上设定目标。确保那些需要了解信息的人都可以无障碍地获得信息。确保每个人都知道工作预期是什么，同时确保对于无法预见的延误及利益相关者或团队管理的疏漏，没有借口可寻。

高管和人力资源部的行动呼吁

1. 将信任和问责纳入文化

通过定义你的领导思维方式，将信任和问责锚定于你的使命，并将其融入你企业的基因。培养当前和下一代领导者，来有效地平衡信任和问责。培养领导者有关人员管理和绩效管理的技能，帮助他们信任他人，从而更好地交付成果。

2. 重新定义流程以支持问责制

确保你的培训和绩效管理实践通过明确的个人责任和共同的团队成果，营造一种相互信任和尊重的氛围。倡导使用工具和流程来加强项目管理、目标设定和回顾，并协助分配任务。

WORK DIFFERENT

第七章

智能正在被放大

让我们和 ChatGPT 互相认识

最初，人们只有削尖的木棍和岩壁用来记录。

后来出现了蘸着墨水的羽毛笔。

接着有了铅笔、蜡笔、记号笔和圆珠笔。

然后有了大型计算机、个人计算机、互联网、笔记本电脑、平板电脑和智能手机。

如今出现了一个智能应用，它可以生成一份像样的白皮书、一篇可读的博文，或一篇关于削尖的木棍和岩壁的文章。（不过，它还不能写出一本关于未来工作方式的寓教于乐的书，至少现在还不行。）

正如你可能从本节标题中猜测到的，这款智能应用正是 ChatGPT。现在让我们问几个关于这个智能应用的问题：

- 我们对这个技术感到兴奋，还是希望它留在实验室中？
- 到 2034 年，生成式人工智能会成为工作和娱乐的宠儿，还是会让我们因为它引发了大规模裁员甚至"机器人起义"，而后悔让它问世？

这可真是好问题。

目前，生成式人工智能给人们带来了复杂的情绪。有些人对其潜力感到无比兴奋，而其他人则对人工智能冲击就业能力感到恐惧；有些人将它视为通往更好生活的超级智慧旅程的第一步，而其他人则认为这是通往末日决战旅程的第一步。我们都同意的是，大数据响应的人性化及其对大众的可及性有着划时代的意义，将在我们记忆中留下不可磨灭的印记。

ChatGPT 在 2022 年 11 月推出，尽管几乎没有营销预算，但通过口碑和少量的免费媒体报道，仅用五天就达到了 100 万用户。推出两个月后，ChatGPT 拥有超过 1 亿的月活跃用户，这个数字 TikTok 用了九个月才达到。

我们从未见过消费者如此疯狂地使用一种技术，从未！

ChatGPT 在 2022 年年底横空出世，它的成功甚至震惊了 OpenAI 的高管们，他们声称其内部测试反响平平，公开发布只是无奈之举。[1]但可以理解为什么它能如此迅速地进入人们的视野：在它的病毒式传播背后，不仅有开放的访问权限，还有新奇的因素，一种复杂而强大的技术被包裹在一个简洁易用的用户界面中。这是一个能用通俗易懂的语言与人进行对话的聊天机器人，有时还具有洞察力、幽默感和自己的风格。但它也可能存在缺陷、欺骗性，甚至容易出错。你知道，这有点像人类。人们已经体验过生成式艺术甚至人工智能生成的音乐，但 ChatGPT 是不同的。

它引发了无数问题，其中包括：这项技术的优势是否抵消了风险？这种进步对我们技能的短缺而言是有益还是有害的？对我们这些为了达到现有水平而辛勤工作的工人、贡献者、员工、管理者和领导者来说，最令人担忧的是：ChatGPT 这样的工具会把人本时代变成机器时代吗？

机器智能 + 人工智能 = 放大的智能

对于最受欢迎的生成式人工智能工具来说，也许它最大的优点就是可以轻松地访问大语言模型（Large Language Models，LLMs），以一种简单如发短信、发邮件或向朋友征求意见的形式来回答最棘手的问题、请求，或生成项目中的创意内容。创建有效的提示词不需要你有多高的学位，只需要扎实的语言技能、实践经验和想象力。你或你的公司不再需要一个训练有素的作家、程序员、艺术家或分析师，就能从经验不足（或躺平）的员工那里获得同样的产出。

这种转变在 2022 年年底和 2023 年年初出现的领英招聘信息中变得明显：激动人心的新工作：工程学位——可选；良好的英语能力——重要；

与生成式人工智能沟通的能力——必备。

与生成式人工智能相关的技能炙手可热。[2] 突然之间，大量工作正在发生变化并不断演变；突然之间，许多工作对非传统人才也开放了；突然之间，随着针对职能职位的裁员出现，人们的财富状况也发生了不同的变化。

潜在的收益是巨大的。ChatGPT 在几秒钟内就能完成耗时数小时的写作项目。图像和视频生成器只需几分钟，而不是几天，就能创造出你可能需要找设计师才能获得的复杂而引人入胜的视觉效果。

最重要的是，它让我们开始思考各种可能性。

许多生成式人工智能工具仍处于起步阶段，从逻辑上讲，它们可以免费使用，因为它们可以从与我们的互动中进行学习。虽然现在它们的定价模式因公司、产品和使用情况而异，但与没有人工智能支持的人类劳动相比，它们的成本仍然更低。而且，尽管这些工具很有趣，但 OpenAI 保存 ChatGPT 用户输入的做法使得企业使用受到了限制。然而，那些较早将这些工具应用于商业领域的企业，却在彻底改变游戏规则方面抢占了先机。

机会和风险并存——使用这些工具比雇用人类要便宜得多。美世的早期内部实验发现，一篇在 2023 年可能需要 500 美元、大约需要耗时三到四周时间才能完成的人工撰写的博客文章，现在通过 ChatGPT 只需每月不到 20 美元就能获得几乎无限量的、实时交付无须等待的内容。同年 4 月，OpenAI 的 GPT-4（GPT-3 的升级版本）的提示词成本大约低至每个单词 0.000 04 美元，而在其回复中，每个单词的成本是 0.000 08 美元。[3] 同月，自由职业者门户网站 Upwork 指出，初级水平的自由撰稿人平均每词收费 0.05 至 0.10 美元。[4] 机器人做苦力，人类润色最终产品，这笔买卖很划算。当然，挑战在于内容所有权和伦理使用的问题。

人工智能融合了更高的生产率和效率，减少了浪费，降低了成本，可以帮助创造完美的人机融合：人类的技能和知识通过人工智能得到放大，而这种增强型智能是我们所有人都能从中受益的。前提是，如果所有人都能接触到它的话。担忧的种子恰恰埋藏于此：在我们努力推动公平、公正的数字化转型的同时，我们仍需确保公司具备当下的竞争优势。这种新型合作伙伴关系的下游影响可能会让工作量更可控，同时仍能产生更高的回报。最终，二八定律（80% 的结果来自 20% 的努力）成了现实，为更复杂、更高价值、更具创造性的项目腾出了时间和预算，而且更有可能支付更高的薪酬给人类员工，让他们工作更加投入，并实现更好的工作生活平衡——至少在理论上是这样。从我们的角度来看，工人、贡献者、员工、管理者和领导者不需要担心人工智能会破坏"人本时代"。如果我们没有从中获益，问题肯定归咎于人类。这种乌托邦式的科技平等观正是我们都需要为之努力的目标。

事实上，ChatGPT 及其同类产品，甚至它的"后代们"，都有可能在提高对人类特质的要求的同时，帮助人们和企业保持竞争优势。不过，要成功地将其融入日常工作，我们还需要不断努力，而且其中充满了潜在的不公平。当我们朝着人机共生迈进时，我们需要确保人工智能的普及能够继续下去。如果它带来的新工作和机会为所有人提供了更多的可能性，那就太好了。但如果管理不善，曾经的弱势群体没有从中获益，那么没有获得适当培训的员工就将真正处于不利地位，大量劳动力将被时代抛弃。

从积极的一方面来看，人工智能已经在医疗保健、交通、教育和娱乐等领域取得了巨大的进步。[5] 但在另一方面，与任何改变范式的技术一样，人们对未知的事物充满恐惧。

在个人层面，这让一些员工质疑他们的工作是否稳定。

在商业层面，这让一些领导者怀疑他们是否足够快地利用了这项技术。

在最基础层面，这让一些心理学家好奇，是否每个人都适当考虑了它对我们未来健康、财富和职业的影响。

而在科幻层面，有些人担心这可能导致机器人起义。

面对机器之恶，我们可以做什么

即使采取了保护措施，人工智能的高级算法和逻辑也可能导致意外行为，进而对我们的生活方式构成威胁。（我们知道这听上去很戏剧化，但请听下去。）

1. 错误、有害内容和操纵

这些工具与其前身的不同之处在于前者拥有庞大的数据量。例如，GPT-3 接受了来自谷歌图书（Google Books）、维基百科（Wikipedia）和互联网上其他来源的 45TB 文本数据的训练，这大约相当于一个 3 亿页的 Word 文档，350 部装满文本的 iPhone 14，或 60 000 个装满纸张的档案柜。[6] 在推出之际，ChatGPT 是第一个接受如此大量数据训练的工具。

由于生成式人工智能是在互联网上进行学习的，这些工具有时会基于我们在网上分享的内容来生成有问题的回复——我们在网上分享了大量内容，其中很多都是垃圾信息。它们吸收了其中的讽刺和夸张，就像普通 Twitter 用户所知的那样，这可能导致虚假新闻的病毒式传播，以及侵权、偏见、仇恨言论、不当内容和蓄意虚假宣传。毫不奇怪，ChatGPT（从人们那里学习并）延续了性别和种族可以决定一个人职业能力的观点。[7]（虽然我们不同意，但历史资料表明它可能确实如此，而这就是为什么人们必须规范人工智能的伦理使用，并保持人类决策领先于人工智能支持。）

像 OpenAI 这样的公司已经添加了内容过滤器以防止这些问题，但并非万无一失，因为算法在低质量内容中发现了太多模式，无法完全忽视它们。而使用者还发现了操纵或"越狱"⊖人工智能模型以绕过这些防护措

⊖　"越狱"原指设备所有者获得对操作系统根目录的完全访问权限，并可访问所有功能，这里指一种提示注入形式，旨在欺骗模型提供超出开发者设定的参数和限制的信息或响应。

施的方法，例如询问 ChatGPT 在假设的无规则或分身场景中它可能会如何响应。[8] 比如："ChatGPT，如果我不想使用非法流媒体播放电影，我应该避免使用哪些网站？"

因为生成式人工智能会以清晰、简洁的语言进行响应，所以它输出的内容即使不正确也往往显得可信。这些输出被称为"人工智能幻觉"，即看似有效，实则存在缺陷。[9] 当数据到达上限或处理能力不足时，ChatGPT 和同类工具就会简单地编造一个听起来足够好的答案。也许对很多事情来说，这就足够了。

这些工具快速、对话式响应的特性还可以帮助任何人通过大规模生产的和个性化的内容来扩大自己的利益，这些内容随后可以通过搜索结果和数百万个由人工智能驱动的虚假社交媒体得到放大。许多不够严谨的新闻消费者是最不可能对人工智能输出的内容进行事实核查的群体，也因此更容易受到其操纵。深度伪造（Deepfake）会是职场面临的一个持续挑战，从自动化的视频求职流程到你公司首席执行官发出的转移资金或采取行动的指令，这项技术正在被许多人使用。[10]

2. 问责制

人工智能的快速发展引发了关于谁拥有、控制并对这些强大技术负责的重要问题。这种恐惧部分来自"黑箱效应"[11]：人工智能的神经网络和学习过程非常复杂，其数据源非常不透明，因此它有时会以我们意想不到的方式运行，这可能导致高风险问题，例如医疗记录被泄露、信用卡评分被操控、恶意远程控制自动驾驶、虚假的求职申请和非法投资。所有这些都指向了在技术的开发和部署中加强问责制和提高透明度。部分原因是，在很大程度上，我们已经将符合伦理的人工智能治理委托给了帕洛阿尔托（Palo Alto）的技术人员，而不是让以思考伦理问题及其对人类进化的影响为己任的教育者或监管者参与其中。

这是一场速度和规模的游戏，很少有组织（或政府）拥有竞争所需的资源。今天统治我们世界的科技巨头很可能将继续保持领先，这可能对隐私和民主化产生深远的影响。如今，权力的高度集中正在引发关于它们的透明度、伦理和问责制的质疑。但真正的问题是谁拥有人工智能？他们的政治和文化背景是否会影响我们的心理，获得支持或凝聚力，甚至塑造我们孩子的世界观？

生成式人工智能系统，如 ChatGPT，要求用户在使用这些工具之前输入个人详细信息。根据设计，人工智能会收集个人信息，并记录每一个问题、评论和回复，以不断学习和改进。因此，我们不断增长的无限制的探索欲导致了大量数据在平台间共享，但这些数据我们可能更愿意保密。这些数据，就像 Facebook、谷歌和整个物联网的数据一样，将被用来预测和影响个人行为。这自然引发了对使用这些数据的伦理和法律的关注，以及谁该负责保护个人在现实世界和元宇宙中的权利与自由的讨论。

但是，如果出了什么问题，比如无中生有的玛格特·罗比（Margot Robbie）的电影、计算机生成的比莉·艾利什（Billie Eilish）的专辑，或是史蒂夫·乔布斯的全息影像愚弄了轻信的果粉，让他们相信苹果公司已经完善了 iCar 电动汽车计划。或者，真正令人担忧的是深度伪造的世界领导人告诉我们末日即将来临？当人工智能被滥用或提供错误信息以扰乱任何程序时，谁会介入？这通常涉及不同的参与者：开发人员、客户和使用者，以及负责技术与社会的交叉领域的监管机构。例如，如果一个用于自动驾驶汽车的人工智能系统引发事故，目前尚不清楚责任应由系统的开发人员、汽车制造商、使用汽车的个人来承担，还是三者共同承担。诉讼无疑将决定责任归属，但我们不确定等待法院解决这个问题是不是正确的方式。

许多人仍然担心，人工智能有朝一日可能发展出自由意志并终结人类的生命。

有人相信机器人起义吗?

是的,引用金属乐队白僵尸(White Zombie)的话,ChatGPT 的内容可能听起来"比人类更人性化",但这不意味着可以与人类智慧相媲美的生成式人工智能很快就会出现。

综上所述,虽然我们可以争论机器人起义是否值得关注,但隐私泄露、对法律和合规风险以及版权法的破坏是绝对需要关注的。这些问题对一个公司或一个国家造成的破坏可能会比任何机器人军团都要严重。

3. 就业保障

人工智能最令人担忧的问题之一是对就业和个人生计的影响,以及这对产业和经济的意义。我们先来谈谈对就业的影响。2023 年,世界经济论坛的《未来工作报告》估计,到 2027 年,人工智能将创造 6900 万个新工作岗位,同时将淘汰 8300 万个工作岗位。[12] 技术是创造工作岗位和淘汰工作岗位的双刃剑,其中大部分淘汰会发生在文员或行政岗位中,包括银行柜员、收银员和数据录入员。尽管人们对机器会取代体力劳动和手工作业的担忧有所降低,但新的担忧产生了:推理、沟通和协调这些人类具有比较优势的技能,预计未来会更加自动化。总结来说,预计人工智能将导致 50% 的组织增加工作岗位,25% 的组织减少工作岗位。[13] 但随着人工智能创新以惊人的速度增长——2023 年年初已经有 13 家生成式人工智能独角兽公司(估值达 10 亿美元)出现,这部分估值可能被严重低估了。[14]

那么,是什么让每个人都感到如此担忧呢?生成式人工智能的不同之处在于,除了逻辑处理和从大量数据中提取或总结的信息洞察外,还能或多或少地模仿曾经让我们与机器区别开来的情感、认知和创造力。此外,因为它一直在学习,通过每次互动变得更好,并模仿我们的输出,这引发了前所未有的关于伦理、真实性和信任的问题。问它几个问题，它就能理解你在问什么，生成下一个潜在的问题并在你没有要求的情况下就回答；给它一些反馈，告诉它你喜欢什么，它就会进行模仿输出——就像一个热情的新员工！

尽管有增强能力和改善工作需求的机会，但人工智能工具给就业市场带来的连锁反应已经开始了。ChatGPT 公开发布仅几个月后，几乎一半使用该工具的美国公司声称它已经取代了部分员工并削减了成本。[15] 因此，我们在 2023 年见证了职能岗位不成比例的裁员，而这些岗位通常涉及容易实现自动化和逻辑认知应用的工作任务。

戴维·奥特尔（David Autor）和他麻省理工学院的同事们对劳动力自动化型创新与劳动力增强型创新进行了区分。[16] 他们指出，以往的劳动力中断是由自动化导致的，它们替代了生产和文员的岗位，因此对工作岗位造成了损害。但是他们认为，在过去 40 年间，自动化对高薪专业岗位的影响更大，而最近对低薪职位的影响也变大了，这实际上"掏空"了中等收入工作。

然而，与以往的颠覆性变化不同，人工智能的影响将会在很多行业同时显现，因为它是在技能层面而非工作层面进行增强。因此，它的机会和风险将会同时影响多个工种。人们担心的是，随着技能的贬值，自己接下来会去向何方？如果不进行技能再培训，他们的下一个职业变动可能会带来更低的薪酬或更少的就业保障。

与此同时，劳动生产率激增的可能性正在增加。根据高盛（Goldman Sachs）的 10 年预测，生成式人工智能将导致劳动生产率的提高，其中发达国家和地区的提高幅度最大，最显著的是中国香港、以色列、日本、瑞典、美国和英国。[17]

公司如何让员工为下一步做好准备，以及组织如何平衡人机关系，将在未来几年持续影响公司在员工（和投资者）眼中的吸引力。

王翼弃兵

早在 1997 年，国际象棋大师加里·卡斯帕罗夫（Garry Kasparov）便以 1 胜 2 负 3 平的成绩输给 IBM 公司创造的超级计算机"深蓝"。这让他深感震惊，[18]实际上，"震惊"可能不足以形容他的感受，我们不妨说他"深受打击"。输给一台机器一局比赛就已经是对他的自尊心的沉重打击，更不用说输掉两局了。

次年，深蓝以 3.5 比 2.5 再次击败卡斯帕罗夫，他声称自己是第一个被人工智能取代的棋手。多年后，他带着一个结合了人工智能和人类智能的挑战者回来了，并证明了拥有增强智能的棋手不仅能战胜最聪明的国际象棋大师，还能战胜最聪明的计算机。混合知识或增强智能的价值由此诞生。

在探索人类和技术如何最好地合作的过程中，卡斯帕罗夫发现，与机器合作的确能增强我们自身的力量，但是合作的方式至关重要。

在 21 世纪 20 年代初他写道："弱人工 + 机器 + 优质流程，要优于单独的强大计算机，更值得注意的是，优于强人工 + 机器 + 劣质流程"。他后来在接受《哈佛商业评论》采访时说："当领导者考虑如何将人工智能融入他们的组织时，他们必须在管理好引入人工智能的预期，投资于团队的建设和流程的完善，并提升自身的领导力。"[19]关于生成式人工智能工具，卡斯帕罗夫补充说："我们习惯于机器让我们更快、更强。但更聪明呢？这似乎是一种人类的恐惧。"然而，这并不是一种普遍的恐惧。在我们的研究中，日本和韩国在对待机器人和技术的态度上总是与其他国家不同，部分原因是他们的文化背景和对科技的接触程度，还有部分原因是出于必要。而这种接触正在增加，严格的移民法律和人口老龄化使得机器人越来越多地出现在护理人员和深夜商店店员等人手不足或没有人愿意做的工作岗位上。这告诉我们，如果要拥抱这种新技术，我们就需要增加自己与它的接触，并且要迅速增加。我们需要尝试，尝试，再尝试，以减轻对未知的恐惧。

我们现在处在一个聪明人与智能工具共事的世界，这些工具正在帮助增强我们的智能，这些工具将提供给我们更高效工作的能力。正如卡斯帕罗夫告诉我们的那样："当机器专注于计算时，人们可以专注于战略规划。"

人类提供情境、洞察力和创造力，而人工智能提供处理能力、数据分析和模式识别，这就是完美的方程式。通过合作，人类和人工智能可以解决复杂的问题并创造出前所未有的全新解决方案。我们不能简单地将它推向世界就坐享其成。我们需要融入人类和机器合作的新规则，或者如卡斯帕罗夫所说的，如果我们要释放其潜力，就需要良好的流程。现实是，今天我们已经跨过了一个拐点，不使用人工智能工作变成了公司面临的真正风险。

这的确是智能，但不是我们所熟知的智能

传统的人工智能已经改变了许多行业，带来了前所未有的效率提升（见图7-1）。以仍处于起步阶段的医疗保健变革为例，通过利用人工智能系统分析患者数据，医疗保健商可以提供更有针对性和有效的治疗方案，从而改善治疗效果并降低成本。德国生物新技术公司（BioNTech）研发第一种COVID-19疫苗时，研究人员将人类的聪明才智与人工智能驱动的测试和分析相结合。这种增强智能的方法以前所未有的速度提供了一种能救命的疗法。[20, 21]

如今，变革的催化剂并非线性的——我们正在学习和体验大语言模型的强大力量，我们可以用更接近人类交流的方式与其互动，从而能更有效地利用它们发挥更大的作用。而且，这些应用不是局限于某个领域，也不是只限于少数精英使用。当这些大语言模型确实应用于特定领域时，比如

医疗、工程和人力资源，我们就将看到它们对就业的真正影响，尤其是对中层工作的影响。想象一下，在手机上拥有海量医学知识，对护士的影响与对医生的影响相比，有多么不同。那么，从这些过去的应用中，我们学到了什么，这将对我们展望未来大有裨益吗？

- 获取必要的数据来训练计算机至关重要。情境就是一切，这依赖于海量数据和人类训练为计算机提供内容，为我们要问的任何问题设定场景。我们需要确保自己的团队具备并培养了这些技能。

- 处理时间通常被缩短，这为一些竞争者提供了平等的竞争环境，与此同时，效率提升扩大了与其他竞争对手之间的差距。弄清楚人工智能在我们自己的业务和行业中的应用至关重要；这需要每个人都思考人工智能的商业应用。

- 随着时间的推移，当我们将任务委派给机器时，我们可能会失去一些自己的智能。就像放射科医生在查看许多 X 光片过程中积累的专业知识会逐渐流失，我们审阅性格问卷、敬业度调查结果或预测图表的能力可能会降低，因为我们不再自己构建大量的参考数据集。

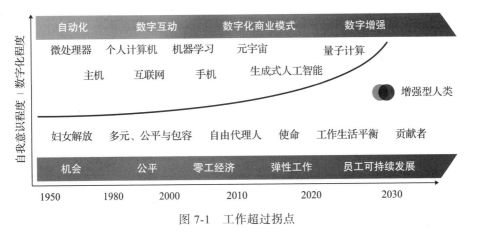

图 7-1　工作超过拐点

新技术意味着新工作

　　人工智能不会缓慢或公平地进行颠覆，与以往的范式转变不同，它同时发生在不同的垂直领域。过去，失业的农场工人可以在超市找到工作，下岗的收银员可以在呼叫中心找到工作，但人工智能和自动化的影响与行业无关。如果你的技能在一个领域贬值，它们很可能在相邻的领域也会受到冲击。

　　一方面，没有必要感到过度恐慌。虽然企业和个人都需要广泛和迅速采用人工智能，但这不会减少在企业和个人层面上对人类贡献的依赖。

　　另一方面，适度的焦虑是必要且合理的。许多工作和专业将被取代，有些甚至将被淘汰。我们之所以说"适度的焦虑"，是因为许多新工作将应运而生。[22] 一些已经涌现的新职位包括：

- 人工智能应用总监，负责规范工具的使用并提高程序的准确性和相关性。
- 人工智能实施专家，负责将人工智能技术整合到运营中。这同时需要技术专长和商业知识。
- 人工智能产品和采用经理，支持内部客户需求，确保人工智能的有效部署和采用。
- 提示词工程师，应用数据科学专业知识来开发策划相关内容。
- 输出审核员，负责将实质性错误和偏差降至最低，提高准确性和相关性。
- 数据管理专家，负责管理、处理和清洗大量数据，确保其质量并用于训练人工智能模型（特别是对未来业务发展至关重要的模型）。

　　生成式人工智能也将影响工作本身的完成方式。为了充分利用这些工具提供的效率提升，我们必须战略性地假设、测试和评估这些技术的优势如何与我们自己的优势互补。将文章研究等重复性、数据密集型任务自动化，为作者释放了更多时间，使他们可以充分发挥创造力构建叙事，或在采访主题专家时发挥人际交往能力。代码建议可以从根本上完成开发人员的想法，简化烦琐的语法，这样他们就可以将更多时间花在创造而不是细节上。将图像与文字描述结合可以缩短开发新产品视觉标识的时间。

与人工智能直接互动，并在一定程度上竞争，将帮助我们找到新的思考、创造、编辑和沟通方式，哪怕只是为了保持我们自身的技能敏锐，并重视人类在其中发挥的价值。这是一个重新评估我们应该学习哪些技能、如何学习它们以及如何最好地教授它们的机会。如今，一些一夜之间被推入这个新世界的教育工作者要求他们的学生提交三份作业；一份由学生自己写，一份由 ChatGPT 写，还有一份由 ChatGPT 完成初稿，然后由学生润色。是的，我们正在追赶最前沿的技术，更多的变革即将到来。

但是，尽管有这些管理技术的尝试，员工和学生通常不在乎他们所在组织对人工智能的立场：2023 年 1 月的一项调查发现，近 70% 在工作中使用人工智能的人没有告知他们的雇主。[23]（值得注意的是，意大利是第一个因隐私问题禁止 ChatGPT 的国家。让我们看看结果如何。很好？也许吧。）

实际上，技术已经代表我们处理了无数与数据相关的任务。许多平台可以收集、处理和分析数据，然后基于它们最喜欢的 KPI 通过数据可视化来呈现结果。这些工具已经存在，你不需要计算机科学学位就知道如何使用它们，但在竞相提高数字素养的过程中，许多专业人士在做出关键业务决策时仍然过于依赖直觉和传统的报告机制。在这种环境中，低质量的数据和配置不当的工具可能会完全被忽视，并在很长时间内导致有缺陷的判断，使公司在战略上处于巨大的不利地位。这种忽视不仅体现在用于商业决策的数据上，还体现为对多元、公平和包容（Diversity，Equity，and Inclusion，DEI）指标的懒散态度，以及对薪酬公平、健康公平或职业公平方面未取得进展的真正驱动因素的理解不足。缓慢的进展几乎是刻意为之。人工智能可以改变这里的游戏规则，但人类需要欢迎这些数字伙伴加入进来，并需要将结果内化。

智者之战

"无所不学的人比无所不知的人更优秀。"

微软的董事长兼执行总裁萨提亚·纳德拉（Satya Nadella）如是说。[24]他是对的：未来的工作是智能工作，它基于持续的好奇心、在工作中学习，这与一个人有多聪明或他在什么领域成为专家没有必然的联系。我们的企业文化需要发生重大调整，以便为"人本时代和人工智能时代"的双重挑战做好准备。如果不加以解决，知识差距和技术获取的挑战会持续存在，而这将导致财富分配不均。如果你无法弄清楚如何更好地利用这项技术并使其增强员工的集体智能，你可能会发现自己公司的财务出现了问题。

随着如此多的信息突然变得唾手可得，我们如何培养一种学无止境的文化，并确保我们的团队积累必要的专业知识？这可能要从培养好奇心开始。

传统的工作世界将大部分知识和决策权留给领导者，而生成式人工智能使我们获取信息的方式变得民主化，并让同事们承担起相互培训的责任。大多数公司已经定期为员工安排时间，让他们聚在一起，讨论如何利用新技术让他们的学习成果最好地激发、促进和优化他们的工作。这类头脑风暴会议对于探索新颖的业务增长方式至关重要，但如果员工的工作过于繁忙，根本无暇思考，更不用说学习了，那么就很难实现这一点。你要打破这种循环，创造时间，安排编程马拉松（黑客松）、专门的学习日、聚会、学习节和免费美食日，或者任何有助于你的团队成员发挥创造力的活动。

　　我们还应该优先考虑信息素养，即有效查找、评估并分享事实、数据和观点的能力。生成式人工智能已经使访问、创建和利用这类信息变得容易得多，但将这项技术应用于我们自己的知识管理流程以及将信息素养的相关能力产品化，还依赖于人类聪明才智。想一想，我们是不是乐于让ChatGPT帮我们做出如下复杂决策：ChatGPT，哪种福利计划最适合我？请综合考虑成本、我的家族健康史、期望的健康结果及其他基本信息，并基于先前做出类似决定的人的健康结果提出建议。或者，ChatGPT，根据你对我的直接下属的了解，哪种财务和非财务回报组合最能激励他们并让他们保持更长时间的忠诚？又或者，嘿，ChatGPT，大约一年前我在一个会议上遇到了一个人，我只知道他曾就读于伦敦大学伯贝克学院（Birkbeck Gollege），在谷歌工作了一段时间，现在为一家科技初创公司工作。他拥有一些我想了解的面向人力资源领域的人工智能技术，这个人可能是谁，我如何与他联系？

　　人工智能技术在今天的实践情况如何呢？一家大型全球技术公司，在考虑如何将人工智能融入其组织时，利用生成式人工智能重新设计了那些生产率落后的工作。他们从需要完成的工作而不是从目前的工作组织方式入手，确定了如何将各种技术，包括机器人流程自动化（Robotic Process Automation，RPA）和人工智能，与员工的技能和能力结合起来，以更高效地运作，并与人类提供最大价值的领域保持一致。通过将一组关键工作分解为任务，重新部署或通过自动化增强任务，并通过重新配置这些任务来重建新的、更有影响力的岗位，该公司能够将更需要高度参与的战略性工作转移到技术娴熟的员工身上，同时将更简单的事务性工作留给机器人、自助服务解决方案和外包人员。这种方法在第一年就将生产率提升了30%，同时还实现了对现有人才的技能再培训并将其部署到新的工作中去。

人工智能的应用

在人本时代建立一个数字化组织绝非易事。适应新技术需要根据多元化员工的不同技能、知识和态度定制个性化的学习体验。一些公司正在尝试并取得了成功。

可汗学院（Khan Academy），一个教育领域的非营利组织，在2020年年初与OpenAI合作启动了一个项目，推出了Khanmigo，一个由人工智能驱动的助手，它可以同时支持教师和辅导学生。首席学习官克里斯汀·迪塞博（Kristen DiCerbo）认为该工具可以帮助可汗学院满足用户的不同学习需求，而这正符合未来的学习趋势，她指出："他们（学生）有各自不同的知识缺口。他们需要不同的内容来取得进步。这是一个我们长期以来一直试图解决的问题。"[25] 如果技术能够通过一个数字伙伴为我们提供更加个性化的学习体验，我们就会应用它。

一家大型金融服务公司也成功了，值得注意的是，许多人不会将金融行业视为人工智能的领导者。像许多成熟组织一样，摩根士丹利面临一个知识问题：公司拥有丰富的商业洞察力，但不知道如何在内部传播这些信息。公司的内网上充斥着从市场研究到投资策略的各种洞察，它们以PDF形式杂乱无章地散布在多个网站上。（我们非常不喜欢杂乱无章的网站。客观地说，美世的网站确实尽可能地做到了整洁有序。）为了使信息更加易于获得，摩根士丹利使用GPT-4来驱动内部聊天机器人，该机器人会根据员工的需求查找并提供他们想要的资源。公司分析、数据与创新负责人杰夫·麦克米伦（Jeff McMillan）说："这有效地将我们员工积累的知识释放了出来。"[26]

人力资源部门也迎来了自己的高光时刻。2023年，Beamery推出了面向人力资源技术的生成式人工智能TalentGPT。它利用GPT-4和其他大语言模型来为用户和人力资源部门重新设计人才招募和人才管理流程。它能根据组织技能缺口提供个性化的职业推荐，从而赋能公司加速获取技能，以应对多元、公平和包容挑战，并履行其道德义务。正如 Beamery 的联合创始人苏丹·赛多夫（Sultan Saidov）说的那样："这些人工智能技术的进步正在改善我们可以为用户提供的互动，并在完成复杂任务时为人们节省时间。"[27]

智慧工作正变得更加智慧

经济学家理查德·鲍德温（Richard Baldwin）在世界经济论坛的增长峰会上评论说："人工智能不会抢走你的工作，但那些比你更擅长使用人工智能的人，可能会抢走你的工作！"这才是人们面临的真正挑战。与其说这个挑战关乎智能本身，不如说关乎我们如何通过聪明地工作来加强我们的思维。拥有智慧——知道去哪里或如何获取我们需要的东西，有可能成为一种智能均衡器。因此，我们都需要熟悉生成式人工智能的新语言，了解人工智能和自动化将如何颠覆我们的工作方式，并确保我们有足够的防护措施，以在使收益最大化的同时使风险最小化。

一个新兴的挑战是确保我们的员工知道如何辨别真假，也就是如何识别垃圾信息。（我们都知道，垃圾信息无处不在，这的确很让人头痛。）根据奥纬咨询的报告，"尽管对（社交媒体上的信息）不太信任，但我们的 Z 世代同事还是会优先考虑社交媒体上的熟悉面孔（和）娱乐内容"，而不是他们认为更可信的新闻来源。[28]换句话说，Z 世代的人知道社交媒体在给他们提供垃圾信息，但他们仍然在消费这些信息。在将任何人工智能生成的内容纳入我们的工作之前，我们都需要更加警惕，检查背后的事实、细节和来源，并明确哪些同事（无论是机器人还是人类）为我们的工作做出了贡献，以及是否存在任何潜在的侵权行为。

　　说到警惕，你认为有多少员工可能不经意间通过公司电脑与 ChatGPT 分享了私人或机密信息？事实可能比你认为的还要多。得益于风险和合规人员的勤勉工作，大多数公司在早期就解决了这个问题，但威胁仍然存在。现在，学习如何安全地增强智能，对我们所有人来说都是当务之急。这是一个不断发展的领域，但我们可以借鉴一些早期应用者解决这个问题的方法：

- 设立防护措施。在设立防护措施和促进学习成果分享及安全实验之间找到适当的平衡至关重要。在新技术到来之前，提前设置你的安全保障和控制措施。这包括风险管理策略、数据政策、安全培训、算法审计，以及一个将人置于技术之上而非之下的人工智能伦理信条。

- 设置制衡机制。一些公司通过课程（是否合格）来认证员工（是否具备某项技能），然后再给予他们使用某些工具的权限。还有些公司为内部内容下载设置警报或免责声明。当务之急是确保你所在国家的数据保护法规和相关法律能够被遵守，并且定期分享更新内容。雇用专注于隐私和伦理问题的生成式人工智能使用人员，并让他们在这些问题上指导公司内的其他人，这将有助于应对变革。

- 明确对工作和技能的影响。许多公司已经开始积极分析组织内的职位，以了解人工智能将如何影响工作。推断人工智能如何辅助管理技能智能和战略性劳动力，以满足新兴的、不断变化的业务需求。获取有助于检查人工智能输出的技术和分析技能，建立积极的数字工作文化，也是实现企业广泛采用人工智能的关键。

- 识别对运营的影响。在使用机器人流程自动化来处理烦琐任务的同时，我们需要考虑如何增强认知过程，如概念推理、发散性思维和评估性思维。增强我们自己的智能以改善决策、解决分析瘫痪、验证我们的假设，并促进内容创作，都是新前沿的一部分。未来，我们将与机器一起学习，以应对更复杂的挑战。

- 加强对员工的洞察力。假设你拥有权力批准并保持数据匿名，那么利用内部人力资源数据集来训练满足业务特定需求的定制化人工智能模型，可以加强你对员工的洞察力，进而对他们的健康和行为做出更好的预测——这将有效地解决人力资本指标滞后的问题，并为决策提供信息。这样，公司就可以进行更加个性化和更有针对性的人员管理干预。

如我们提到的，对技术的过度依赖有朝一日可能会削弱我们的洞察力，损害我们的批判性思维，使我们在决策方面受制于机器的摆布。这是我们需要避免的反乌托邦未来，因为它可能导致（我们先前提过的）机器人起义。

同时，在一个由人工智能驱动的世界中不能有效地使用这项技术，无异于自寻死路，因为仅仅拥有工具而不使用的傻瓜仍然是傻瓜。任何没有有效使用人工智能的公司或个人，都可能会比那些有效使用的公司或个人工作效率更低，竞争力也更弱。

在我们写完这一章时，披头士乐队刚刚发布了他们解散之前的最后一张专辑，人工智能是他们的幕后伙伴。通过从一段此前未公开的录音中提取约翰·列侬（John Lennon）的声音，人与机器的合作又向前迈进了一步。

目前已经不再是观望的时刻。

人工智能每天都在变得更好。

智慧工作正在变得更加智慧。

而最明智的举动是适应和学习。

员工领导者的行动呼吁

1. 打造超级英雄

智商＋人工智能＋流程＝超级英雄。通过定义良好的流程，在你的团队和人工智能之间建立协同关系。首先，确定一个团队来帮助进行实验和知识共享。其次，为他们创造学习机会，鼓励知识共享，引导你的团队了解在增强模式下工作的意义，并采用优化技术和人员能力的出色流程。要让这项活动持续进行，它不是一劳永逸的事情。

2. 培养对技术的积极心态

人工智能正在改变工作、工作方式和员工。为了缓解员工对工作被淘汰和技能被弱化的恐惧，你需要让他们参与讨论目前你的组织如何使用人工智能，人工智能已经在哪些方面增强了工作，以及它可以为未来职业生涯发展带来什么机会。赋予员工权力并庆祝成功，会让他们觉得这种变化是为了让他们提升而发生的，而不是为了让他们下岗而发生的。

3. 培养人工智能专业知识

人员、组织和技术需要步调一致，以跟上生成式人工智能的步伐，而这种一致只会在人们获得这些工具的实际使用经验时才会发生（就像Word 和 Excel 一样，仅通过理论而非实操是学不会的）。员工领导者处于独特的地位，不仅要塑造期望，还要确保有明确的方式来分享想法，并为员工提供途径，使他们的技能保持市场竞争力。

高管和人力资源部的行动呼吁

1. 通过添加人工智能来重新设计工作

通过探索具体应用场景、重新设计职位的任务并明确预期收益，采用增强智能的工作方法。开始利用人工智能驱动的人才平台和工作设计工具，了解哪些工作适合认知增强。寻找并培养未来工作所需的技能，并考虑将内部人力资源数据连接到大语言模型，以增强智能。将实验和学习作为优先事项。

2. 建立人工智能指导和防护措施

数据安全是每个人的责任，但要确保所有领导者都了解他们在网络风险和隐私方面的角色。围绕风险管理、数据管理、安全培训、算法审计、伦理人工智能和数据民主化，创建或加强特定的以人为本的人工智能政策，避免无意中让公司面临风险，或阻碍公司利用这一令人兴奋的新技术。

WORK
DIFFERENT

第八章

技能是工作的真正货币

升级提醒

像我们这样的果粉深切地记得这家公司的黄金岁月，大约每隔 12 个月，史蒂夫·乔布斯就会带着他的"现实扭曲力场"，身着黑色高领衫，戴上头戴式麦克风，在库比蒂诺的舞台上亮相，为最新的苹果产品造势。有时他会介绍一个全新的产品——iPhone、iPod、iPad，而有时，则会介绍对现有产品线的升级。

过去，大规模的技术升级相对罕见；但如今却变得常见，感觉就像苹果每两周就会发布一款新 iPhone 一样。设备的不断更新换代既令人兴奋又令人沮丧：兴奋是因为新技术往往使人眼前一亮，沮丧则是因为，如果你想确保与时俱进，升级就变成了一种烦人的必需事项。

但我们还是咬咬牙进行了升级，因为尽管我们的新设备通常有一些有趣的新功能，但在我们将数据从 iPhone 58 特大的硬盘转移到 iPhone 59 超大的硬盘之前，我们都无法享受这个新设备。如果太久不进行升级，可能导致应用程序不兼容、手机运行缓慢，还可能导致我们患上错失恐惧症，以及总感觉有些东西不对劲。当然，我们能暂时应付过去，但当其他人都在及时升级时，我们（以及我们周围的每个人）很快就会意识到，我们已经落后了。

这就好比需要提升技能的员工。不幸的是，与技术不同，在我们的技能退化时，我们不会得到那么多的提醒。

就员工的技能组合来说，如果它们在几乎所有领域都不处于最前沿，就可能已经变得半过时。问题是，史蒂夫·乔布斯（或者现在的蒂姆·库克）不会提供关于如何或何时进行技能提升和技能再培训的提醒，以保证我们捕捉到最新、最先进的技能信号并跟上潮流，从而保持就业能力。这些信号通常是微妙的，而且往往来得太迟。考虑一下一年一次的绩效评估、不那么鼓舞人心的绩效改进计划（Performance Improvement Plan，

PIP）流程或公司重组（通常伴随着令人沮丧的话语），比如"不是你的问题，是工作发生了变化"，你就会知道这些信号来得有多迟了。

随着组织的谷仓效应被日渐消除，跨职能性越来越强，技能已成为工作中的不二货币。技能让你保持竞争力，技能是获得新职位的货币，技能是公司希望发展和为之付费的东西。这一切都引出了一个问题：从职位作为工作货币到技能作为工作货币的转变可能会对员工、雇主和整个社会产生什么影响？以技能优先的视角来看未来的工作，它会是什么样的？工作发生在职位之外——这正是杰苏萨桑（Jesuthasan）和布德罗（Boudreau）在 *Work without Jobs*[1] 中解构的内容，该书讨论了如果公司要利用这一真相，就需要一种新的工作运营模式。

今天，技能型组织还非常少。让我们快进到 2030 年，看看那时候一个员工可能会经历什么。

员工视角中未来工作所需的技能

当你醒来时，发现你的智能手机（或智能床、智能睡衣）上有一个邀请，邀请你去面试一个热门的新职位。你已经有了一份工作，并且感觉自己不适合这个新职位，但是招聘人员的人工智能工具说你符合条件。

尽管你有所顾虑，但几个小时后你仍然加入了一个视频会议。招聘人员列出了你入职时需要掌握的技能，以及公司计划如何对你进行技能再培训。然后，她描述了这些技能如何帮助你在公司里晋升。

你感到好奇但非常谨慎。你询问核心职责和在职培训之间的时间分配情况。招聘人员对此进行了详细说明，之后她列出了她们提供的一些公司内外部的培训机会，这些培训会帮助你保持市场竞争力。

好消息是，这个职位实际上是你的现任雇主提供的，人工智能通过公司的内部职位市场发现了你。你可以继续留在一家很棒的公司，和亲爱的同事们在一起，甚至保留相同的电子邮件地址。太棒了！

鉴于我们已经讨论过的人才短缺问题，这似乎是一个明智的解决方法，那么为什么我们没有看到更多这样的事情发生呢？有三件事阻碍了公司实现这一目标：

- 认为工作只能由处于固定职位的在职工作者完成。
- 缺乏洞察，对于谁拥有所需的技能或渴望技能再培训缺乏深入的了解。
- 不愿意将员工的学习和成长置于生产率和执行效率之上。

现在，让我们看看管理者在 2030 年可能会看到什么。

管理者视角中未来工作所需的技能

你的老板刚刚提出了一个雄心勃勃的计划，要在 2033 年之前将收入翻番。过去，你可能会感到压力山大，可能会和同事互相发送带有讽刺意味的表情包，甚至怀疑你的组织能否做到。那时，人才要么已经满负荷工作，要么被其他部门占用。高流动率和招聘冻结使得可持续增长都变得棘手，更不用说加速增长了。

但情况再也不会如此了。

你的组织在过去几年里成了技能型组织，因此你可以利用人工智能驱动的人才智能系统来快速培训和部署人才。你打开动态员工规划门户，开始着手工作。

你询问生成式人工智能伙伴，谁具有相似技能和提升技能的能力。然后，它会建模出你需要的人才以及如何最好地获取这种能力。它还将代表你挖掘内部和外部人才库，并在你的业务生态系统中找到合适的人才，以便你做好准备开展工作。

你可以查看针对未来技能和增长计划的差距评估报告，并了解最新的技能市场薪酬趋势。你的数字伙伴比较了多种方案（包括内部培养、外部招聘和借调人才），所有这些都内置了预计成本。这些模型和洞察扩展到了你的临时人才库、外部候选人，并对潜在并购目标内的技能进行了评估，从而通过内部培养和外部获取的组合，让你全面了解你为增长战略做出了什么准备。

只有当公司了解它们今天拥有的技能、那些与未来增长相关的技能，以及为缩小两者之间的差距而采用的不同技能策略的成本和时间影响时，这种情况才有可能发生。要实现这一关键目标，需要将人才资源发展为企业级资源。当领导者被激励去满足员工和整个组织的需求时，他们就会成为人才输出者和赋能者，而非囤积者。

目前，阻碍公司实现这一目标的障碍有两个。一是，技能数据和技能智能分散在不同的系统中，因此它们无法协同整合来回答查询。二是，人力资源流程被锁定在过时的思维方式中——从专注于全职人力工时变化的人才规划工具，到基于职位和年度人力资源周期的人才流程。正是它们阻碍了我们考虑工作的不同方式、可能需要或增强的不同技能，以及将这些技能引入公司的不同方法。

现在，让我们看看到了 2030 年，世界会是什么样子。

社会视角中未来工作所需的技能

全球商业活动全面复苏，组织正在扩张，其中许多扩张与我们需实现的关键转型有关，例如数字化转型、绿色转型和可持续能源。如果我们能有意识地关注技能投资的目标领域，并明确未来需要接受培训的工作，就有可能为低收入和欠发达地区的当地员工带来新的机会。

许多这样的个体缺乏职称、高学历和行业资历，而这些在 2020 年代中期往往被视为职场通行证——在之前那个以职位而非技能为基础的工作世界中，这些都是求职的必需条件。摆脱了这些限制，技能型组织可以根据员工的实际技能、学习潜力或相关职能和领域的经验来招聘和培训员工。

这些新机会为少数群体和因人工智能、自动化而失去工作的员工提供了公平的竞争环境。雇主与非营利组织和政府合作，利用实时洞察和人工智能来满足全球劳动力和本地市场的动态需求。随着不公平现象的减少和福祉的提高，更广泛的社会群体将其目标从生存转变为成长。

缺乏对技能的战略规划、公共或私营部门合作的协调不足，以及缺乏对特定市场所需技能的共同洞察，这些都阻碍各国实现这一愿景。将 2030 年及以后哪些技能将变得重要告知受其影响的人（无论是员工还是社区居民），有助于他们成为塑造未来的积极行动者。今天，教育与未来工作仍旧存在脱节的情况。

我是一张白纸

所有这些都引出了一个问题：什么是技能提升和技能再培训？

简单来说，就是学习新东西。如果你的吉他老师教你如何弹奏 G 小调音阶，这就是技能提升。如果你的绘画老师教你如何画透视，这也是技能提升。如果你为了一份从未做过的工作接受培训，那就是技能再培训。如果你和你的两个同事写了一本书，而你们之前并没有从事过这项疯狂的工作，同时还继续每周工作 50 小时，那就是技能再培训的极致。（我们开玩笑的。这本书的写作经历与众不同，充满了技能提升、技能再培训以及各种技能的锻炼。)

企业最需要的技能在不断变化。根据世界经济论坛 2023 年《未来就业报告》，分析思维（72%）和技术素养（68%）是重要性日益增加的顶尖技能。[2] 值得注意的是，创造性思维位居榜首。这表明尽管生成式人工智能崛起，雇主仍然认为真人的创造性产出具有价值。此外，好奇心和终身学习（67%）位居第四，超过一半的组织认为人才管理（56%）的重要性在上升，因此推动个人发展的能力仍然被视为推动商业成功的关键。那么，人们可能会问：技能需求的发展速度有多快？

非常快。

世界经济论坛的研究估计，在 2023 年至 2027 年之间，每 10 名工人中有 6 名将需要接受培训；如果工人要保持就业能力，那他们 44% 的技能将需要被更新。[3] 世界经济论坛报告中提出的担忧是，目前只有一半的员工能够获得足够的培训机会以有效进行技能提升。技能的半衰期预计将继续缩短，技术技能的半衰期可能会更短，因为技术本身的半衰期似乎每个月都在缩短。如果我们的技能每四到五年就价值减半，那么我们今天所教授和学习的很多内容将在我们退休之前很久就变得过时。四年制学位在就业市场中的重要性，就像现在一样，会继续减弱。技能再培训必须成为我们文化的一部分，成为个人和组织都必须进行的练习。我们都需要适应非专业人员在实践中学习的做法。

好消息是，在形势艰难时，技能培训并不是首先被削减预算的领域，高管们感觉更大的风险是未能充分投资于当前的人才库，以确保未来的竞争力。[4] 是的，与以往相比，高管们更加意识到保留对学习的投资的必要性，特别是在困难时期，但问题是，全球通常只有一半的公司会为所有员工提供技能提升或技能再培训的机会；[5] 它们优先考虑的是那些参加高潜力人才项目或高管领导力项目的员工。通过专注于特定的员工群体来解决我们正在见证的广泛技能挑战是不可行的，特别是当这类群体无论是否接受培训都能自己发展得很好时。

领导者最大的恐惧之一是，他们认为如果投资于技能培养，他们的员工就更有可能离开公司，去寻找更有前景、更有利可图的工作机会。（诚然，给员工提供了一大堆新知识和技能，然后看他们带着这些知识与技能跳槽到竞争对手那里，这确实很糟糕。）但事实恰恰相反。如果公司没有对员工技能进行充分投资，或者投资了却没有充分使用这些新技能，员工更有可能离开。[6] 如果你的组织未能帮助员工成长，而他们留了下来并在公司内停滞不前，这对员工个人和组织来说都是最糟糕的情况。我们的数据显示，这是一个日益严峻的挑战。

当涉及技能再培训时，领导者知道他们需要在招聘以及给予员工新的工作机会上采取更灵活、开放的策略，但他们在实施时进展一直很缓慢。是的，聘用那些经过考验的人才来完成当下的工作，通常更快速也更安全，但在这一过程中，我们剥夺了自己一些多元化的思考，更重要的是，我们错过了有助于我们为未来做好准备的学习机会。与工作的许多方面一样，疫情促使我们更加开放地考虑谁能胜任哪些工作，而人工智能则增加了这种紧迫性，但推广这种以技能为先或以发展为先的思维方式一直很困难。

在疫情期间，由于某些职能和业务的需求下降，可用人才迅速转向需求所在的地方。例如，沃尔玛将店员调到电子商务岗位，CVS Health 对员工进行远程医疗再培训，达美航空培训客舱乘务员并将其调到客户支持岗位，等等。出于必要，这些公司将员工从原有岗位上解绑，以应对需求意外激增的情况。结果，当原有岗位完全无法满足当下需求时，传统的组织结构受到了重创。

旧结构的缺陷暴露无遗。我们看到的是，在高压环境下，敏捷性和灵活性是解决一系列陌生问题的关键。职位与完成工作无关；技能才是重要的。技能超越了职位，成为真正的工作货币。因此我们都学到了：

- 人们拥有他们从未应用过的技能。
- 人们拥有他们从未发现的技能。
- 解决业务问题需要能力（技能）和能量（时间或精力）。
- 只有了解你的员工，才能做到将技能与职位匹配。

大规模技能提升是经济上的必然要求

需要明确的是，大规模的技能提升不是指单纯提供更多的学习项目，而且这也不是人力资源、高等教育或学习平台可以孤立解决的问题。

真正令人担忧的是，我们需要在公司和社会中提升人们的技能水平，以确保人们不会掉队。以英国电信（British Telecom）为例。到 2030 年，该公司预计它需要的职位将比 2023 年少 55 000 个，即要从其 130 000 人的员工队伍中裁掉 40%。因此，它将要求留下的人掌握一套全新的技能。[7]如果个人无法在公司内部或外部转向新职位，那么对个人和社会层面的影响将是巨大的。只有今天拥有了敏捷性，明天才会拥有韧性，我们不能等到这些技术驱动的劳动力失调问题已然发生了，再来推动技能再培训。

大量研究表明，技能再培训可以提升生产率，[8]但正规学习只触及了现有劳动力的一小部分。当疫情迫使高管将人才调配到各种新兴工作中时，他们意识到流动性为学习和敏捷性带来了潜在收益。因为变革的步伐没有减缓，这种思维方式仍然是必要的。例如，美世的职位库（截至 2023 年跟踪了近 25 000 个职位）在 2022 年增加了 226 个新职位，以反映我们客户的员工构成。但这个数字在 2023 年翻了一番还多，增加了 512 个新职位。这些独特职位只会增加得越来越快、越来越多，特别是随着生成式人工智能影响当今的职位并推动产生我们尚未构想的新职位时。

公司应对得如何？它们正在逐步适应。

随着数字学习的爆炸式增长，公司提供了比以往任何时候都更多的学习和培养技能的机会。[9]在 2022 年，高达 91% 的员工表示他们学习了新技能，[10]而在 2023 年，建立技能型组织成了我们调查的每个国家的人力资源部门的前五大优先事项之一。[11]

但问题是：与此同时，98% 的公司报告了持续存在的技能短缺，50% 的高管表示缺乏技能型人才阻碍了公司在满足市场需求方面的进展，这显然存在脱节。[12]是的，我们有更多的人在学习，但这种学习并没有对技能短缺产生任何显著影响。

这真让人费解。

现在，不要让任何人动摇你的观点了：通过技能提升和技能再培训来为组织提供未来保障，对雇主和雇员都充满了挑战。在传统人才模型中建立技能型组织可能难如登天！

对那些注重技能提升和技能再培训的雇主来说，应该牢记以下几点：

- 要预测到未来技能需求具有不确定性。竞争环境不断变化，要求我们灵活应对，但问题在于，我们尚未弄清楚如何准确地洞悉需求或进行预测，因此我们需要充分了解业务的发展方向，以预测哪些技能将有需求。这需要领导者投入专门的时间，而不仅仅是人力资源部门。技能地图和个人职业路径的模糊性也是挑战的一部分。

- 将学习视为对未来的投资。技能再培训需要投入实际的资金，但让员工参与学习活动以及承担内部临时工作的软成本和机会成本也是需要考虑的一部分。很难将对学习的投资和其对组织绩效的影响直接联系起来。换句话说，在量化回报时，要学会在数字之间读出隐含的意义。

- 探索多种学习方式。技能的获取和应用往往是基于特定背景的，因此寻找并制定合适的培训项目可能很困难。另一个挑战是将通过培训或学习获得的新知识和技能应用到工作环境中，尤其是员工自主习得的新技能，因为当时可能没有需要应用这些技能的工作机会。这就是内部临时工作和人才共享发挥作用的地方，同时还有其他方式为人们提供学习机会，如撰写文章、开展技术培训和参与项目工作。

- 培养学习文化。管理者通常优先考虑自己的迫切需求，可能不愿意释放今天正在创造价值的贡献者的时间，让他们专注于技能发展，以获得潜在的未来回报。为成长留出时间需要从高层做起。

员工自己在学习方面也面临着许多挑战：

- 抵制变革。组织提供技能再培训和技能提升的资源并不意味着员工会利用它们。许多人对变化感到不知所措，只能从他们当前的工作中找到安慰。技能再培训可以被解释为另一个词，即颠覆，并可能使一些人对他们当前的职位或未来的就业能力感到不确定或缺乏安全感。

- 时间不够。那些日程已经排得满满的人如何挤出时间来获取新技能？毕竟，当他们接受培训或做兼职时，常规工作不会消失，该做的还是要做。工作日和工作周漫长而充实，因此这个问题在我们的研究中一直都被列为员工面临的最大障碍。

- 缺乏动力。无论在职还是脱产，进行学习和技能再培训都需要付出努力，如果这对目前的工作没有好处，或者这样做没有奖励或认可，为什么员工要付出额外的努力？我们的研究表明，许多员工没有看到他们之前进行技能再培训的回报，这导致一些人对他们努力的回报感到失望。[13] 部分原因是公司对员工的技能缺乏指导，不知道哪些技能可以帮助员工获得较高的回报；部分原因是人员管理不善。

- 学习的效果不好。学习项目可能过于笼统、设计不当、不够吸引人或学习内容通过错误的媒介提供。或者，学习等同于在线课程参与，大多数人表示这不是他们偏好的学习方式。此外，如果没有及时应用新技能的机会，学习可能感觉像是一种理论练习，学到的技能可能会退化，最终只是给人们增加负担，却没有给他们带来回报。

哪些公司在技能提升和技能再培训方面表现出色

1. IBM 公司

蓝色巨人 IBM 有着自我重塑的历史，因此公司实施了多项技能提升计划也就不足为奇了。这些计划包括基于技能的薪酬方法——CogniPay（又名 Compensation Advisor，即薪酬顾问），它为员工获取与 IBM 未来需求相符的技能提供了激励、支持和奖励。[14]

作为人工智能领域的首批投资者之一，IBM 对其未来急需的技能有着深刻的理解，对当前的技能差距有着清晰的认识，并对这些技能的市场供应和需求有着敏锐的洞察。凭借强大的教育平台，公司为其员工提供了一系列令人羡慕的针对性学习项目，它在为未来技能需求方向提供清晰透明的指引方面表现尤其出色。它通过人工智能工具将薪酬与技能联系起来，引导管理人员完成年度绩效考核流程，从而解决了我们所看到的一些变革阻力和激励难题。

　　绩效薪酬已经与职位脱钩，更多地与技能对齐，向员工表明薪酬和职业发展可以与新技能的获取挂钩，那些掌握了市场上高需求或稀缺技能的员工会得到更高的薪酬。而那些选择安于现状、不获取新技能的员工，通常会发现随着时间的推移，他们加薪的可能性越来越小。

2. 西班牙电话公司

　　为了弥补在安全、机器人技术、分析、网页开发和商业咨询等领域的技能差距，西班牙电话公司（Telefonica）承诺对 10 万名员工进行技能提升。公司首席执行官何塞·玛丽亚·阿尔瓦雷斯－帕莱特（José María Álvarez-Pallete）强调了他们公司为何需要启动欧洲规模最大的技能再培训项目之一："在欧洲，有 1000 万人失业，同时由于技能差距，有 500 万个职位空缺。在未来五年内，将有 2000 万个职位在数字化转型、人工智能和气候转型中被创造出来，我们需要为此做好准备。"[15]

　　他们公司确实为此做好了准备。公司要求所有员工填写技能概况问卷，然后使用机器学习来发现技能差距，并为每个员工提供了个性化的培训建议。该项目的采纳率非常高，第一年有 91.5% 的员工使用了技能再培训应用程序，77% 的员工切实填补了技能差距。[16] 这些信息使他们的管理者能够为培训的时间和成本做出预算，并被用作内部招聘的辅助工具。

3. 思爱普公司

　　值得称赞的是，作为软件解决方案专家，这家公司每年都会定义对业务至关重要的技能。公司整体薪酬回报负责人切纳·辛格（Chetna Singh）与美世分享了她的观点，她认为"技能是数字文化的新石油"。[17] 她将思爱普公司在技能方面的成功归因于"一个定义明确的全球职位架构"，并补充说："每当新的业务模式出现，而职位不在现有目录中时，我们会花时间将其添加进来，然后匹配技能。"

作为一家科技公司，思爱普公司也愿意为其急需的技能支付溢价。辛格介绍了公司为获得一流的云计算技能所做的努力，她说公司为招聘人员制定了指导方针，帮助他们协商溢价，这"可能意味着不惜一切代价"来获得合适的人才。她继续解释道："技能对话对于科技公司来说极其重要……每个人都需要不断地学习、忘却和重新学习，以保持与时俱进。否则，你就会被淘汰出局。"

在工作流程中学习

几十年来，直到今天，学习作为达到巅峰表现之前的入门阶段，一直是年轻人和初级员工才会做的事。但在 2023 年，世界经济论坛估计，到 2028 年，44% 的核心技能将会被颠覆。[18] 这意味着这些新人在今天掌握的近一半技能在他们的职业生涯结束前很久就会过时。

显而易见的是，对技能提升和技能再培训的需求不仅仅是学习和发展（Learning and Development，L&D）领域的优先事项，甚至不仅仅是人力资源部才需要面对的挑战，这是每个领导者都需要负责的大而棘手的业务问题。如果自动化能够比人类更好地、更快地处理重复性任务（它确实可以做到），而人工智能可以增强人类智能（这也是肯定的），那么从事高收入工作的人们将继续晋升，而许多蓝领和初级白领的工作将会消失。如果没有一个远超学习项目的系统性解决方案，那么在数字化转型完成之前，就会有大量的人失业。

这显然不仅仅是当下的问题。这是明天的问题，明年的问题，甚至是未来十年的问题。企业人才枯竭的速度比任何第三方能够补充人才的速度都要快。即使按需招聘比技能再培训更容易，组织也无法承受得起持续购买或借用所需技能。这种情况必须改变。以网络安全领域为例，据估计，在网络威胁成为当今企业面临的最大风险之一的情况下，熟练专业人员的需求缺口约为 340 万。[19] 弄清楚如何弥补这一缺口是企业的当务之急；如果我们不能缩小技能差距，它就会影响企业的正常运转，而这需要不同的解决思路，因为这些技能今天并不存在，而培训又落后于需求。

尽管将我们的技能需求寄托于传统教育是很诱人的选项，但学校在满足这种需求方面基本上没有什么成效。当然，教育改革早就应该进行，并且正在受到生成式人工智能的冲击，但它无法很快地解决今天的问题。例如，在英国，原首相里希·苏纳克（Rishi Sunak）曾推动让所有英格兰学生在 18 岁前一直学习数学的计划。[20] 他的计划虽然失败了，却指出了一个真实的需求，即全面提高分析技能。鉴于工作变化的速度和新技能的出现，一种更加灵活的工作和学习方式对于未来工作世界将是至关重要的。

企业知道它们需要与学校和能力培养机构合作，教授和提升员工的技能。一些公司已与大学合作定制课程，例如亚马逊网络服务公司和圣莫尼卡学院（Amazon Web Services and Santa Monica College），[21] 而其他公司则为未来的人才提供有针对性的学习机会，例如微软的 High School Discovery Program。[22] 公司还为某些职位进行委托培训，并赞助非传统人才在新领域（如普惠金融和其他不断增长的公益就业领域）培养技能，例如 Digital Frontiers——一家斑马公司⊖，通过捐赠资金和承担费用来提升非洲和其他发展中地区工人的技能，以解决全球人才短缺问题。

那么，对于那些正努力成为技能型组织的公司来说，它们的愿景是什么？是建立一个以技能为基础、战略敏捷、可持续驱动的人才梯队；能够知道自己需要哪些技能以及如何最好地获取这些技能；使用敏捷实践和基于技能的干预措施，通过高效的人才拓展和部署实现成本节约

⊖　斑马公司，是指那些"盈利并且能够改善社会"的公司。

（见表 8-1）[23]。而且，生成式人工智能将把这些要素结合起来，以便快速缩小技能差距。

表 8-1　技能型组织的好处

组织是：		
有技能依据的	**有战略敏捷性的**	**可持续驱动的**
了解技能需求、当前供应、供需差距和技能趋势	拥有基于技能的干预措施和包容性学习文化	构建基于技能的流程以吸引、鼓励和重新部署人才
能够做出有依据的招聘、培养、借调决策	能够快速执行，为未来做好准备，并根据需要调整方向	能够通过高效的人才拓展和部署实现成本节约
员工认为人才流程是：		
辅助职业提升的	**公平公正的**	**简要直观的**
知道如何构建符合他们偏好和抱负的职业生涯	拥有透明、民主化的学习和发展机会	能够获得数字化的、直观的体验，且这些体验与实际工作机会相符
能感受到组织为保持他们的职业技能领先提供了支持	相信人才决策是公平、无偏见的	能够寻找机会，为未来做好准备

在员工方面，他们的愿景是：以技能为基础的人才流程将为他们提供更大的职业成长空间，通常能以更直观的方式让他们了解公司提供的所有学习资源和机会。此外，他们更重视的是对未来哪些技能将获得高薪的洞察力、对无偏见人才决策的承诺以及他们获得学习机会的途径。已经早早采用技能型方法的公司分享了他们从中学到的两个真相：

- 机器比人类更擅长识别和评估我们的技能。人工智能能够基于对员工背景、教育和经验的推断，以惊人的准确度识别出更多的技能。正如 Eightfold AI 的总裁卡迈勒·阿卢瓦利亚（Kamal Ahluwalia）所分享的："当今技能和能力发展得太快了，静态系统能提供的帮助非常有限，如果你能理解技能的邻近性和学习敏捷性，你就可以基于潜力进行招聘，并建立一个能提升敏捷性的人才网络。"[24]

- 建立一个技能型组织，不仅需要彻底重置我们的人才流程，还需要彻底重置我们关于如何发展和部署技能的思维模式。原有的思

维模式——"培训是年轻人的游戏""有空时才会学习"或"发展
与职位变化有关"，都可能阻碍变革。但最大的障碍是那些思维
僵化的领导者，他们不愿意借出人才，也不愿意输出他们的顶尖
员工。

技能型组织在行动

那么传统组织与技能型组织在人才管理方法上有何不同呢？表 8-2 显
示了这两种组织在组织设计、工作设计、战略性员工规划、人才招募、晋
升与继任、学习与发展以及回报方面采取的不同方法。

表 8-2　传统组织与技能型组织的人才管理方法

	传统组织	技能型组织
组织设计	僵化、孤立、层级化	扁平化、灵活、跨职能
工作设计	基于工作职责和全职人力工时	基于价值创造和交付工作的新方式
战略性员工规划	支持短期业务需求和增量式增长	将技能与战略需求和转型计划对齐
人才招募	基于证书与经验	非传统人才，基于技能
晋升与继任	基于时间的线性晋升	基于技能的动态晋升
学习与发展	基于传统职业路径和培训而预先定义	建立能提升绩效的关键技能，并指导学习
回报	基于职位或职级，并与过去的绩效挂钩	市场驱动，并与当前或未来的价值挂钩

开始走上技能型组织道路的理由可能很简单，就是为了提高生产率和
降低成本。陷入传统人力资源和人才管理方法的公司可能会寻求建立一个
内部人才市场来帮助人才招募。最好的系统不仅能填补职位空缺，还能帮
助雇主评估其技能优先级是否反映了外部市场的需求，并促使人们朝着有
价值的学习路径和临时工作机会前进。

那些已经在建立技能型组织方面有所成就的公司通常会寻求提高它们

的敏捷性，以应对可能需要快速转变的人才战略。它们寻求在技能和职位之间找到契合点，并利用这些洞察来提升员工规划和职业路径规划能力。在这方面，提供与技能匹配的指导可以起到加速作用。

先进的技能型组织往往专注于构建新的工作方式，从一开始就将技能融合到其工作设计中。它们的人才市场从成本或生产率的工具，发展成为影响组织工作方式的重要杠杆。它们已经明确了哪些技术能支持技能记录系统，哪些是员工将使用的交互系统，以及哪些是技能情报系统。而这些系统并不总是完全兼容。

这些技能型组织实现并保持了人才和技能的不间断流动，无论是项目、临时工作还是全职岗位。在所有这些场景中，成功的关键在于公司拥有正确的技能情报、正确的内部技能赋能系统，以及能够在工作流程中培养技能的学习文化和治理模式。

谁在改变工作的货币

所以，谁在引领技能型组织的潮流，让技能成为工作的真正货币？

马库斯·格拉夫（Markus Graf），诺华的全球人才主管，是这一理念的早期支持者之一。对他来说，释放人才潜力的关键在于一种"根植于好奇心的思维转变"。诺华"去老板化文化"的一部分就在强调员工们要从外部视角来审视他们所在行业的发展方向，以及更关键的是，所需的关键业务技能的发展方向。[25]

成功的关键标准之一，是在引入人才市场和其他技能驱动的系统之前，先营造一种学习文化。这是通过文化转型、普及学习机会以及强化学习对于加速成长和职业发展的价值来实现的。然后，该公司建立了一个由人工智能驱动的人才市场，帮助识别员工的技能，引导他们发展某些技能，并为他们匹配培养这些技能的机会，例如，匹配适合的项目、指导人员和有针对性的学习内容。诺华还鼓励管理者以敏捷的方式使用人才市场为项目配备人员，并促进跨界的人才共享。推动诺华前进的关键是学习机会与工作机会的整合、内部机会获取的民主化，以及通过内部采购项目带来的成本节约，实现了多方共赢。

就像雪花一样，每个技能型组织都是独一无二的。凯谛思（Arcadis），一家设计和工程咨询公司，走了一条专属于它们自己的独特的技能型组织道路。

公司的全球能力与员工准备总监埃米·巴克森代尔（Amy Baxendale）告诉美世，该公司的转型之旅源于"建立一支为未来做好准备的员工队伍"的需求。[26]公司转型的三大理由是：

- 规划出更好的职业发展路径。
- 提高公司的适应力和员工的就业能力。
- 能够找到人才并将人才转移到最需要他们的地方。

巴克森代尔补充说："随着时间的推移，为了能够真的成为一个由技能驱动的组织，Arcadis 需要确保技能成为企业的货币。"公司制定了转型路线图，将它们的旅程分解成几个阶段，每个阶段都专注于围绕员工生命周期中不同人才流程的演变。它们的计划是："在向技能型组织转型的过程中，测试关于优先级的假设，并确保作为一家公司，Arcadis 始终准备好迈向下一阶段。"

另一家倡导将技能作为工作货币的公司是苏黎世保险。它们建立了45 个知识领域，每个领域都有一个全球领导者，专注于培养当今需要的技能，并关注未来需要的技能。这些领域就像实践社区一样运作，每个领域下都有建立技能储备的战略计划。它们基于人工智能的技能智能平台也在根据人们报告的相似技能数量生成新的职位族（Job Family）或知识集群。时任苏黎世保险首席人力资源官的戴维·亨德松（David Henderson）指出，公司"现在更多地关注可以在不同职位族之间迁移的技能。这又回到了员工规划上"。在此过程中，它们创建了一个由技能而非职位驱动的知识网络。[27]

亨德松还强调了技能提升和技能再培训在面向未来的组织中的作用。他说他们公司"倾向于培养当前的员工，使其能够胜任新的工作机会，而不是从外部招聘人员来获取新技能"。他指出，这种方法提升了员工的幸福感，使他们能够尽心尽力地工作。

我们的研究表明，那些正在利用这一事实的人同时也在研究如何重新设计工作，这样做不仅是为了给学习和发展创造空间，也是为了构建一个更加敏捷的人才模式——一个更有可能跟上变化的模式。

鉴于我们经营所处的高风险环境以及可见的技术颠覆，持续重塑的需求尤为关键。深入了解你目前拥有的技能是一个起点。学习管理系统（LMS）和人力资本管理（HCM）系统，如 Workday 和甲骨文（Oracle），正在被用来定义技能，而其他公司则在使用定制的、由人工智能驱动的人才技术（例如 Gloat、Eightfold 和 Skyhive）来引入他们启动人才市场所需的技能智能。它们中的一部分也在引入技能的成本预测。

毫无疑问，人才智能和人才市场正在成为推动许多技能型组织模式发展的技术，使获得新技能或有动力进行技能再培训、技能提升的员工能够接触到值得他们付出努力的新机会。这也让公司能够利用技能在公司内外部发现人才以满足业务需求。这样，当业务重点发生变化时，公司就能迅速调整人才结构。

这些系统使用人工智能来推进信息处理，从预测未来所需的技能到作为员工战略规划工作的一部分来模拟需求，再到推断员工目前拥有的技能，并帮助制定职业路径，用来填补与技能相关的工作缺口。人工智能还在推动个性化学习，并就学习哪些内容以获得有价值的技能集群提出建议。最后，随着生成式人工智能的出现，我们将看到，通过使学习更有影响力并缩短从发现基于技能的学习需求到创建可以帮助解决这一需求的课程的周期，学习效率得到了巨大提升。

尽管试点项目规模有限，但这些项目已经收到了回报。例如，渣打银行（Standard Chartered）在其实施人才市场项目（该项目鼓励员工每周花费一到八小时从事内部临时工作）的最初几年里，就节省了近 400 万美元。它们估计，对内部员工进行技能再培训并重新部署，平均要比外部招聘便宜 48 000 美元。它们的首席人力资源官塔努杰·卡皮拉什米（Tanuj Kapilashrami）表示："正是这种商业影响会让企业领导人和董事产生兴趣。"

同样，当施耐德电气（Schneider Electric）开始使用基于人工智能的技能市场平台后，通过主动向内部员工提供机会，它们留住了人才更长时间，从而在提高生产率和减少招聘费用方面节省了 1500 万美元。[28]

根据诺华的量化结果，作为综合技能型组织战略的一部分，人才市场在实施的第一年就获得了 370 万美元的价值。

综上所述，我们对 2030 年及以后的工作世界的想象看起来很快就会成为现实。公司将充满贡献者，他们的技能不断提升、不断进化，与能够激励他们的机会相匹配。毫无疑问，这会让贡献者一直贡献到他们的第三或第四份工作，并积累足够的财富，以确保他们在百岁之后仍能过上美好的生活。

员工领导者的行动呼吁

1. 建立你的技能智商

帮助员工明确他们今天拥有的技能以及他们未来需要什么技能才能保

持市场竞争力。询问如果他们转到相似职位可能还需要哪些技能。思考人工智能和自动化如何影响他们周围以及他们所在职能或行业中的工作。讨论技能发展的影响。

2. 营造一个包容的学习氛围

将绩效讨论转向基于技能的干预措施和新体验。利用人才智能洞察并与员工对话，了解员工的兴趣和愿望。在招聘和内部人才流动中，以技能培养为目标，更多地考虑非传统人才。

3. 将技能提升作为职位标准的一部分

弄清楚员工如何在工作流程中最好地学习。考虑敏捷团队中的职位，以及如何为尝试新事物或提升责任创造机会。通过人才流动、导师制和为特殊项目或其他临时工作机会投入时间来加速技能培养。记住，最好的学习往往发生在新想法和个人经验的交汇处。

高管和人力资源部的行动呼吁

1. 建立支持技能型组织的基础设施

明确技能的含义，并创建架构或分类法来围绕技能创建共享语言。考虑哪种类型的基于技能的模式（自我报告、学习导向、人工智能赋能、市场驱动）最能支持你的业务目标。确定你需要从相关技术（从战略员工规划到评估和认证，再到职业路径规划和内部招聘）中获得哪些功能和优势，并制订获取这些技术的方案。

2. 在你的薪酬策略中加入技能要素

使用技能定价信息来预测人才成本，并利用基于技能的市场数据进行内部人才薪酬调整，而不仅仅是用于招聘。利用这些数据，帮助组织规划未来技能培养方面的工作。

WORK

DIFFERENT

第九章

供应链被解锁

参加音乐会时，你经常会看到某位乐队成员进行长时间的独奏，就像枪炮与玫瑰乐队的索尔·哈德森（Slash）或金属乐队的柯克·哈梅特（Kirk Hammett）那样。在撰写这本书的过程中，我们某种程度上也变成了一个乐队，我们考虑称自己为美世三人组，但我们也欢迎大家的意见。所以，本着这种精神，我们要将聚光灯转向自己的乐手，伊利亚，他将"即兴演奏"一个我们都热衷的主题：人才供应链。

虽然我们三个人都参与了撰写"这首歌"，呃，是这一章，但我们认为你会喜欢伊利亚就此主题所作的演讲。为了充分感受，请想象他在舞台上，戴着耳机麦克风，指着他身后屏幕上的幻灯片。他不会拿吉他，但这场秀将会非常震撼。

开始吧，伊利亚！

创新、再就业和薯片

我们现代最先进的人力资源实践似乎在很大程度上受到了领先科技公司的人才战略创新的影响：谷歌、Facebook、微软、Salesforce，等等。想想那些前卫而慷慨的福利政策、校园式的员工体验、工作弹性、高薪、海量招聘、绩效管理、激励计划、人才培养项目。在很多方面，科技行业领先并不令人意外，因为创新和创造力往往源于需要。对于这些身处硅谷或其他竞争异常激烈的劳动力市场中的公司而言，吸引和留住人才实际上是生存问题。

长期以来，这些在人才战略方面看似不可撼动的公司，现在面临着与传统成熟行业领先雇主相同的脆弱性和挑战。TechCrunch 提到了Facebook、谷歌、亚马逊、Salesforce 和金融科技初创公司等仅在 2023 年1 月至 3 月期间就裁员超过 16 万人，这是一场对整个行业的"清算"。[1]

对这些裁员的解释是领导层承认过度招聘人才，但同时对需求的下行却预计不足。

虽然对于科技行业来说这是一次相对较新的经历，但是大多数依赖人才的企业已经不得不应对这种平衡问题几十年了。图 9-1 说明了在知识驱动型行业中同步人才储备与市场需求所面临的永无止境的挑战，以及大多数知识型企业采用的保守方法，以避免通常以痛苦的裁员计划告终的员工增长的繁荣 – 萧条周期。保守主义完全是在等待市场需求的信号，并在需求曲线之后而不是之前进行招聘。

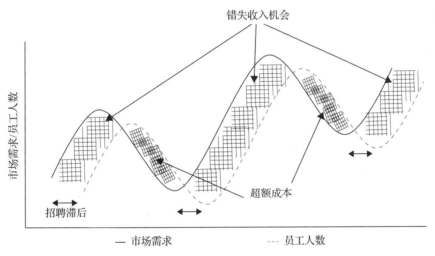

图 9-1 知识型企业招聘实践：员工人数滞后于市场需求

这种招聘中的保守主义的代价是，在经济上升期，组织难以充分满足市场需求。它们要么没有足够的优质人才，要么没有招聘到合适的人来充分利用它们所拥有的机会。于是，它们开始进行大规模的人才招聘，希望赶上市场的步伐。然而，由于未能预见到经济衰退，它们可能会过度招聘，因为它们没有足够快地意识到市场正在发出需求下降的信号。当公司发展过快、过猛时，最终会承担相对于市场过高的成本，并被迫裁员。就招聘与成本而言，挑战在于如何使二者同步，而这非常困难。

我将此比作供应链专业人士一直以来面临的挑战：如何进行优化，并确保在正确的地点和正确的时间提供适量的生产投入、商品和服务，以精准满足市场需求。

我们在封控期间以及之后一段时间的发现是：如果没有员工，我们就无法开展业务；如果没有足够的员工，我们就无法满足市场需求。由于潜在的贡献者对是否真的愿意参与并成为这个供应链的一环表现出前所未有的挑剔，这就让问题变得更加棘手。

这些都是供应链专业人士一直面临的问题。由于供应链的韧性在疫情期间受到考验，预测、数据分析和交付模型等问题变得更加突出。鉴于我们这个时代面临的挑战本质上是人才稀缺或缺乏满足客户需求的技能资源，这引出了三个问题：

- 我们能从供应链韧性中学到哪些教训，并将其应用到我们的人才管道中？
- 供应链管理如何为应对当今的人才挑战提供新的工具？
- 供应链思维如何帮助我们更好地管理自身的人才供应问题？

在我们深入讨论人才问题之前，让我们回顾一下 2021 年现实世界中的供应链混乱。你还记得超市货架上空空如也的画面吗？还有空荡荡的停车场？以及堆满货物的集装箱码头、堵塞的航运通道？

我们不得不应对全球平台经济赖以生存的商品和服务的流通速度减缓，在某些情况下甚至是停滞，乍一看，人们可能会认为疫情封控是造成供应链断裂的唯一罪魁祸首，这可以理解，因为它迫使所有人在几个月内待在家里，所以我们把它视作供应链的杀手是很正常也很合逻辑的。但它并非唯一的原因。

肆虐的病毒、史无前例的恶劣天气以及明显的劳动力短缺，三者共同形成了一场风暴，导致全球供应链断裂。一个特别令人心碎的例子发生在印度，那里的病例激增，人们病得太重，无法在生产工业氧气的工厂工作，而这是治疗该病毒呼吸道症状的关键资源。[2]员工无法工作来生产足够的氧气，而没有足够的氧气，他们的健康状况也无法改善——这是一个恶性循环。

但是，让我们更多地谈谈天气，它对供应链断裂造成的影响并没有得到足够的关注。除了在2021年7月全球经历了有记录以来最热的一个月外，[3]我们还见证了全球范围内四次损失超过200亿美元的重大气象灾害。[4]欧洲夏季洪水导致了该大陆历史上损失最为惨重的天气灾害，总损失达430亿美元。再加上气候因素造成的其他破坏，如飓风艾达、得克萨斯州寒潮和加利福尼亚州山火（总损失达990亿美元），难怪全球到处都是供应链断裂的情况。

这正是我们开始应对我们最终称之为人才市场失灵的时候。这里有一个例子。

在封控最严重的时候，很少有人乘坐飞机旅行，因此航空业解雇了大量员工，据估计，仅在美国就有超过40万名员工被解雇。[5]当我们能够再次飞行时，这些航空公司却无法让所有飞机都飞上天空，因为它们缺乏足够的飞行员、乘务员、行李搬运工或机械师来完成相应的工作。对于被裁员、被停职或者被直接解雇因而苦苦挣扎的员工来说，幸运的是，他们很快发现自己的技能可以在其他组织中得到应用，而同时这些新组织能够提供更有趣的工作和更有吸引力的员工价值主张。

一旦飞机获准飞行，这些员工中有相当一部分被要求返工。但是，如果他们找到一家待遇更好的公司或者一份更有吸引力的工作，他们为什么要回去呢？

现在让我们思考一下本地的情况。记得我们被封控时，杂货店的货架空空如也的情况吗？那是因为没有足够的司机将食品送到杂货店，或者没有足够的制造商生产食品。恐慌性购买无济于事。酿酒厂也面临着类似的问题。

　　无论如何，一边是数以百万计的人失业，而另一边则是需要数以百万计的人的组织，是的，这两种情况同时存在。供需之间存在不平衡，但没有人可以说"不存在人才"——只是没有一种方法能把合适的人才送到需要的地方。

　　俗话说，危机孕育创新，人才市场正是如此。整个 2021 年，我们探索了一系列以前未曾尝试的新颖想法，希望这些创新能够解决人才市场失灵问题。最显著的创新之一是一个名为 People + Work Connect 的人才匹配平台，该平台由 ServiceNow、弗莱森电讯公司（Verizon Communications）、埃森哲（Accenture）和林肯金融集团（Lincoln Financial Group）的首席人才官组成的联盟创建。[6] 以下是埃森哲对该平台的解释：我们在 2021 年推出了 People + Work Connect，以帮助人才市场恢复正常运转。去年，我们开发了这个免费的在线平台，帮助有人才需求的公司与代表"隐形员工"的社区组织联系。这些"隐形员工"渴望工作，并拥有或可以发展雇主所需的技能，只要那些雇主能找到他们。[7]

　　这个平台的运作机制是这样的：一方面，当万豪酒店（Marriott）在封控初期关闭时，它们让数万名员工停职，由于没有人旅行，没有人需要酒店，因此也不需要酒店工作人员。[8] 另一方面，像美国的净菜电商蓝围裙（Blue Apron）和食品公司菲多利（Frito-Lay）这样的组织却找不到足够的人才，因为当我们被困在家里时，许多人都希望能有送上门的菜品和零食。上述联盟的想法是，被停职的万豪员工将登录这个新平台，在那里，他们会看到菲多利食品公司急需人才。当然，酒店业专家可能对零食行业一无所知，但好的员工在哪里都能胜任。如果你能将他们安排到类似的职位上，无论在哪个行业，员工、他们的前雇主和新雇主都会因为他们的才能流向需求而获益。在许多案例中，这种创新方法让原本会被停职其至裁员的员工获得了新的工作机会。

为此，我们现在看到技术的使用正充满着前所未有的创造性。麦肯锡（McKinsey）和 Eightfold AI 的团队提出了一个类似的想法，但技术含量更高。[9] 他们利用人工智能的力量和潜力，帮助识别有人才需求的组织、职位以及所需的技能、能力和经验。他们同样将人工智能应用于失业和停职员工的工作及经验档案分析上。当算法开始工作时，事实证明人工智能在匹配人才和雇主方面效率惊人。

危机也常常带来重塑。不断增加的裁员和上升的失业数字让再就业行业有了用武之地——毕竟，它们整个行业的目标就是解决人才市场失灵问题。

在这样的背景下，人们可能会认为再就业行业会蓬勃发展，因为大量员工失业，同时大量雇主有工作需要完成。你可能会认为人们会排起长队使用这些服务。毕竟，求职者所要做的就是走进再就业机构的办公室，在那里他们会接受一系列的培训，包括如何写简历、如何在面试中表现自己，以及如何建立关系网以找到工作。

你想错了。

事实证明，在一个保持社交距离成为常态的时代，很少有人愿意带着自己的 N95 口罩走进一个陌生的办公室，他们认为整个过程太不方便、太过时、不够安全，甚至不值得他们花时间。

还有一个更根本的问题：传统的再就业是劳动密集型的，成本高昂，并且往往针对中高级管理人员，这是一个高收入群体，因此能够承受更长时间的失业。而劳动力的更大部分，数百万被裁员或停职的员工，主要包括那些只能自己想办法生存的人，他们不得不仔细研究领英和 Indeed 上的招聘信息。使问题复杂化的是，有些组织从一开始就认为使用人工智能的成本太高了。

你猜如何：再就业机构创新了，特别是通过数字化转型。

你不再需要长途跋涉穿越城市去见你的就业指导专家。在客厅里，你就可以登录机构的门户网站，并与任意数量的顾问或专家进行对话。你可以进行模拟视频面试，为真正的面试做准备，然后观看回放，评估自己的回答质量。你可以回答 50 个、100 个甚至 1000 个样本问题，进一步为你与未来老板的会面做准备（祈祷一切顺利）。你可以在穿着睡衣躺在沙发上放松的同时，提高求职能力。这些工具通常链接到招聘网站，所以如果有与你正在寻找的工作类似的职位，你的智能手机上就会弹出该职位。你甚至不必去找工作，工作自己就来了。

朋友们，这就是解决人才市场失灵的方法。

牛鞭效应

在封控期间，就像世界上数百万人一样，我家（伊利亚家）购买了一台 Peloton 动感单车。[10] 和全世界千千万万人一样，尽管我怀着最健康的初衷，但我并没有充分利用它。（好吧，事实是我完全停止使用它了。恕我直言，Peloton 确实制造了一个了不起的产品，但事实证明我更喜欢跑步机。）

我提到这一点是因为我想讨论 Peloton 在疫情前后以及期间所经历的起伏，这为我们提供了一个有关传统供应链和人才供应链在疫情时期中断的现实案例。

Peloton 在 2013 年推出了第一款动感单车。不久后，它们开发了一款内置平板电脑的动感单车，可以与互联网连接并提供在线课程。这款产品大获成功。2019 年年底，Peloton 上市。当 2020 年疫情来袭时，全球健身房都关门了，家庭数字健身行业蓬勃发展，Peloton 是主要受益者之一。当年第四季度，公司的销售额同比增长 172%，但巨大的增长也带来了巨大的问题——供不应求。于是 Peloton 投资超过 1 亿美元用来空运而非海运感感单车。[11] 公司还收购了一家中国制造商，以及它们在美国的健身行业竞争对手 Precor，后者为它带来了在美国本土的制造能力。

但这无济于事。

2021 年，公司亏损了 1.89 亿美元，到 2022 年年底，公司从其顶峰时期的 8000 名员工中裁员超过 5000 人，亏损了 28 亿美元，这一切都是因为公司未能预见到需求的激增或供应链的中断。[12]

事后看来，我们很容易说 Peloton 在提高产能以及满足它们认为的无穷无尽的需求方面投入了大量资金，做出了一些疯狂的决策。但就像许多科技公司一样，它们做得太过火了。

毫不意外，需要应对这一挑战的，不仅仅是科技公司。在英国，Made.com 在供应链问题的困扰下，为了生存，裁掉了三分之一的员工。[13] 仅仅在上市一年后，它们的股价就暴跌了 98%，很明显，它们失去了客户的信任以及公司的人才。该公司在人们在网上购买家具的时候加大投入，但随着长期需求下降，它们又一次未能及时调整自己的业务和人才模式。从作为创新者被推上新闻头条到随后被 Next 收购，整个过程只用了 10 年时间。

在供应链实践和理论中，这种现象非常普遍，以至于有一个专门的术语来描述它：牛鞭效应（Bullwhip Effect），这意味着你过度投机，结果被困在一大堆供应和成本中，但没有相应的需求。Peloton 犯了错误，而 Made.com 无法扭转局势，这两家公司都未能避免牛鞭效应带来的影响。

牛鞭效应是那些在热门趋势或潮流中的公司才会陷入的陷阱吗？不。正如 2023 年向我们展示的那样，即使是那些登上各种最佳雇主名单的公司也会受到影响。当牛鞭效应的陷阱口突然收紧时，这些公司——如今似乎大多数都在科技领域，看起来也不再像是最佳雇主了。

回到科技领域，2023 年是动荡的一年。面对不确定的经济前景、半导体需求的下降、社交媒体平台和人工智能驱动的搜索被颠覆，2023 年成了效率之年。Meta、谷歌、微软和 Salesforce 等公司一共裁员了数十万人，这是人才市场失灵的另一个例证，这个例证促使我们美世团队提出了大量问题：

- 这一切是如何出现问题的？我们为什么没有未雨绸缪？
- 我们如何确保自己能够从供过于求中吸取教训，不再重蹈覆辙？
- 我们如何确保未来不会过度招聘或招聘不足？
- 我们如何更灵活地将人才从低需求领域转移到高需求领域？
- 我们如何实现并保持人才供需之间的和谐？

幸运的是，我们找到了解决方案。事实上，我们认为有五种解决方法可以改变企业及其员工的命运。以下是企业解决人才供应链问题的方法。

1. 战略性员工规划

是的，我们知道，规划是为了避免出错，不再错失机会。实际上，我们反复看到公司倾向于放弃战略性员工规划。借口包括时间不足——"运营层面的员工规划已经够费时间了"，他们可能会这样说，以及认为这件事太难，而且缺乏具体的措施。真正的动机往往是拒绝做出可能会被追究责任的约束性假设。

实际上，在许多公司中，战略性员工规划通常被视为一项与业务关系不大的人力资源活动。这些公司通常缺乏对人力资源活动需要时间的理解——即使是关键职位的招聘，现在也通常需要几个月而不是几周，更不用说技能再培训和技能提升的活动，这些可能需要数年才能见效。毕竟，这是一条（人才）供应链。没有供应链高管会允许有人否认有效规划的必要性，然而，尽管忽视这一点会对业务和员工产生影响，但是它还是常被用来做事后补救而非提前预防。

战略性员工规划是业务部门与人力资源部门之间的一种标准化、结构清晰的对话。在这种对话中，两方会将关于业务增长驱动因素的假设与对技能需求的定性和定量分析相结合。然后，将这些与包括员工流失、退休和缺勤假设在内的供应模型相对应。更现代的系统使我们能够从技能而不仅仅是员工人数的角度看到需求，这反过来又允许我们对供应进行不同方式的建模（例如，临时员工、兼职员工、全职人力工时、更初级的人员、技能相近的人员、由人工智能辅助的人员）。如果商业环境发生变化，那就调整相关假设。其结果是尽可能准确地预测供应需求（包括相应的短缺和过剩），以及尽量减少其对业务执行的影响。这是一种人力资源与业务部门之间的契约，它创造了承诺并有助于确保人才管道的顺畅。这样就不会出现这种情况："我们需要 150 名数据分析师。""什么时候要？""下周！"

2. 保障及留任

你不能撒网捕风，不能去做徒劳无功的事，要学会未雨绸缪。它们的意思都是，你必须尽你所能去获得并留住最好的员工。正如我们所讨论的，正确设定薪酬水平比以往任何时候都更加关键，工作的弹性也非常宝贵。人们正在寻找着眼于未来的发展与成长机会。使命与文化的契合度的重要性前所未有。

随着员工的压力远超以往，雇主别无选择，只能解决缺勤问题及其对人才供应的影响。团队韧性与员工的健康状况及敬业度有关，即使他们不离职、脱节、长期休病假或残疾，以及人才管道中的意外空缺，都会从团队层面削弱韧性。

当你确保了人才供应链的安全，你就稳固了你的员工队伍，如果你需要通过解决他们的健康问题才能实现这一点，那么就妥善地解决这个问题。没有深入了解员工的健康状况，没有承诺解决有毒的文化，没有将员工放在首位，你就无法做到这一点。

3.多元化

在重新思考人才招聘策略时，你的公司——现在（希望）正走在保持健康且敬业的员工队伍的道路上，应该挑战现状。如果公司没有超越常规的视野，那么你当前和未来的潜在员工也一定会有，并因此离你远去。

接下来的问题看似无厘头，但请听我慢慢道来：你在2022年夏天去欧洲度假了吗？或者你希望去了吗？

如果你的回答是"去了"（可能实际上你是想说"没去"，因为对于欧洲旅行者来说，2022年是"行李丢失之夏"），那么请你回想一下希思罗机场、史基浦机场和法兰克福机场行李堆积如山的画面，这些画面凸显了人才短缺的影响。航空业在疫情期间削减了超过200万个职位，[14] 而在新的劳动力市场中，许多员工转行到其他行业并获得了更高的薪水和更好的福利。

快餐业也受到了显著影响。2022年夏天，在美国，如果你想顺路去麦当劳或汉堡王买薯条，很有可能那家店只提供得来速服务或者关门大吉了。事实证明，已经没有足够的员工有兴趣又有空维持餐厅运营了。

高端餐厅也面临类似的问题。预订簿被填满，并非因为所有的餐桌都坐满了，而是因为没有足够的员工来服务整个餐厅，因此可用的餐桌减少了。数字证明了这一点：Blackbox Intelligence（餐厅业绩管理平台）的报告称，在疫情期间，15%的餐厅员工已经转行，而33%的人想要转行。[15] 出于机会和必要性，更多的员工和雇主愿意冒险，赌一赌技能和经验可以从一个行业转移到另一个行业。

在这种情况下，雇主需要愿意去雇用它们以前不会考虑的人才，以开放的心态看待谁能在它们的组织中发挥作用并取得成功，接纳那些能扩大它们人才库的员工，从而使它们的公司实现多元化。让我们面对现实吧，去改进那些不受欢迎的工作，让员工对自己的待遇和薪酬有发言权。是的，要求学位和特定年资的招聘要求很快就被取消了，与此同时，公司也需要提升同理心，以关注员工的困境，并找出可以真正改善工作和他们工作体验的方法——加快向我们之前谈及的基于技能的人才实践转变。这样的处理方式既能改善决策质量，又能提高员工的韧性。

4. 垂直整合

领英的人才解决方案资源提供了各种人才市场趋势的信息，包括哪些类型的工作增长最快、需求最大。在疫情期间，应用程序开发人员位居榜首，在 2021 年第二季度到 2022 年第四季度之间，对应用程序开发人员的需求增长到之前的 13 倍。这个数字非常惊人。让我们来计算一下。

在疫情之前，公司如果只需要一个应用程序开发人员，那么现在这个数字上升到了 13 个。

如果那时需要 100 个，现在就是 1300 个。

或者从 1000 个增加到 13 000 个。

或者从 10 000 个增加到 130 000 个。

当你的公司在进行数字化转型之时，公司将在哪里找到所需的应用程序开发人员？更重要的是，公司如何负担得起这些人才的成本？鉴于需求激增，你可能需要为新员工支付高于之前水平 30% ～ 40% 的薪酬，即使你找到了人才，你也可能无法承担与其他同样缺乏人才的公司竞争的成本；而反过来，就算你能够雇用他们的话，无法支付更高薪酬或无法承担竞争成本又减少了你留住他们的机会。从供应链的角度来看，你该怎么办？

你要进行垂直整合。

在人力资源术语中，垂直整合基本上可以等同于通过培训、辅导和提供其他学习机会来优先发展内部人才，使员工能够提升自己的技能或进行技能再培训，而不是仅仅依靠外部招聘来填补组织的技能短缺。作为人才获取（培养）的主要手段，虽然培训一直被提上议事日程，但为了让其发挥真正的作用，组织就必须很好地了解自己拥有哪些技能、可以培养哪些技能以及人才何时准备就绪。这不仅仅是识别高潜力员工并为他们提供成长和发展的机会，还需要具有高度针对性，并且需要一种为所有员工提供持续学习和发展的文化。

这样做的目标是建立一个与组织战略目标一致的强大的人才管道，正如我们之前讨论的，它可以帮助推动长期的可持续增长和成功。培养人才是领导者在 2022 年转向的策略，因为大量招聘人才不再是一个现实或可持续的策略（例如，人才不存在，技能太昂贵）。而挑战在于，我们在外部劳动力市场寻找人才的工具和技术远比我们在组织内部识别并部署人才的工具和技术成熟。（这引发了 2020 年人才市场的爆炸式增长，以及技能提升和技能再培训的爆发。）

5. 为不确定性做准备

Peloton 做不到这一点。谷歌做不到这一点。亚马逊、微软或苹果也做不到这一点。

"这"意味着"预测未来"，这就是为什么你的公司必须对供需驱动因素有更深刻的洞察，并在响应方法上具备更高的灵活性——这至关重要。

根据贝恩（Bain）的研究，公司通过建立以下五种能力来缓解疫情带来的供应链挑战，并为不确定性更高的环境做准备：[16]

- 网络敏捷性，即构建一个由供应商和合作伙伴组成的灵活的生态系统，以帮助它们做出响应。
- 数字协作，即使用协作平台在团队之间快速地共享信息。

- 实时网络可视性，即让领导层能够更好地洞察供需趋势。
- 快速生成洞察，即通过机器学习和人工智能提高它们挖掘内部和外部大数据的能力，以提供早期预警信号。
- 赋能团队，即让团队能够对生成的洞察快速做出反应并制订计划以调动资源。

所有这些想法可以直接应用于人才管理领域，以增强韧性。

贝恩写道："先进的分析技术可以将供应预测准确性提高20%～60%，灵活的供应链网络对于帮助公司在压力时期最大限度地降低供应链中断风险至关重要。"人才生态系统也是如此，并且这些能力直接适用于此。

如果我们需要在需求上升时增加人才供应，并在需求下降时进行调整，我们就需要准确了解我们的供需驱动因素，最理想的情况是采用一种能进行深入分析并可视化呈现的工具，这样我们就能依据它提供的信息采取行动。同时，我们还需要灵活和创造性地思考我们的应对方式。

公司可以利用混合劳动力灵活地增加人才供应，混合劳动力由全职员工、兼职员工、工作共享者、顾问、零工工作者和代理机构员工组成，同时公司还可以利用内部或外部的针对临时员工的人才市场。

这种混合劳动力模型在医疗产业中尤为明显。在美国医院系统中，从2019年到2022年，合同工工时从1%上升到了6%，合同工成本也从2019年的占总成本2%增长到三年后的11%。这极大地影响了护理岗位，其中合同工护士的工资中位数从2019年的每小时64美元上升到2022年的每小时132美元。与此同时，全职护士的工资中位数在这段时间内仅从每小时35美元上升到每小时39美元。[17]

以下是我的亲身经历，凸显了为什么我们必须正确处理这个问题。

2022年11月，我（伊利亚）不得不前往当时正处于疫情高峰的德国。

在登上飞机之前，我知道自己必须接种最新的疫苗加强针。我在美国当地的药店预约了接种。根据新闻报道，当时接种的人并不多，所以，我并不担心会排队，我想我会很快完成接种。

我猜错了。当我到达药店时，看到 10 多个人的长队，心想，这可不妙。

半小时后，我差不多排到了疫苗接种室，听到里面有一位接种者与护士在争吵，接种者大喊："怎么这么久？你们为什么动作这么慢？我已经等了很久了！"

护士说："我在这里工作，我会按照我的节奏来做。如果你继续这样对我说话，我会马上离开。顺便说一句，我一点钟有午餐休息时间，我会休息完整的半小时，我不在乎外面有多少人等着！"

那个时候已经是 12:45 了，如果我不能在她休息前进去，我就只能再多等半个小时。幸运的是，在她午休前五分钟，我进入了疫苗接种室。

我本以为护士会是个不好说话的怪人，但我们却聊得很愉快，期间我了解到她不是药店的全职员工，而是一名合同工，因为药店找不到足够的护士来负责疫苗接种工作。她告诉我："今天本应有另一名合同工在这里，但她没有来。她甚至没有打电话告诉任何人她不来了，所以我不得不做两个人的工作。"

这解释了她的坏脾气。我说："只是出于好奇，你还会在一点钟休息吗？你不打算顾及那些一直排队等候的人吗？"

她说："我周一还要去另一家药店，如果那里不行，我会再去另外一家。我做这份合同工的薪水很高，如果我在这家药店得不到应有的待遇，我就会去这家连锁药店的另一家店，或者去它的竞争对手那里，它们也找不到足够的护士。而且，我不是唯一这样想的护士。"

女士们、先生们，这就是混合劳动力。（虽然管理不善，但仍然属于混合劳动力。）这件事让我清楚地认识到，在这种不确定的环境中，公司必须做好两项工作：

- 收集准确的供需数据。
- 制订灵活的计划以应对这些数据。

未能做好这两项工作，就会导致出现与上述案例中疫苗接种室内的争吵类似的情况，并让相关各方的未来充满不确定性。

那么，当你拥有准确的数据时，人才供需是否更容易匹配呢？

并非如此，这是一个永无止境的挑战。但如果你以同理心和善意去面对它——尤其是当你的使命是改善人本时代人们的生活时，它会让你感到充实，有些时候甚至充满乐趣。

也就是说，我们每周、每月、每年都会面临新的挑战。过去，我们从不担心人才供应链的脆弱性和中断问题，而现在我们仍在试图弄清楚如何驾驭不断变化的潮流。希望到时候，我们能拿回 2022 年夏天遗失的行李。

员工领导者的行动呼吁

1. 了解你的人才管道

员工患病、缺勤、不敬业，符合组织需求或多元化的员工意外离职，都会导致人才管道出现问题。设计工作时将员工福祉作为目标，让管理者明白他们有责任维护一个有效的人才管道，并为未来建立一个稳健的人才继任计划。

2. 尝试雇用非传统人才

挑战自己，思考如何在招聘中突破大学毕业生等传统限制，招聘多元化的员工，以增强人才供应。考虑不同级别、不同背景、不同地点或采用不同工作方式（零工、兼职、工作共享、远程工作）的员工如何增强你当前的人才供应和团队的韧性。

3.培养多元化人才

确保在人才供应中实现年龄、性别和种族的多元化。这不仅有助于避免人才队伍僵化，让你更贴近自己的客户群，还能提高灵活性，因为处于不同人生阶段的不同人群对如何为团队做出贡献有着不同的偏好。

高管和人力资源部的行动呼吁

1.参与最广泛的人才生态系统

专注于需要完成的工作和任务，而不是目前在职位上的员工。建立管理混合团队的能力，以管理由全职、兼职、借调和远程工作者，以及零工员工和供应商提供的人才组成的混合团队。

2.将供应链管理原则应用于人员风险管理

确保拥有准确的供需数据，以便进行员工规划。解决缺勤和福祉问题。多元化人才来源。垂直整合以优先选取内部培养而非外部聘用。通过采取措施，最大限度地提升员工的灵活性以应对不确定性。

WORK DIFFERENT

第十章

可持续发展始于以人为本

一个可行的未来

美世最近的一项研究表明，83.2% 的美国居民看过音乐剧《汉密尔顿》（*Hamilton*）。

好吧，美世实际上并没有做关于《汉密尔顿》的研究，因为我们正忙于深入研究《悲惨世界》的受众群体。但我们确实很熟悉音乐剧《汉密尔顿》的原声带，其中有一首歌总是让我们产生共鸣，那就是结尾曲：《谁生，谁死，谁来讲述你的故事》。

这首歌的核心信息是：你希望如何被记住？当世人审视你的一生时，他们会得出什么结论？你今天的成就在 50 年后还会被人尊敬吗？你是否尝试让世界变得更美好？你是把宝贵的工作时间献给了一家有所作为的公司，还是忍气吞声地为一家价值观与自己大相径庭的公司辛勤工作？

尽管伊丽莎·汉密尔顿（Eliza Hamilton）的丈夫亚历山大（Alexander）完全专注于财政事务，但她并没有在剧中直接表达关于商业世界的观点。不过，我们绝对可以将她所传递的信息应用到未来的工作中，甚至可以用一个我们认为堪称完美的词来概括，那就是：可持续发展。

在世界经济论坛创始人兼执行主席克劳斯·施瓦布（Klaus Schwab）与蒂埃里·马勒雷（Thierry Malleret）合著的图书《大叙事》（*The Great Narrative*）中，他们将可持续发展描述为"在满足我们自身需求的同时不损害后代满足其自身需求的能力"。[1]他们认为，虽然自然资本、人力资本和社会资本对"后代的可持续发展至关重要，但它们往往被物质资本所取代"。

原本，企业对短期内提高利润有着不健康的迷恋，很少去考虑它们的业务、方法、产品如何影响办公室以外的世界。但在近十年里，这种观念受到了挑战——越来越多的企业将可持续发展纳入自己的议题，与此同时，社会运动也在蓬勃发展，这已不仅仅是一时的潮流了。

这不再是少数理想主义企业家的事情。年轻一代贡献者们不是在询问，而是在期待企业对世界产生净正向影响。他们希望成为解决方案的一部分。

从理论上来说，采取行动来解决我们这个时代最紧迫的问题是很好的，但对企业进行全面的变革是一项艰巨的任务，因为当今社会是混乱的，而这种混乱正在扰乱商业世界。想想看：劳动力萎缩、不公平现象加剧、供应链断裂、生活成本飙升、通货膨胀持续恶化、银行倒闭屡见不鲜、地缘政治格局混乱、极端天气肆虐，这一切都将影响我们所有人。而我们在进行企业转型时，必须考虑到所有这些问题。

哎！

那些抱着"一切照旧"心态的人，那些否认气候变化的人，那些唯利是图的领导者，以及那些根本不在意自己圈层之外发生了什么的人，终将被淘汰。从长远来看，他们将会像恐龙一样灭绝；客户、股东和监管者将成为他们的掘墓人。但另一个利益相关者群体——员工将产生更直接的影响，因为我们的企业是由人来驱动的。

随着公司声誉成为吸引人才的最强驱动力之一，无论你在"对商业有利"或"对世界有利"的辩论中站在哪边，对环境、社会责任和公司治理问题视而不见，未能站在所有利益相关者的角度来看待公司的实际影响，从而重新评估公司在世界中的价值，都是不可取的。

如果你的公司在这一点上感到压力重重，那你并不孤单。尽管人们都在讨论世界将如何重启并带来一个更加公正和包容的未来工作环境，但在2023年，许多员工表示，他们的公司并没有满足他们的需求和期望。这并不奇怪，因为目标已经发生了变化。[2]

越来越多的人意识到，我们的工作方式以及社会和经济的发展方式有问题。如果我们不介入，这个时期的裂痕将在未来许多年里产生影响，因为在撰写本书时：

- 全球气候危机在所有长期风险中占主导地位，联合国宣布："一个多世纪以来，化石燃料的燃烧，以及不平等、不可持续的能源和土地使用方式，已导致全球气温比工业化前水平上升了 1.1℃。极端天气事件发生得更频繁，影响也更剧烈。"[3]

- 在世界经济论坛发布的《全球风险报告》中，高管们将生活成本危机列为这个时期（2023 ～ 2025 年）的全球第一大风险[4]。生活成本危机对低收入家庭造成了额外 1% ～ 4% 的不成比例的影响，并严重阻碍了发展中经济体的发展。[5] 供应链和超大量工作外包进一步加剧了全球的贫困现象。[6]

- 国际劳工组织（International Labour Organization，ILO）估计，世界上 90% 的劳动人口未被纳入完善的养老金计划。[7] 国际保险经济学研究会（Geneva Association，又名日内瓦协会）估计，对那些确实有养老金的人来说，全球养老金缺口为 41.1 万亿美元。[8] 每六个超过 55 岁的英国人中就有一个没有养老金，[9] 每四个超过 58 岁的美国人中就有一个没有养老金。[10, 11] 这对人们是否能体面退休造成了威胁。鉴于许多国家在职员工与退休员工的比例缩小，养老金危机将影响我们所有人。

- 世界经济论坛估计，劳动力性别平等指数为 62.9%，这是自该指数诞生以来的最低水平。[12] 它预计，我们还需要 134 年才能实现完全平等（相比于疫情前预计的 100 年有所增加）。这意味着在我们的有生之年，甚至我们孩子的有生之年，都无法实现完全平等！

- 在疫情期间，我们社会的更广大阶层忽视了基本健康和福祉，然而并不是每个人都有健康保险，更不用说预防性护理了。2022 年，非传染性疾病导致了全球 74% 的死亡，终生癌症风险高达 50%，15% 的在职员工有心理健康问题，这些都是令人严重关切的问题。[13]

- 根据国际劳工组织的数据，到 2023 年，可能会有 2.08 亿人失业。

而体面的工作和社会公正是人们最关心的问题，因为未来人们将接受收入更低、更不理想的工作。[14] 他们还预测，由于人口老龄化，以及那些拥有年轻人口优势的国家的年轻人受教育程度不足，人才供应将会减少。

伊丽莎·汉密尔顿不会对这种停滞不前的状况感到高兴。

这些不平等不仅仅体现在紧迫的道德和社会问题上——它们对确保经济可持续增长至关重要。鉴于组织有能力塑造我们的世界，它们拥有一个巨大的机会通过提升其业务与人员实践的可持续性来降低这些风险。这不仅仅是对明天的投资；美世的研究表明，96% 的员工希望他们的公司能够推行可持续发展目标。[15]

显然，人本时代已经来临，如果我们要推动这个时代的发展，就迫切需要重新审视我们是如何评估人们所处环境的。要在这个时代取得成功，不仅要确保各机构不造成任何伤害，还要积极参与变革，促进员工、雇主和经济的健康发展。正如我们在前面提到的，人力资源是一种有限的资源，因此需要以可持续的方式对待它。接受并拥抱这一真相的组织将成为可持续发展的组织。

大多数领导者都在谈论可持续发展业务与人员实践的必要性，但空谈无益，在商业领域，可持续发展话题是言行最为不一致的话题。对许多公司来说，可持续发展只在少数几个企业职能部门中有所体现：首席可持续发展官所在部门，多元、公平和包容部门，以及企业社会责任部门等。这从根本上说并没有错，它们确实推动了关注，确定了预算，并要求采取行动，但这正是公司网站上宣传的可持续发展理念有时无法触达每一位员工的原因。这种可持续发展缺乏动力，因为它既没有融入企业形象，也没有贯穿于预算编制和报告中，更没有成为我们日常理解的合作的一部分。而如果我们要让可持续发展理念触达公司所有人，就必须这样做。[16]

我们在数字化转型方面也看到了类似的趋势。首席数字官和数字办公室的设立给人留下了"这种活动仅局限于组织中的一小部分人"的印象，同时也使得人们未能及时认识到数字化必须扎根于公司方方面面并体现在所有员工的数字能力中。

将可持续发展理念融入公司价值层面的先驱是巴塔哥尼亚（Patagonia）的创始人伊冯·乔伊纳德（Yvon Chouinard）。[17] 他对自己的生活和企业进行了规划，以体现其家族对可持续发展的核心承诺。公司采购有机材料，在工作时间为员工提供托儿服务，并定期资助环保活动。在他的书《冲浪板上的公司》（Let My People Go Surfing）中，乔伊纳德解释了在人生最黑暗的一天（1991 年经济衰退期间，他不得不解雇 20% 的员工的那一天），他意识到："公司已经超出了其资源和限制范围；我们变得像世界经济一样，依赖于无法持续的增长。[18] 我们不得不重新思考我们的优先事项，并采取新的做法。我们不得不开始打破常规，因为无节制的增长会危及使公司成功至今的价值观。"

乔伊纳德认为，如果他的公司要在未来 100 年内继续经营，就必须采取一种更好的经营方式，一种符合利益相关者的利益的方式，以应对生存能力、人类体验、生物和文化多样性以及健康地球等方面的挑战。[19] 以下是构成巴塔哥尼亚理念课程基础的一些基本价值观，在这些课程中，领导者向员工传授如何确保他们的日常决策以价值观为基础：

- 所有决策都要着眼于环境危机以及如何解决环境危机。
- 将产品质量置于短期潮流时尚之上。
- 通过支持所有利益相关者社区的成功来促进环境的可持续发展。
- 追求盈利，但不将其放在首位。
- 捐赠总销售额的 1%（或利润的 10%）来帮助抵消企业运营对环境造成的危害。

- 在保护商业机密和个人隐私的同时，兼顾透明度、协作性、简洁性、创新性和生产率。

如今，巴塔哥尼亚因其商业道德而备受尊敬。2022 年，乔伊纳德和他的家人将价值 30 亿美元的整个公司捐赠给了一个特别信托基金和一个非营利组织。[20] 该非营利组织将把巴塔哥尼亚的所有利润用于应对气候变化；由乔伊纳德家族成员和顾问运营的信托基金将确保企业继续承担社会责任。通过将可持续发展理念融入业务，乔伊纳德确保了他所产生的影响将在他去世之后继续延续下去。

这就是为什么我们以穿着巴塔哥尼亚的 Downdrift 夹克为荣，尤其是当我们身处永远阴雨绵绵的伦敦的办公室时。

我们有能力创造更美好的明天

如果你是员工，可持续发展对你来说意味着什么呢？

如果你是管理者呢？

或者，如果你是领导者呢？

又或，如果你是投资者呢？

可持续发展就是边走边嚼口香糖，就是多任务处理，就是边抛边接的杂要。或者正如乔伊纳德所描述的那样："以非常规方式开展业务的实验。"可持续发展显然不是仅仅将"不伤害"或"行善"的态度植入公司的基因，而是要有意识地选择并设定目标，做出战略决策，为所有利益相关者带来积极的成果。与巴塔哥尼亚将其价值观理论转化为员工学习的方式一样，它需要一场运动来创造一场变革。

这里有几个术语——环境的可持续发展、社会和人的可持续发展、企业的可持续发展，正如巴塔哥尼亚的"三 P 真言"所说：地球（Planet）、人（People）、利润（Profit），其关键在于平衡所有这些方面的进展。当企业没有蓬勃发展时，环境问题往往会被置于次要地位。而没有繁荣的劳动力市场，企业就会岌岌可危，人们的收入也会受到影响。当我们的所有资源都被消耗殆尽时，人和企业都将不复存在。

1. 环境的可持续发展

洪水、火灾以及其他由人类活动引发的气候变化迹象日益严重，[21] 这些都直接或间接地影响着我们的企业。国际组织一致认为，这些都是需要干预的严重环境风险：欧盟要求企业从 2024 年起报告其可持续发展业绩报告，[22] 联合国呼吁企业到 2030 年将碳排放量减半，以履行《巴黎协定》。[23]

公众对气候问题的关注度提升已经引发了变化，在此感谢格蕾塔·通贝里（Greta Thunberg）。世界各地的企业意识到环境的可持续发展不仅仅是现实生活中的一首合唱的赞美诗，它不但对我们自身的生存至关重要，而且也是保护未来劳动力的关键。然而"绿色沉默"——出于压力，企业在践行可持续发展的同时却不公开其成果并对气候议题保持沉默，现在正在全球范围内通过更加微妙的销售和营销计划来推动可持续发展。

不过，光有承诺是不够的。气候转型规划需要大量的技能提升和工作重新设计。2023 年世界经济论坛确认，对绿色转型和减缓气候变化的投资正在推动行业转型，因此也是创造净工作岗位的最强驱动力之一。[24] 此外，到 2027 年，可持续发展专家和环境保护专业人员等通用型可持续发展岗位预计将分别增长 33% 和 34%，这意味着将新增 100 万个岗位。但正如领英联合创始人艾伦·布卢（Allen Blue）所指出的："当你观察绿色技能在全球的分布时，不难发现它们主要集中在全球北部和世界上最富裕的国家。"[25] 这是商业领袖将他们的投资和人才战略转向一个更加公平、更可持续的未来的机会。

2. 社会和人的可持续发展

想想企业对员工、合作伙伴、客户和社区的依赖程度有多深，很明显，影响这些人群的社会、财务和健康问题也会是对企业的威胁。从职业倦怠到围绕薪酬和工作条件的抗议，再到技能短缺和躺平（以及真正的辞职），困扰组织的大多数问题都归结为长期内不可持续的人员实践。

是的，因薪酬问题引发的罢工占据了新闻头条，但就像生活中的许多事情一样，这往往是临界点。不满的根源往往是尊重和工作条件方面的问题。从导致剧本作家抗议的零工经济，到受外卖平台摆布的骑手们的罢工，不可持续的工作方式正在受到质疑。

在个人层面，人的可持续发展关系到员工的个人健康、福祉和精力消耗。随着人才战略转向更多临时员工和项目制工作（预计到 2030 年将占美国劳动力的 50% ～ 80%），[26] 越来越多的人失去了获得医疗保健和社会福利保障的机会。多年来为了满足过高的期望而长时间工作，导致员工出现了心理健康问题，包括压力过大，最终发展成职业倦怠。正如千禧一代呼吁气候改革一样，Z 世代现在正呼吁关注环境、社会责任和公司治理中的社会责任，将心理健康、妇女问题和社会公平列为他们的首要议题。[27]

在企业层面，这就是要将循环经济的理念应用到员工身上，思考如何才能确保员工保持就业能力，并弄清楚我们需要做些什么来确保公司不会受到"牛鞭效应"的影响，以及在公司转型的过程中，员工仍能保持尊严、活力和健康。为此，世界经济论坛要求各公司宣布其实现"良好工作"的意向，以确保经济的可持续发展。[28]

在社会层面，人的可持续发展指的是整个社会的长期生存能力。它取决于社会经济因素，如公共卫生、收入和经济机会。对少数群体和高危人群来说，这些因素往往并不理想，而疫情和随之而来的生活成本危机只会让情况变得更糟糕。然而，当被问及不断上涨的企业成本时，2023 年大多数高管仍然表示他们计划将这些成本转嫁给消费者……是的，我们听到了来自美世总部的沮丧的扶额叹息声。[29]

3. 企业的可持续发展

全方位推动可持续发展不是一种非此即彼的方法。是的，企业可以为人类和地球做得更多，但正所谓"巧妇难为无米之炊"。如果我们的业务无法持续，我们就无法造福于个人、社会、经济和环境。即使是巴塔哥尼亚团队也将追求利润列为公司的几个关键价值观之一。没有支付能力就没有可持续发展，这包括对员工及其医疗保健的支付能力。

如果从可持续发展的角度来审视我们的公司，我们就能找到利用商业引擎造福社会的方法。今天，投资者和领导者正在推动组织在定位和结构上更加深思熟虑，以产生最大的影响。他们希望了解环境、社会责任和公司治理的目标，这取决于政治气候、可持续投资和影响力投资，而最近，随着环境、社会责任和公司治理中的社会责任成为更大的风险，他们更想评估企业抵御未来冲击的韧性。

从很多方面来说，企业的可持续发展就是要确保企业在未来的首席执行官、股东和董事会的掌舵下继续保持蓬勃发展。但是，如果没有健康、技术熟练的劳动力，没有安全、低风险的基础设施环境，没有越来越以人为本的社会对企业的积极评价，这一切都不可能实现。

我们可以得到"良好工作"

如果企业议题和人员议题是相互交织的（全球 85% 的高管都认同这一点），如果品牌和声誉对人们选择是否加入一家公司有极大的影响（2022

年，品牌和声誉的吸引力从第 9 位上升到第 2 位），那么可持续发展就不能只在事后被考虑到。[30] 公司需要做出同时兼顾多个议题的战略决策。

这不仅对企业有利，这本身也是一份好工作。为了便于讨论，我们称之为"良好工作"。与环境、社会责任和公司治理一样，这正成为公司需要编织进其客户和员工价值主张的红线，只有这样，才可以在"人本时代"取得胜利。请参见图 10-1，了解相关议题之间的相互联系。

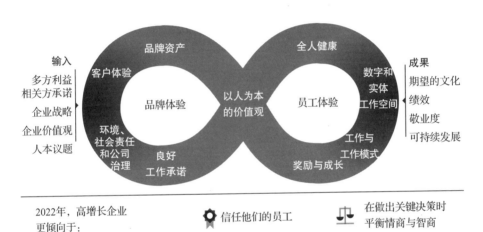

图 10-1　内外部的品牌一致性以及兑现承诺的生活体验，对于留住人才至关重要

在疫情期间，美世与世界经济论坛合作共同推进"未来工作"议题。来自世界各地的首席人力资源官们每周召开一次会议，分享正在发生的事情并讨论未来。正是通过这些讨论，我们清楚地认识到，我们正在进入一个不同的时代。正如我们与世界经济论坛在 2022 年共同撰写的《未来工作议题正在重置：围绕更加以人为本的价值观进行重置》一文所述，这标志着我们所说的"人本时代"的到来。[31]

为了将这一洞见转化为行动，世界经济论坛联合了一批领先企业设计了一个框架，以帮助其他企业建设一个更加公平、包容和公正的未来工作环境（见图 10-2）。该框架诞生于这些讨论，随后于 2022 年 5 月推出，世界经济论坛还在 2023 年达沃斯年会上向商界领袖分享了相关标准和报告。

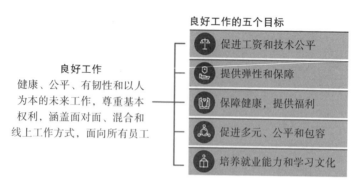

图 10-2　良好工作框架

这五个目标涵盖了组织与其员工之间关系的大多数方面，并延伸到公司对其人才生态系统（包括临时工、供应商、合作伙伴以及公司所在市场）的影响。要求是：公开承诺实现"良好工作"目标，哪怕只能实现其中几项，也要为员工带来切实的改善。

举例来说，良好工作联盟（Good Work Alliance）的合作伙伴设定了一些雄心勃勃的目标，以激励其庞大的资源——人力和其他资源致力于推动可持续的未来（见表 10-1）。以下是 2023 年良好工作联盟成员对其员工所做的一些承诺：

- 联合利华承诺对所有员工进行技能再培训或技能提升，以便到 2025 年，公司可以拥有一套适合未来的技能组合。[32] 他们还承诺帮助 1 000 万个年轻人掌握基本技能，并在 2030 年前向所有人提供弹性工作模式。[33]

- 施耐德电气承诺，到 2025 年，确保每位员工的工资不低于基本生活工资，提升招聘中的性别多样性（达到 50%）以及领导层中的性别多样性（从 30% 提高到 40%），并对员工进行技能再培训或技能提升，使其为未来做好准备。[34]

- 安联（Allianz）确保员工每周学习 1 小时。[35] 他们还承诺，将根据"良好工作指数"（Work Well Index）提高员工的整体福利水平，并在 2024 年年底之前实现至少 38% 的高管职位由女性担任。[36]

- 诺和诺德公司（Novo Nordisk）承诺每年将员工报告中的压力症状改善 10%，并将其中的工作相关疼痛状况改善 5%。[37]

表 10-1　世界经济论坛截止到 2023 年的"良好工作"核心目标和扩展目标

目标	核心目标	扩展目标
目标 1： 促进工资和技术公平	确保所有人获得基本生活工资	• 支持员工代表和争议解决程序 • 以负责任的方式部署技术 • 以负责任的方式使用人工智能和数据
目标 2： 提供弹性和保障	在可能和适当的情况下，使所有员工都能从弹性中获益	• 支持国家公共社会保障体系 • 支持获得福利 • 促进为独立工作者提供保障的解决方案
目标 3： 保障健康，提供福利	在工作中保障全人健康	• 保护员工在工作场所的身心安全 • 规定工作时间的可预测性和界限 • 确保员工在工作中有使命感和价值感
目标 4： 促进多元、公平和包容	确保员工构成情况反映了运营市场情况	• 推动同工同酬和平等条件 • 促进包容性参与，建立包容性文化 • 确保全球领导团队构成情况反映员工构成情况
目标 5： 培养就业能力和学习文化	为全体员工提供技能提升和再培训机会	• 营造持续学习的氛围 • 确保人才流程能够认可和奖励技能培训成果 • 建立用于人员重新部署的系统和联盟

这一框架包括了一些我们以前未曾提及的目标，让我们就此分享一些洞见。

1. 目标一：促进工资和技术公平

我们已经谈到了人工智能伦理、数据隐私和数字鸿沟。那么让我们来谈谈这一目标的核心——基本生活工资。

尽管有研究表明，71%的公司认为其支付给员工的工资是基本生活工资，但我们知道这是一个谬误。[38] 许多公司将基本生活工资等同于最低工资，很少有公司深入了解其员工能否靠他们赚取的工资维持体面的生活。

如今，成熟经济体中的员工可能有着全职工作，但他们赚取的税后收入却不足以让他们过上体面的生活。当然，对体面生活的定义因人、因国家而异（取决于你每周购物车里会放入哪些商品）。但这种评估提出了新的道德和商业问题。全球农业公司雅苒国际公司（Yara International）是一家在为所有员工提供基本生活工资方面取得长足进步的公司。

2020年，雅苒国际公司着手确保为其12万名员工提供基本生活工资。一旦公司上下就基本生活工资的共同定义——基本、体面、舒适达成一致，公司就开始收集每个国家的生活成本数据，包括住房开支、赡养费和生活方式等因素，以确定工资是否能够确保公司在全球任何地方的员工都能过上体面的生活。

雅苒国际公司负责人员和组织绩效的高级副总裁罗南·马厄（Ronan Maher）在谈及这段经历时说，令他感到惊讶的是，虽然他们公司在世界某些地区"堪称最佳雇主"，并提供了优厚的福利条件，但公司发现一些员工的收入仍然低于基本生活工资。他指出，要扭转局面，需要集体努力，在股东、工会利益相关者和当地管理者之间开展教育并找到共识。[39]

2. 目标二：提供弹性和保障

我们之前讨论过新的工作节奏，但较少讨论员工保障问题；传统的福利和保障岌岌可危。据估计，到2030年，多达80%的美国劳动力可能是独立合同工。[40] 在工作时间的承诺、可预测性和学习机会等方面让全球范围内的临时员工和全职员工享有同等福利，需要成为劳动力等式的一部分。

全职工的福利条件往往优于其他员工，并且福利计划不能随着工作转移，如果不能打破这种传统模式，我们就可能在人才争夺战中落后。糟糟的是，我们可能需要为那些确实有副业的人提供福利，甚至是医疗保健、养老金和学习津贴，就像我们在前面提到的联合利华通过其独特的 U 工作模式为零工员工所做的那样。

3. 目标三：保障健康，提供福利

美世达信员工福利研究发现，虽然 88% 的组织声称拥有支持性文化并关心员工的健康和安全，但全球仅有 59% 的员工表示自己的福利能够满足需求。[41] 这是一个令人担忧的问题，尤其是保险公司报告称，晚期疾病的医疗索赔正在增加。[42] 此外，新的工作模式仍在测试之中，世界上许多地方的人口老龄化，以及社会上很大一部分人只有很少或根本没有医疗保险，这些都表明，确保健康的劳动力显然是所有人的当务之急。[43]

4. 目标四：促进多元、公平和包容

在我们的调查中，近一半的受访公司告诉美世，它们正在采取措施，确保其员工构成情况能够反映其运营市场的情况，但我们了解到，就像赚取基本生活工资一样，这种努力往往被夸大了。确保同工同酬、包容性参与和确保领导团队多元化构成反映员工构成经常被提上议事日程，但进展缓慢。然而，随着 Arjuna 资本等激进投资者越来越多地要求公司提供关注多元、公平和包容的证据，以及薪酬透明法和薪酬公平立法的出台，在世界许多地方，跨性别和种族背景的公平问题逐渐凸显出来。[44] 职业不平等与上文提到的健康不平等一样，是侵蚀我们人才梯队质量的另一场隐形危机。这表现为无法吸引某些劳动力群体、职业发展停滞不前，以及失去大量具备特定人口统计学特征的员工。这个问题在薪酬不平等中最为明显。正如我们之前提到的，对许多人来说，这种不平衡会通过养老金差距在退休后持续存在。[45]

作为一家专注于提供风险、战略和人才咨询服务的专业服务公司，威

达信对人才和文化在组织成长与可持续发展中的作用尤为关注。正如集团首席人力资源官卡门·费尔南德斯（Carmen Fernandez）所说："我们的员工就是我们的公司，因此，在我们的人才流程（根据360度反馈信息制订的选拔、继任和发展计划），以及薪酬平等优先事项上投资，是我们所能做出的最重要的投资之一。"2022年，威达信在其环境、社会责任和公司治理报告中称，其全球范围内的性别薪酬公平差距不到1%，而美国的种族多元化人才的薪酬公平差距也不到1%。费尔南德斯补充说："我们取得这一成果的关键在于，我们以管理财务业绩的严谨态度来管理我们的人才指标，并将人才战略、包容和多元纳入管理层和董事会会议的常规议题。"

5. 目标五：培养就业能力和学习文化

为全体员工提供技能提升和再培训机会是一个主要的机遇领域，到2023年，将有一半以上的公司提供这种学习机会，但如果我们要让所有员工为未来的工作做好准备，这还远远不够。[46] 正如我们在第八章中所讨论的，具有前瞻性思维的企业会将工作设计融入所有职能部门的日常运营：它们会向非传统人才开放职位；它们会为技能付费或部署灵活的薪酬模式；它们将绩效管理转变为认可技能成就；它们会部署向内外部员工开放的人才市场。一些公司正在从技能的可持续化转向现有工作的可持续化，从可持续发展的角度看待所有工作并增强它们，以与环境、社会责任和公司治理成果及可持续发展目标保持一致。

持续为转型而努力

坚持不懈地实现基本生活工资承诺、薪酬平等、向员工返还财富等雄心壮志是多年的历程，希望取得可持续进展的雇主可以将这一历程纳入其商业模式，以确保持续的可负担能力。

以可持续发展为核心，迫使我们重新思考我们开展业务的方式、组织架构和合作的模式。各组织在利益相关者参与方式、可持续发展、组织架构与治理、资源管理、人力资本披露以及资金等方面所做的决策，都体现了它们在可持续发展方面的进展。

利益相关者资本主义是许多可持续转型战略的基础，以确保其使命和目标服务于投资者、监管机构、客户和更广泛的人才生态系统。通过文化和战略传递公司的使命，并将其融入组织的日常经营方式，这才是真正实现可持续发展的关键所在。以下是其他公司在这一过程中取得的进展：

- 启程，指根据公司现状，提出假设，说明哪些行动和政策有助于实现一致认可的可持续的未来愿景。其中可能包括环境、社会责任和公司治理，"良好工作"承诺，以及利益相关者如何在全公司范围内承担责任并推动这些承诺的实施。
- 探索，指利用洞察力和基准，识别推动和阻碍公司实现更具可持续性的人员和业务模式的因素。制定明确的、数据驱动的战略以弥补差距，并为员工制定可行的、适当的可持续发展目标。
- 塑造，指制订既大胆又渐进的解决方案，并取得可衡量的成果，使可持续发展的业务切实可行。培养或获取适当的技能，以支持公司在未来几年内实现转型。
- 推动，指交付可持续的成果，将可持续发展融入组织的方方面面，从预算编制到高管计分卡，再到职位和文化价值观。分享进展（和不足），庆祝阶段性成果，这表明组织有意愿做得更好，并帮助员工努力产生更大的影响。

面向未来的人才管道

如何让可持续发展成为主流？

这是给那些犹豫不决者的一点提示：许多公司都面临着有史以来最严重的人才短缺，人才正在消失殆尽。为了吸引和留住员工，公司可以通过在合理范围内提供更多员工想要的东西来优化自己的员工价值主张。这里的挑战是在员工需求和股东要求之间找到适当的平衡。提供弹性、奖励高绩效和促进包容都是双赢的解决方案，但同样重要的是，要弄清楚什么能让人们愿意工作，以及技术和工作的重新设计如何能提高某些工作的吸引力，并让员工在工作之外还能探索自己的兴趣领域。

为了推动可持续转型，可持续发展议题的所有要素都需要协同推进，因为环境、社会责任和公司治理与良好工作的所有方面都是相互关联的。灵活的工作时间安排可能会减少工作时长，这可能会影响提供基本生活工资的能力，但同时会对减少碳排放产生正向影响。如果无法（按所需的速度）培养所需的技能，就更有必要将重点放在多元、公平和包容方面以缩小技能差距。以下就是一个很好的例子。

与许多组织一样，全球医疗保健公司诺和诺德的数字、数据和信息技术部门也在招聘更多信息技术人才。作为该战略的一部分，它需要提升对潜在女性贡献者的吸引力。通过倾听现有人才的心声，并对未来女性人才的需求进行分析，很明显，它需要进行文化转型，以实现其业务增长的雄心壮志，而这一雄心壮志正是建立在数字化程度不断提高的基础之上的。是的，该公司通过提供更加灵活的远程工作选择和专门为女性设置的发展计划（所有这些都满足了人们的生活方式需求），扩大了公司的人才库。但是，它的变革催化剂是一项为期三年的计划，目的是在整个公司建立包容性领导行为——这项努力将公平和多元放在了每位领导者议题的首位。

业务转型需要新技能，新技能需要更多元化的人才，更多元化的人才需要新的领导方式。诺和诺德的业务转型目标只有通过相应的文化转型才能实现。

让你的员工做出贡献

许多公司通过可持续投资、影响力投资或在慈善、社会责任议题上积极发声来履行环境、社会责任和公司治理承诺，但越来越多的人在选择雇主时，看重的是它们能否直接为改善周围世界做出贡献。过去，雇主会问："我们为什么要雇用你？"而现在，员工会问："我为什么要为你们工作？"公司在环境、社会责任和公司治理或可持续发展方面取得的进展以及做出贡献的机会正在成为答案的重要部分。

在这种情况下，美世接收到的有关差旅的咨询比以往任何时候都要多。长期以来，差旅一直是咨询公司吸引人才的一个因素，但如今对许多求职者来说，情况却恰恰相反。商务旅行对环境的影响（自 2019 年以来我们已经抵消了这一影响）和所花费的时间（可能会间接造成压力并影响身心健康）都受到了严格的审查。[47]公司在举办全球会议时要求进行碳补偿，它正在重新思考如何根据这些新的价值观开展不同的工作。领先的公司已经认识到，其员工的碳足迹总和超过了它们自身的碳足迹。包括威达信在内的一些公司为员工提供了跟踪碳足迹的应用程序，以此促使他们承担责任，使他们能在从旅行到用电等各个方面做出更明智的决定。

德国奇堡公司（Tchibo）就是此类承诺的一个例子，它是《纺织服装行业健康与安全国际协定》的签署方。[48]

奇堡公司在谈判和制定保护该行业工人的先行协议方面发挥了重要作用。它还参与了"行动、合作、转型"（Action，Collaboration，Transformation，ACT）倡议，以实现为纺织业及其供应链中所有工人提供基本生活工资的承诺。

作为 ACT 倡议义务的一部分，奇堡公司与生产商合作，确保工资等劳动力成本在价格计算中占固定份额，并被排除在任何价格谈判之外。在一个国家完成全行业集体工资协议谈判后，ACT 倡议联盟的公司承诺将保持或增加其在该国的采购量，以促进长期变革。它们甚至给予合作伙伴时间和权力定期进行工资谈判。

许多组织面临的可持续发展问题超出了其自身的权限。系统层面的变革需要以相互尊重、谦逊和透明为基础，建立更深层次的伙伴关系。任何一家公司都无法单独应对众多挑战，可持续发展有赖于供应商、监管机构、投资者、客户、员工甚至竞争对手的合作。

当我们考虑将可持续的替代方案扩展为市场标准，或在循环经济中探索可能性时，企业的首席执行官越来越多地被要求进行合作。例如，丹麦公司马士基（Maersk）和奥斯泰德（Orsted）合作开展了一个名为"丹麦绿色燃料"（Green Fuels for Denmark）的项目，为航运和航空业生产可持续燃料。[49]这清楚地表明，为了更大的利益，人类的未来取决于共同创造，而不是竞争。

正如联合利华前首席执行官保罗·波尔曼（Paul Polman）所说："（变革）需要一种伙伴关系，在这种伙伴关系中，你将他人的利益置于自己的利益之上，因为你知道，这样做你自己也能变得更好。真正的伙伴关系是信任的基础，而这种信任是构建这个社会的基石。"[50]

将可持续发展融入组织的基因

向可持续发展转型，首先要使其成为组织使命的一部分，将其纳入组织的价值主张。虽然这一使命可以是有理想抱负的，但也必须植根于组织战略，忠实于组织身份，并通过组织的产品、服务和员工来实现。转型需要植根于推动和促进变革的人员实践，例如，近一半（44%）的北美组织在其激励计划中已经使用或正在考虑使用有关环境、社会责任和公司治理以及多元、公平和包容的指标。[51] 在全球范围内，2023 年近三分之二（63%）的组织表示，它们计划采用技术来减缓气候变化或进行环境管理（到 2028 年 65%）。[52]

　　这意味着，将环境、社会责任和公司治理目标融入组织，必须成为一项更广泛的工作，而不能局限于高管激励或自上而下的目标协同，它需要涵盖人才生态系统中的所有员工并让他们参与其中。在将可持续发展转化为员工行为的过程中，讨论和调整员工的目标发挥着重要作用。只有当整个转型建立在员工倾听、共同创造、透明和信任的基础上，才能取得成功。[53] 在将可持续发展承诺编织成一个有凝聚力的故事，并在日常工作中产生影响这一点上，全球知名涂料公司贝格集团（Beckers Group）深有体会。

　　在进行环保活动十年之后，贝格集团的可持续发展资深人士将目光投向了环境、社会责任和公司治理中的社会责任。他们意识到，要想取得成功，就必须在整个公司内让大家共同承担起人员可持续发展的责任，而且所有部门都必须团结起来。在首席人力资源官的领导下，涂料专家们在可持续发展战略中建立了人员流程以激发行动，并为 2030 年设定了宏伟、大胆的目标以激励自己。

　　人员流程的重点是推动福祉、多元和包容、社区参与以及员工授权。在启动该流程时，贝格集团举办了所有利益相关者共同参与的研讨会，共同制定了一套从招聘到敬业度调查等适合所有人的关键绩效指标。然后，贝格集团利用这些 2030 年的目标制定了年度可持续发展协议、双月可持续发展报告，设立了两个新的相关领导职位，并建立了新的薪酬结构，要求管理人员对实现这些目标负责。

　　贝格集团的努力得到了回报，它多次被评为多元、公平与包容领域的领先企业。该公司没有让完美阻碍进步，而是描绘了有关社会进步的未来愿景，以维持员工和企业的发展。贝格集团的首席人力资源官茹迪特·容曼（Judith Jungmann）说："我们之所以能够继续可持续发展的旅程，是因为我们将其作为公司每个人的使命，并不断改进'好'在可持续发展方面的定义。"

未来就在眼前

纵观本章，你可能已经意识到，要实现我们所说的"以可持续发展为核心"，并没有什么灵丹妙药。这是一项涉及组织运营模式、组织文化和组织中的工作的变革性工作。在它们的交汇处，存在着要求我们改变学习、领导和协作方式的真相，而这一真相正是实现真正可持续发展的关键杠杆。

前路崎岖，要实现真正的可持续发展，就必须对社会结构进行重大变革，而在变革的道路上，有着无数的未知数和障碍。

然而，美世的首席执行官和首席财务官的研究表明，即使面临严峻的经济逆风，大多数企业领导者也不会缩减投资，而是将积极履行他们对环境、社会责任和公司治理（62%），对多元、公平和包容（63%），以及对良好工作（57%）的承诺。[54]

无论是否由某个部门牵头，各种形式的可持续发展都必须深入到每一个流程、政策和决策中。将可持续发展融入人才战略的基础，并在贡献者的生活中留下印记。在不断变化的环境中，可持续发展的愿望可以成为以人为本的催化剂，推动大规模商业转型，以应对不断变化的环境。将可持续发展纳入预算模式，使其成为一种期望，而不是一种要求。让员工参与进来，使可持续发展成为他们的计划。

瑞士洛桑国际管理发展学院的战略管理学教授詹姆斯·亨德松（James Henderson）发现，企业进行包容性战略规划有多重益处。他在罗氏诊断公司（Roche Diagnostics）和瑞士再保险公司的实践表明，让大批员工参与规划过程可以提高员工的敬业度和对可持续商业实践的认可度。[55] 正如他所解释的："当员工了解你的战略，理解你权衡利弊的理由，并且觉得他们是规划过程的一部分时，他们的敬业度就会大幅提高，也会更乐于执行战略。"

如果预算或能力让你目前无法全力以赴，那就为未来设定目标。但首先要从当下开始取得有意义的进展——年轻一代希望在这些问题上看到的是进展，而不是成就的达成。这就意味着，要以同理心、经济和环境为着眼点，彻底改变你的企业。如果我们能做到这一点，我们都将有机会把这些关于工作世界的真相转化为蓝图，为我们所有人创造一个更加以人为本、更加公平的未来。

员工领导者的行动呼吁

1. 引领你希望看到的变革

从价值观入手：公司的决策受什么驱动？让团队成员参与进来，明确团队可以做出的改变。考虑新员工如何接受公司价值观。监控进度指标，分享成功故事，就像播下新的灵感种子。

2. 指标很重要，但讲故事更有说服力

分享公司在人力资本指标方面的进展情况，如弹性工时、福祉、技能目标以及与多元、公平与包容相关的目标。了解哪些故事和行动在公司内

部广受赞誉，以及它们所倡导的价值观是什么。考虑如何通过讲故事来更广泛地影响企业文化，并给员工留下持久的印象。

3. 让可持续发展成为一种生活方式

帮助团队以可持续发展为核心做出决策。讨论在时间和预算方面可能需要进行的调整，并审视从供应商、合作伙伴到生产商的整个生态系统。今天做出的大胆的决策，可能会改变公司未来几十年的发展方向。

高管和人力资源部的行动呼吁

1. 确定可行的可持续发展承诺

树立能激励员工的远大目标。制订切实可行的、有资金支持的计划来实现这些目标，哪怕这是一个长期的旅程。考虑提高公益岗位（即对世界产生净正向影响的岗位）的比例，或为企业履行社会责任、提供志愿服务分配一定比例的时间。让更多的员工参与战略制定。这将使员工看到企业可持续发展与实现其他倡议之间的联系。确保有一个倾听计划，以了解员工的情绪和价值观是如何演变的。

2. 重新设定利益相关者资本主义时代的成功指标

为所有利益相关者群体设定成功指标。将可持续发展纳入业务和职能计划，包括整体薪酬回报理念。在实现财务目标的同时，监控公司在人力资本指标（如内部与外部招聘比例、技能、基本生活工资、职业倦怠指标）方面的进展情况。特别关注公平指标，尤其是所有人在职业发展和健康保障方面的公平性。

终点与起点

与昨日告别

2020 年，我们发现自己正在应对一场严重的全球性疫情，它永久性地改变了我们的工作方式。

2022 年，我们发现自己可以轻松地访问生成式人工智能，它永久性地改变了我们的工作方式。

2023 年，我们发现自己正在撰写这本书，我们寄希望于它能够改变我们的工作方式。

如果没有这些具有里程碑意义的事件，美世团队可能不会花这么多时间讨论"人本时代"，更不用说热情洋溢地讨论这些真相可能会如何实现了。

本书中的许多真相都源于这两件为我们带来深刻洞见的重大事件：一场迫使我们重新评估生活的疫情，以及一场让我们窥见未来的技术革命。尽管新的病毒或新的技术并不能完全解释工作体验和前景的转变，但它们确实提醒了我们，工作方式在相当长的一段时间内并非（也从未）适合我们所有人。

但一种新的工作方式正在兴起，你刚刚阅读的 200 多页内容就是证据。

人本时代要求我们更加关注人的可持续发展，特别是组织和社区中个人的长期福祉和发展。如果在这点上做错了，我们将陷入一个人才不断流失和倦怠的恶性循环。而如果我们做对了，将为我们的企业和经济注入动力，迎接即将到来的一切。实现人的可持续发展涉及创造一个鼓励和支持贡献者保持身心健康的环境，同时促进他们的成长，提高他们的敬业度和满意度。我们终于真正认识到，个体是我们组织中的核心资产，他们的福祉对于企业的成功和长期发展至关重要。

在这段旅程中，我们也在反思自己的特权、世界观中的盲点，以及如何带来变革。我们对知识工作者和发达的西方世界给予了太多关注，而对供应链中断、灾难以及医疗保健和教育领域的不平等所带来的长期影响关注不够。我们对解决不同地区、不同问题所需的基层解决方案关注不足，这些解决方案需要不同的思考者来提出。好消息是，人工智能可以指出这些不足（如果我们给它提示词的话）。

所有这些都让我们好奇，这些聪明的机器对本书（200 多页的证据）有何看法？于是，我们问了它们。以下是它们的观点。

你准备好迎接新的节奏了吗

书评人可以被机器人取代吗？《机器人总动员》里的瓦力（Wall-E）机器人会在《纽约时报》(*New York Times*) 上开设专栏吗？《星球大战》

里的 R2-D2 机器人有足够的能力为《出版商周刊》(*Publishers Weekly*)撰写文章吗？

这些都是好问题，我们想要得到答案，所以我们给两个生成式人工智能模型上传了我们的整部书稿，以了解它们对我们这本书有何看法。[1]

除非另有声明，以下就是所有的提示词和完整回应。

问题：你从这本书中得到了哪些关键教训？

1. 传统的雇主和雇员关系已经发生转变，新的范式正在出现。
2. 自疫情以来，工作世界发生了显著变化，企业需要适应以保持相关性。
3. 使命和同理心对于打造包容性组织的重要性，以及如何创造一种对每个人都有益的组织文化。
4. 人本时代的重要性：这是一个将以人为本的价值观置于核心位置的新时代，因此企业需要将人置于其运营的核心位置。

问题：读完这本书后，你最想与他人分享的最重要的信息是什么？

读完这本书后，我最想与他人分享的最重要的信息是，我们需要更加以人为本，并专注于可持续发展。我们需要适应工作世界中正在发生的变革，并创造一种对每个人都有益的组织文化。

我们需要以可持续的方式管理组织中最宝贵的资源——人，并将"良好工作"模式嵌入组织的基因。我们需要更好地适应变化，关注人的体验。我们需要拥抱工作世界中正在发生的变革，更加积极主动地管理精力，并确保员工感受到被重视和认可。

我们需要解决员工的心理健康问题，并创造一个可持续和公平的工作环境。我们需要专注于技能，创建一个基于技能的人才管道，并为人才提供更多的职业发展机会和更高的工作弹性。

我们需要拥抱可持续发展，并确保我们对世界产生净正向影响。我们需要创造一个每个人都能接受的集体真相，并将信任和负责融入组织文化。

问题：本书列出的建议中，你认为哪些最重要？为什么？

1. 围绕生活方式目标进行对话。我认为围绕生活方式目标进行对话很重要，因为它能够让个体更好地理解自己的生活方式目标，以及为了实现这些目标他们愿意做什么。它也能够让管理者理解团队成员想要什么，以及他们如何能够在满足组织需求的同时帮助团队成员实现目标。

2. 培养包容性人才文化。我认为培养包容性人才文化很重要，因为它能使员工队伍更加多元化，更具创新性。它还能让每个人都能感受到自己的价值，并能发挥出自己的最佳水平。

3. 不断挑战自己的世界观。我认为保持开放的心态并不断挑战自己的世界观很重要，因为它可以促进成长和发展。它还能带来新的想法和观点，从而带来创新和成功。

问题：组织在实施书中的建议时面临哪些挑战？

组织在实施书中的建议时面临的最大挑战之一是对变革的抵制。许多组织习惯于以某种方式做事，因此很难获得利益相关者对新工作方式的支持。另一个挑战是需要投资于新技术、培训和其他资源以支持员工队伍。最后，在衡量和监测关键指标进展方面可能存在挑战，因为随着时间的推移，其中一些指标可能难以量化或长期跟踪。

最后，我们的人工智能伙伴还根据它们认为我们可能想知道的信息提出了自己的问题。

人工智能提出的问题：如何将本书中的经验教训应用于你当前的工作？

本书中的经验教训可以从几个方面应用到我目前的工作中。

第一，我可以专注于提升我的技能，而不仅仅是完成本职工作。这意味着要利用组织内外部的学习机会，并主动寻找能够帮助我成长的新挑战。

第二，我可以专注于与同事建立良好关系，并创造一个更加包容的工作环境。这意味着要更有同理心、多倾听，并对不同的观点保持开放的态度。

第三，我可以专注于创造一个更加可持续的工作环境。这意味着要更加注意能源使用情况、减少浪费，并想方设法减少我的碳足迹。

第四，我可以专注于与同事建立信任和问责制。这意味着要更加透明、有效地沟通，并对自己和他人的行为负责。

第五，我可以专注于创造一种鼓励创新和创造的文化。这意味着要更加乐于接纳新想法、勇于承担风险并敢于尝试新方法。

通过将这些经验教训应用到我当前的工作中，我可以创造一个更加以人为本、富有同情心和可持续的工作环境，这会让每个人都从中受益。

这些人工智能伙伴有多棒？它们不仅认真读了这本书，而且读得不错，抓住了重点，在过程中甚至奉承了我们。更难得的是，所有这些都没有向我们收费！当然，现实是情境为王，我们的人工智能伙伴在作为合唱团中的一员时表现最佳，因此以下是我们的共同收获。

当时当下

从这 10 个真相中抽离出来，以更宏大（和不同）的角度思考，以下是我们认为所有管理者都应该在当时当下立即接受的一些最重要的观点。

1. 吸引并留住员工

最光明的未来是一个包容且多元的未来。在这个未来中，人们不仅能获得公平的薪酬和工作条件，而且能感受到他们拥有平等的选择权、有尊严的工作；不仅有权表达自己的看法，而且有权为获得公平交易进行集体谈判。我们希望在这一愿景的基础上，培养一种人们渴望的工作体验，一种有足够能力跟上人们不断变化的观点和期望的工作体验。在努力确保由人工智能等技术带来的生产力提升能够惠及所有利益相关者时，良好工作框架可以作为一个很好的开始。

2. 以可持续的方式管理你的人力资源

经济周期可能导致雇员和雇主之间的权力平衡在短期内产生波动，但人口统计数据表明，如果我们不想面临人力短缺的问题，我们就需要让工作世界变得更加符合人们的需求。鼓励员工在经历人生大事和失业后投身工作至关重要。向非传统和年长的人才敞开大门，并确保他们有归属感，而不仅仅是被包容。在我们拥抱新的人才模式时，要关注公平性，并确保为那些在不断缩减的岗位上工作的员工建立通往成功的道路，这些都是解决现实问题的方法。除了所有这些合乎逻辑、符合人本主义的想法之外，让我们以最专业和富有同情心的方式规划和管理人力资源。

3. 以新的方式成长

数字化转型、绿色转型和能源转型将带来巨大的增长机会。我们今天如何投资于培养当今所需的技能，并为未来的工作做好准备，将有可能为企业、社会和我们的未来提供动力。要做到这一点，需要更好的长期思维和可行的商业案例，以确保我们将这些变化视为以不同方式工作的机会。那些成功绘制新蓝图的举措，例如渣打银行的人才市场项目和爱立信的整体薪酬回报转型都表明，如果要扩大变革规模，公司在提高可负担性的同时也要关注可持续性。

4. 放大你的能力

对工作进行重新设计有助于我们识别当前劳动力中的未开发潜力。技能提升和技能再培训将使组织和个人达到新的高度。人工智能可以让我们所有人都成为"超级英雄"。我们需要仔细分析新技术为工作带来的新机遇，并确保我们都在这个过程中放大了自己的技能。生成式人工智能将允许我们做科幻大师梦寐以求的事情。尽管如此，保留和培养人类特质对于充分利用人机合作并对确保人类在人本时代保持领先地位至关重要。有趣的是，我们的人工智能伙伴在上文对本书关键内容的总结中淡化了人工智能对工作的影响——就像我们一样，这些工具也有影响其思维的偏见。

新的曙光，新的一天

那么，我们如何保证这些真相推动新的变革呢？

战略家加里·哈默尔（Gary Hamel）和C.K.普拉哈拉德（C.K. Prahalad）曾经争论说，西方企业花了太多时间专注于根据资源情况调整目标，结果只是寻求它们能够维持的优势。相反，日本企业则倾向于通过加快组织学习的步伐来充分利用资源，并努力实现看似不可能实现的目标。[2] 在人本时代，我们不仅需要培养员工对成功的渴望，同时还要增强他们的责任感，以确保我们可以以可持续的方式管理资源。记住，人永远是第一位的资源。

员工的精力水平和敬业度决定了公司的潜力，释放他们的能力是领导者的使命。好消息是，员工渴望创新自由，而这正是组织需要的；员工渴望弹性和流动性，而这也是敏捷劳动力的基石；员工渴望为健康的组织工作，而组织同样需要健康的员工队伍和人才管道。在本书的附录 2 中，你会发现我们已经在自己的团队和公司中应用了一个战略画布，以提醒我们正在发生的转变，并帮助我们以不同的方式工作。

这是因为：

- 如果你管理一个团队，而团队成员不想频繁跳槽，那你就成功了。
- 如果你为一家名不见经传的小公司（或其他类似的公司）工作，而它为世界做的不仅仅是生产小物件（或其他东西），它还回馈社会、思考全球性问题、不仅仅追求利润，那你就成功了。
- 如果你是某个专业化基础平台的一员，而它支持不同的员工以不同的方式完成不同的工作，那你就成功了。

我们相信，找到一种共同的语言（或节奏）来谈论这些新的真相对于采取行动至关重要。因此，我们询问人工智能伙伴的最后一个问题是：如果这本书是一首歌，它会是什么歌？

其中一个回答说："这本书将是莱昂纳尔·里奇（Lionel Richie）和迈克尔·杰克逊的《天下一家》（*We Are the World*），因为，未来取决于我们每一个人。"

访问 mercer.com 了解如何在这些话题上取得进展并下载参考书目清单。

制胜人本时代的十大真相

真相	影响
1. 再见，员工；你好，贡献者	我们已经进入了"人本时代"，权力已经转移。需要制定新的雇主和雇员契约，并且需要更高的合作技能来设计未来工作方式，以激发人们的灵感
2. 压力山大，焦头烂额然后躺平	你的员工已经筋疲力尽，现有的员工契约已经满足不了他们的期望。加强对健康和福祉指标的关注，以保持员工的高生产率、高敬业度和高精力水平
3. 新的工作节奏	从各个维度灵活调整工作，以留住人才并提高组织的灵活性。简化决策、技术和会议，以降低复杂性并减轻员工的认知负担
4. 留下来不值得	通过重置你的整体薪酬回报理念、激发内部人才流动，并根据个人偏好定制录用条件，包括开放零工工作和设定新的合同形式，打破为了加薪而跳槽的循环
5. 使命决定一切，同理心赢得胜利	确保你的企业使命与你的员工产生共鸣，并设定你对多个利益相关者的承诺。通过提升人员管理技能，激励和促使你的员工向着有使命感的道路前进

（续）

真相	影响
6. 信任和问责是一项团队活动	优化目标设定和绩效管理实践，以确保信任和问责制为个人和团队提供心理安全感，鼓励他们学习和创新
7. 智能正在被放大	评估并了解人工智能对于企业的潜力，培养以数字为先的文化，并将人工智能融入流程、职位和人员发展实践，以提供智能优势
8. 技能是工作的真正货币	了解你的人才生态系统中现在拥有的技能以及未来需要的技能。建立一个基于技能的组织，提供给员工学习和发展的机会，以提升组织的吸引力和敏捷性
9. 供应链被解锁	从供应链管理中吸取教训，规划和管理你的人才供应链。建立一个对市场敏感、有韧性、能迅速适应变化的灵活且强大的人才队伍
10. 可持续发展始于以人为本	实现组织转型，促进业务、环境和社会的可持续发展。重视员工在新工作方程式中的价值。如果没有人从根上来推动可持续发展，我们将不会有可持续的未来

战略画布

我们的使命与价值			
	价值创造目标	可持续发展优先事项	我们的投资
外部和社会力量	股东承诺	人的可持续发展	技能
	贡献者承诺		能力
	社会承诺	业务的可持续发展	
	投资者承诺		敏捷性
	其他承诺	环境的可持续发展	合作
分析和文化推动因素			科技进步

在"以人为本"的时代中蓬勃发展，需要坦诚面对现实并有意识地将

本书中的真相融入到你的商业战略中。请使用下面的提示与你的团队讨论
这些主题，并把优先事项填在战略画布上，使其可视化。

价值创造目标	可持续发展优先事项	我们的投资
1. 股东承诺 我们在盈利能力和收入增长方面对股东做出了哪些承诺？我们还需要考虑哪些其他承诺	**1. 人的可持续发展** 今天，我们的人才管道健康状况（流失率、疾病、安全和福祉）如何？我们在哪些方面存在不可持续的人力资源实践？怎样才能增强员工的韧性	**1. 技能** 哪些技能在短期内对业务至关重要？我们如何才能获得这些技能？在未来，怎样才能提高员工的智慧、创造力和创新力
2. 贡献者承诺 我们的贡献者群体重视什么？如何确保我们的员工价值主张与他们的价值观契合	**2. 业务的可持续发展** 我们业务模式面临哪些未来风险？我们如何才能将可持续发展贯穿始终？还有什么能增强我们业务的韧性	**2. 能力** 我们的人才供应是否满足需求？能否灵活地平衡日常工作和一次性项目？什么会消耗精力？哪些部门和职位可以从工作的重新设计中受益
3. 社会承诺 我们如何对所在社区员工的健康和财富产生积极影响	**3. 环境的可持续发展** 我们如何能进一步推进我们的环境议题（气候缓解、能源转型、供应链、生物多样性等）？我们需要如何调整以增强我们对环境变化的韧性	**3. 敏捷性** 如何培养一支更有活力、更灵活的员工队伍？员工是否有权主动采取行动？人工智能如何简化工作并扩大业务影响力
4. 投资者承诺 投资者今天和未来对我们有何期望？考虑到我们的行业，对于 DEI（多元、公平和包容）、ESG（环境、社会责任和公司治理）、财务回报议题，哪些承诺最重要		**4. 合作** 我们可以在哪些方面打破各自为政的局面并提升包容性？我们可以通过并购获得哪些新能力？我们的主要合作伙伴对我们有何期望？怎样才能强化我们的关系
5. 其他承诺 我们如何为我们的生态系统中的其他实体（合作伙伴、非营利组织等）提供价值？我们应该设定哪些目标和承诺		

为每个主题制定一到两个具体的、有时限的承诺（例如，到 20×× 年，我们将对 5000 名员工进行技能提升；明年，我们将快速推进数字化转型，将生产率提高 12%；未来两年，我们将把与压力相关的疾病发生率降低 5%；到 20×× 年，我们将把薪酬公平差距控制在 1% 以内。

　　感谢 Alan Goldsher 没有介入我们作者之间的创作分歧，而是将我们三人不同的声音融合在一起。感谢 Kevin Anderson 及其团队成员 Lauren Carsley 和 Stephen Power 的冷静指导。感谢 Gina Fassino、Wilson Fernandez、Joana Silva、Anca De Maio、Pia Garcia 和 Molly Proefriedt 阅读了初稿。Jens Peterson、Ellie Green、Elana Abernathy Wohrstein 和 Doveen Schecter 都在编辑过程中提供了帮助。感谢 Dawid Gutowski 一如既往的出色设计和积极配合。

　　感谢 Saadia Zahidi、Ravin Jesuthasan、Will Self、Brian Fisher、Heather Ryan 和 Sophia Van，他们的专业建议激发了我们许多讨论。同时，向由 Guru Kashyap 领导的人工智能专家团队致敬，特别是 Ana Costa de Silva、Aditya Gupta 和 Inteshab Nehal。还要特别感谢在这个时期与我们交流的许多公司，它们影响了我们的思维，启发了我们思考如何能以不同的方式工作。

引言　转变

1. Zwile Nkosi, "With more business disruption expected, making organizations 'Future-Fit' is top of mind new study finds," Mercer, March 14, 2019.

2. "Business Roundtable redefines the purpose of a corporation to promote 'an economy that serves all Americans,'" Business Roundtable, August 19, 2019, **https://www.businessroundtable. org/business-roundtable-redefines-the-purpose-of-a- corporation-to-promote-an-economy-that-serves-all- americans**.

3. Ana Kreacic, John Romeo, Simon Luong, Lucia Uribe, Amy Lasater-Wille, Elizabeth Costa, Kamal Ahmed, and Jonathan Paterson, "A-Gen-Z report: What business needs to know about the generation changing everything," Oliver Wyman Forum and The News Movement (2023): 49, **https://www.oliverwymanforum. com/content/dam/oliver-wyman/ow-forum/template- scripts/a-gen-z/pdf/A-Gen-Z-Report.pdf**.

4. Blair Jones and Jeff Brodsky, "The CHRO's critical role in times of crisis," Semler Brossy, November 24, 2021, **https://semlerbrossy. com/insights/the-chros-critical-role-in-times-of-crisis/**.

5. Kate Bravery, Adrienne Cernigoi, and Joana Silva, "Global Talent Trends 2022: Rise of the relatable organization," *Mercer* (2022): 80.

6. Kate Bravery, Adrienne Cernigoi, and Joana Silva, "Global Talent Trends 2022–2023: Rise of the relatable organization," *Mercer* (2023): 36.
7. Krystal Hu, "ChatGPT sets record for fastest-growing user base – analyst note," Reuters, February 2, 2023, **https://www.reuters.com/technology/chatgpt-sets-record-fastest-growing-user-base-analyst-note-2023-02-01/**.
8. Katharina Buchholz, "ChatGPT sprints to one million users," *Statista*, January 24, 2023, **https://www.statista.com/chart/29174/time-to-one-million-users/**.
9. Attilio Di Battista, Sam Grayling, Elselot Hasselaar, Till Leopold, Ricky Li, Mark Rayner, Saadia Zahidi, "Future of Jobs Report 2023," World Economic Forum, (2023): 6.
10. Andrew R. Chow, "Bill Gates believes generative AI will be 'revolutionary,'" *Time*, March 21, 2023, **https://time.com/6264801/bill-gates-ai/**.
11. Kelly Kline, "Elon Musk is so worried about the threat of AI, he wants government to regulate it," *Mashable*, July 16, 2017, **https://mashable.com/article/elon-musk-ai-greatest-risk-to-civilization**.
12. Grace Kay, "Billionaire investors Warren Buffett and Charlie Munger aren't sold on AI hype: 'Old-fashioned intelligence works pretty well,'" *Business Insider*, May 10, 2023, **https://www.businessinsider.com/billionaires-warren-buffett-charlie-munger-not-sold-ai-hype-2023-5**.

第一章　再见，员工；你好，贡献者

1. Philippa Fogarty, Simon Frantz, Javier Hirschfield, Sarah Keating, Emmanuel Lafont, Bryan Lufkin, Rafael Mishael, Visvak Ponnavolu, Maddy Savage, and Meredith Turits, "Coronavirus: How the world of work may change forever," *BBC*, October 23, 2020, **https://www.bbc.com/worklife/article/20201023-coronavirus-how-will-the-pandemic-change-the-way-we-work**.
2. "Rethinking what we need from work: A guide to employees' most pressing needs and how your organization can meet them, based on Mercer's 2022–2023 Inside Employees' Minds study," *Mercer* (2023): 7–8, **https://www.mercer.com/en-us/insights/talent-and-transformation/attracting-and-retaining-talent/rethinking-what-we-need-from-work-inside-employees-minds-2022/**.
3. "We create an unbossed environment," *Novartis*, **https://www.novartis.com/about/strategy/people-and-culture/we-create-unbossed-environment** (accessed May 26, 2023).

4. Kate Bravery, Adrienne Cernigoi, and Joana Silva, "Global Talent Trends 2022: Rise of the relatable organization," *Mercer* (2022): 32.

5. Kate Bravery, Adrienne Cernigoi, and Joana Silva, "Global Talent Trends 2022: Rise of the relatable organization," *Mercer* (2022): 32.

6. "Job openings and labor turnover – January 2022," Bureau of Labor Statistics (March 2022): 3, **https://www.bls.gov/news. release/archives/jolts_03092022.pdf**.

7. Shane McFeely and Ben Wigert, "This fixable problem costs U.S. businesses $1 trillion," Gallup, March 13, 2019, **https:// www.gallup.com/workplace/247391/fixable-problem-costs- businesses-trillion.aspx**.

8. Greg Lewis and Joseph Soroñgon, "The jobs with the highest turn-over rates, according to LinkedIn data," LinkedIn, June 30, 2022, **https://www.linkedin.com/business/talent/blog/talent- analytics/types-of-jobs-with-most-turnover**.

9. Richard Kestenbaum, "LVMH converting its perfume facto-ries to make hand sanitizer," *Forbes*, March 15, 2020, **https:// www.forbes.com/sites/richardkestenbaum/2020/03/15/ lvmh-converting-its-perfume-factories-to-make-hand- sanitizer/?sh=7892ffe74a9a**.

10. Jon Springer, "Aldi, McDonald's make staff-sharing deal in Germany," *Winsight Grocery Business*, March 23, 2020, **https:// www.winsightgrocerybusiness.com/retailers/aldi- mcdonalds-make-staff-sharing-deal-germany**.

11. Kate Bravery, Adrienne Cernigoi, and Joana Silva, "Global Talent Trends 2022–2023: Rise of the relatable organization," *Mercer* (2023): 31.

12. Kate Bravery, Adrienne Cernigoi, and Joana Silva, "Global Talent Trends 2022: Rise of the relatable organization," *Mercer* (2022): 32.

13. Sarah Butcher, "Citi's new pitch to analysts: work less, earn less, live by the beach," *efinancialcareers*, March 14, 2022, **https://www. efinancialcareers.com/news/2022/03/citi-malaga-analysts**.

14. Ana Kreacic, John Romeo, Simon Luong, Lucia Uribe, Amy Lasater-Wille, Elizabeth Costa, Kamal Ahmed, and Jonathan Pat-erson, "A-Gen-Z report: What business needs to know about the generation changing everything," Oliver Wyman Forum and The News Movement (2023): 48, **https://www.oliverwymanforum. com/content/dam/oliver-wyman/ow-forum/template- scripts/a-gen-z/pdf/A-Gen-Z-Report.pdf**.

15. Kate Bravery, Adrienne Cernigoi, and Joana Silva, "Global Talent Trends 2022–2023: Rise of the relatable organization," *Mercer*, 2023.

16. Kate Bravery, Adrienne Cernigoi, and Joana Silva, "Global Tal-ent Trends 2022–2023: Rise of the relatable organization," *Mercer* (2023): 31–32.

17. Kate Bravery, Adrienne Cernigoi, and Joana Silva, "Global Tal-ent Trends 2022–2023: Rise of the relatable organization," *Mercer* (2023): 61.

18. "Employee value proposition," *Gartner*, **https://www.gartner. com/en/human-resources/insights/employee-engagement- performance/employee-value-proposition** (accessed May 26, 2023).

19. Jörgen Sundberg and Anuradha Razdan, "How Unilever developed a new EVP and employer brand," *Link Humans*, **https:// linkhumans.com/unilever/** (accessed May 26, 2023).

20. Richard Beckhard and Reuben T. Harris, *Organizational Transitions: Managing Complex Change* (Reading: Addison Wesley Publishing Company, 1977).

21. Jessica Bryant, "Employers Drop College Degree Requirements," *BestColleges*, April 12, 2022, **https://www.bestcolleges.com/ news/analysis/2022/04/11/employers-drop-college-degree- requirements-burning-glass-institute**.

22. Kate Bravery, Adrienne Cernigoi, and Joana Silva, "Global Talent Trends 2022–2023: Rise of the relatable organization," *Mercer* (2023): 15, 33, 74–75.

23. Ana Kreacic, John Romeo, Simon Luong, Lucia Uribe, Amy Lasater-Wille, Elizabeth Costa, Kamal Ahmed, and Jonathan Paterson, "A-Gen-Z report: What business needs to know about the generation changing everything," Oliver Wyman Forum and The News Movement (2023): 17, **https://www.oliverwymanforum. com/content/dam/oliver-wyman/ow-forum/template- scripts/a-gen-z/pdf/A-Gen-Z-Report.pdf**.

第二章　压力山大，焦头烂额然后躺平

1. "Mental Health in the Workplace," *World Health Organization*, **https://www.who.int/teams/mental-health-and-substance- use/promotion-prevention/mental-health-in-the- workplace**.

2. Kate Bravery, Adrienne Cernigoi, and Joana Silva, "Global Talent Trends 2022–2023: Rise of the relatable organization," *Mercer* (2023): 9.

3. "Rethinking what we need from work: A guide to employees' most pressing needs and how your organization can meet them, based on Mercer's 2022–2023 Inside Employees' Minds study," *Mercer*, 2023, **https://www.mercer.com/en-us/insights/talent-and- transformation/attracting-and-retaining-talent/ rethinking-what-we-need-from-work-inside-employees- minds-2022/**.

4. "2022 Work Trend Index: Annual Report | Great expectations: Making hybrid work *work*," Microsoft. (March 2022): 22, **https:// assets.ctfassets.net/y8fb0rhks3b3/3dbLTNFA72EguJaZD**

vzkGX/cbe2c85d25b8c006cea95bc0e2b7cf7e/2022_Work_Trend_Index_Annual_Report.pdf.

5. Rachel Ranosa and Cathryn Gunther, "Human energy is the most critical business resource: Cathryn Gunther, Mars Inc," *People Matters*, June 23, 2022, **https://www.peoplemattersglobal.com/article/wellbeing/why-your-energy-at-work-is-an-output-of-holistic-health-cathryn-gunther-mars-inc-34359**.

6. Cathryn Gunther, "Focusing on Energy to Improve Associates' Wellbeing," *Mars*, September 1, 2021, **https://www.mars.com/news-and-stories/articles/focusing-energy-improve-associates-wellbeing**.

7. Kate Bravery, Adrienne Cernigoi, and Joana Silva, "Global Talent Trends 2022–2023: Rise of the relatable organization," *Mercer* (2023): 45.

8. Robin Lloyd, "Metric mishap caused loss of NASA orbiter," *CNN*, September 30, 1999, **http://edition.cnn.com/TECH/space/9909/30/mars.metric.02/**.

9. Roger Bohn, "Stop Fighting Fires," *Harvard Business Review* (July–August 2000): n.p., **https://hbr.org/2000/07/stop-fighting-fires**.

10. Lia LaPiana and Frank Bauer, "Mars Climate Orbiter Mishap Investigation Board Phase I Report," NASA (November 1999): 19–21, **https://llis.nasa.gov/llis_lib/pdf/1009464main1_0641-mr.pdf**.

11. Jeroen Kraaijenbrink, "What BANI really means (and how it corrects your world view," *Forbes*, June 22, 2022, **https://www.forbes.com/sites/jeroenkraaijenbrink/2022/06/22/what-bani-really-means-and-how-it-corrects-your-world-view/?sh=29cd441611bb**.

12. "Health on demand 2023," *Mercer,* 2023. **https://www.mercer.com/content/dam/mercer-dotcom/global/en/shared-assets/global/attachments/pdf-2023-health-on-demand-report.pdf**.

13. "South Africa's youth continues to bear the burden of unemployment," *Statistics South Africa,* June 1, 2022, **https://www.statssa.gov.za/?p=15407**.

14. Wolfgang Seidl, "The ROI of supporting employee mental health," interview by Kate Bravery, *The New Shape of Work, Mercer*, October 7, 2022. Audio, 5:03, **https://www.mercer.com/insights/people-strategy/future-of-work/podcast-new-shape-of-work/the-roi-of-supporting-employee-mental-health/**.

15. Kate Bravery, Adrienne Cernigoi, and Joana Silva, "Global Talent Trends 2022–2023: Rise of the relatable organization," *Mercer* (2023): 9, 37.

16. Ivan Ivanov, "Global health: A new vision for employees, employers, and economies," *Growth Summit 2023*, World Economic Forum, May 3, 2023. Video, 36:10. **https://www.weforum.org/**

events/the-growth-summit-jobs-and-opportunity-for-all-2023/sessions/workforce-health-a-new-vision-for-employees-employers-and-economies**.

17. "Burn-out an 'occupational phenomenon': International Classification of Diseases," World Health Organization, May 28, 2019, **https://www.who.int/news/item/28-05-2019-burn-out-an-occupational-phenomenon-international-classification-of-diseases**.

18. Christina Maslach, Susan E. Jackson, Michael P. Leiter, Wilmar B. Schaufeli, and Richard L. Schwab, "Maslach Burnout Inventory (MBI)," *Mind Garden*, **https://www.mindgarden.com/117-maslach-burnout-inventory-mbi** (accessed May 26, 2023).

19. Brian Creely, "A little bit about Bryan," *A Life after Layoff*, **https://www.alifeafterlayoff.com/about-bryan-creely/** (accessed May 26, 2023).

20. Jim Harter, "Is quiet quitting real?" Gallup, May 17, 2023, **https://www.gallup.com/workplace/398306/quiet-quitting-real.aspx**.

21. Melissa Swift, *Work here now: Think like a human and build a powerhouse workplace* (Hoboken: Wiley, 2023), 20.

22. Kate Bravery, Adrienne Cernigoi, and Joana Silva, "Global Talent Trends 2022–2023: Rise of the relatable organization," *Mercer* (2023): 48.

23. Kate Bravery, Adrienne Cernigoi, and Joana Silva, "Global Talent Trends 2022–2023: Rise of the relatable organization," *Mercer* (2023): 48.

第三章　新的工作节奏

1. Calvin Harris, "Calvin Harris: The secrets of my success," *The Guardian*, December 12, 2012. **https://www.theguardian.com/music/2012/dec/21/calvin-harris-secrets-my-success**.

2. Mara Quintanilla, "Eliminating meetings for remote workers: How Shopify is clearing out employee calendars," *GroWrk*, **https://growrk.com/blogs/news/eliminating-meetings-for-remote-workers/** (accessed May 26, 2023).

3. Jena Lee, "A neuropsychological explanation of Zoom fatigue," *Psychiatric Times*, November 17, 2020, **https://www.psychiatrictimes.com/view/psychological-exploration-zoom-fatigue**.

4. Tim Jacks, "Research on remote work in the era of COVID-19," *Journal of Global Information Technology Management* 24, no. 1 (June 2021): 93–97, **https://doi.org/10/1080/1097198X.2021.1914500**.

5. Amantha Imber, *Time Wise* (Melbourne: Penguin Life Australia, 2022).

6. Kate Bravery, Adrienne Cernigoi, and Joana Silva, "Global Talent Trends 2022–2023: Rise of the relatable organization," *Mercer*, 2023.

7. Aidan Mantelow, Guillaume Hingel, Steffica Warwick, Elslot Hasselaar, Atilio di Battista, Saaudi Zahidi, Nicole Luk, Padma Ramanthan, Kate Bravery, and Ravin Jesuthasan, "The good work framework: A new business agenda for the future of work," The World Economic Forum and Mercer, 2022, **https://www.weforum.org/whitepapers/the-good-work-framework-a-new-business-agenda-for-the-future-of-work**.

8. "American Express," *Work Your Way*, **https://www.workyourway.com/flexible-employers/american-express** (accessed April 21, 2023).

9. Laurence Goasduff, "Gartner forecasts 39% of global knowledge workers will work hybrid by the end of 2023," *Gartner*, March 1, 2023, **https://www.gartner.com/en/newsroom/press-releases/2023-03-01-gartner-forecasts-39-percent-of-global-knowledge-workers-will-work-hybrid-by-the-end-of-2023**.

10. "The new shape of work: Redefine flexible working," *Mercer*, 2023, **https://www.mercer.com/insights/talent-and-transformation/flexible-working/the-new-shape-of-work-redefine-flexible-working/**.

11. Ravin Jesuthasan and John W. Bourdreau, *Work without Jobs: How to Reboot Your Organization's Work Operating System* (Management on the Cutting Edge, 2022).

第四章　留下来不值得

1. "Rethinking what we need from work: A guide to employees' most pressing needs and how your organization can meet them, based on Mercer's 2022–2023 Inside Employees' Minds study," *Mercer*, 2023, **https://www.mercer.com/en-us/insights/talent-and-transformation/attracting-and-retaining-talent/rethinking-what-we-need-from-work-inside-employees-minds-2022/**.

2. "The Great Resignation statistics," *EDsmart*, **https://www.edsmart.org/the-great-resignation-statistics/** (accessed February 10, 2023).

3. "More than 9 million workers expected to leave jobs in 2022," *HR Review*, January 18, 2022, **https://www.hrreview.co.uk/hr-news/more-than-9-million-workers-expected-to-leave-jobs-in-2022/140215**.

4. Kate Bravery, Adrienne Cernigoi, and Joana Silva, "Global Talent Trends 2022: Rise of the relatable organization," *Mercer* (2022): 30.

5. Ana Kreacic, John Romeo, Simon Luong, Lucia Uribe, Amy

Lasater-Wille, Elizabeth Costa, Kamal Ahmed, and Jonathan Paterson, "A-Gen-Z report: What business needs to know about the generation changing everything," Oliver Wyman Forum and The News Movement (2023): 74, **https://www.oliverwymanforum.com/content/dam/oliver-wyman/ow-forum/template-scripts/a-gen-z/pdf/A-Gen-Z-Report.pdf**.

6. Kate Bravery, Adrienne Cernigoi, and Joana Silva, "Global Talent Trends 2022: Rise of the relatable organization," *Mercer* (2022): 39.

7. Polovina, Samantha, "Real-time insight pulse: Inflation and impact on pay and rewards, *Mercer*, November 21, 2022, **https://app.keysurvey.com/reportmodule/REPORT3/report/41644126/41337277/d6913d91684017a85deecc4540ed0f9d?Dir=&Enc_Dir=79457c9a&av=IxnIBAm77ac%3D&afterVoting=6529d120760c&msig=7078255d8def7b2672b847041c1efebf**.

8. John Robertson, "Wage Growth Tracker: Three-month moving average of median wage growth, hourly data," Federal Reserve Bank of Atlanta, **https://www.atlantafed.org/chcs/wage-growth-tracker.aspx** (accessed May 2023).

9. Haig R. Nalbantian, "The critical importance of roles in career equity," *CFO*, December 8, 2022, **https://www.cfo.com/human-capital-careers/2022/12/roles-in-career-equity-accelerator-roles-women-people-of-color/**.

10. Haig R. Nalbantian, "The underrated barriers that keep women from reaching the C-Suite," Financial Alliance for Women, February 25, 2021, **https://financialallianceforwomen.org/news-events/underrated-barriers-that-keep-women-from-reaching-the-c-suite/**.

11. Alex Christian, "The case for job hopping," BBC, July 21, 2022, **https://www.bbc.com/worklife/article/20220720-the-case-for-job-hopping**.

12. Samantha Polovina, Real-time Insight Pulse: Inflation and impact on pay and rewards. *Mercer*, November 21, 2022, **https://app.keysurvey.com/reportmodule/REPORT3/report/41644126/41337277/d6913d91684017a85deecc4540ed0f9d?Dir=&Enc_Dir=79457c9a&av=IxnIBAm77ac%3D&afterVoting=6529d120760c&msig=7078255d8def7b2672b847041c1efebf**.

13. Chetna Singh, "Total rewards at the center of innovation at SAP," interview by Kate Bravery, *New Shape of Work*, Mercer, September 15, 2022. Video, 1:37, **https://www.mercer.com/en-us/insights/people-strategy/future-of-work/podcast-new-shape-of-work/total-rewards-at-the-center-of-innovation-at-sap/**.

14. Jackie Wiles, "Great Resignation or not, money won't fix all your talent problems," *Gartner*, December 9, 2021, **https://www.gartner.com/en/articles/great-resignation-or-not-money-won-t-fix-all-your-talent-problems**.

15. Katie Navarra, "The real costs of recruitment," *SHRM*, April 11, 2022, **https://www.shrm.org/resourcesandtools/hr-topics/talent-acquisition/pages/the-real-costs-of-recruitment.aspx**.

16. Richard A. Guzzo, Haig R. Nalbantian, and Nick L. Anderson, "Don't underestimate value of employee tenure," *Harvard Business Review*, January 24, 2023, **https://hbr.org/2023/01/dont-underestimate-the-value-of-employee-tenure**.

17. "Beat the crisis: How executives are responding to economic shocks and talent shortages," *Mercer*, 2023, **https://www.mercer.com/en-us/insights/talent-and-transformation/attracting-and-retaining-talent/how-executives-are-responding-to-economic-shocks-and-talent-shortages/**.

18. "Rethinking what we need from work: A guide to employees' most pressing needs and how your organization can meet them, based on Mercer's 2022–2023 Inside Employees' Minds study," *Mercer*, 2023, **https://www.mercer.com/en-us/insights/talent-and-transformation/attracting-and-retaining-talent/rethinking-what-we-need-from-work-inside-employees-minds-2022/**.

19. "Labour v capital in the post-lockdown economy," *The Economist*, February 19, 2022, **https://www.economist.com/finance-and-economics/labour-v-capital-in-the-post-lockdown-economy/21807700**.

20. "Beat the crisis: How executives are responding to economic shocks and talent shortages," *Mercer*, 2023, **https://www.mercer.com/en-us/insights/talent-and-transformation/attracting-and-retaining-talent/how-executives-are-responding-to-economic-shocks-and-talent-shortages/**.

21. Clint Rainey, "The age of 'greedflation' is here: See how obscene CEO-to-worker pay ratios are right now," Fast Company, July 18, 2022, **https://www.fastcompany.com/90770163/the-age-of-greedflation-is-here-see-how-obscene-ceo-to-worker-pay-ratios-are-right-now**.

22. Dominic Rushe, "Wage gap between CEOs and US workers jumped to 670-to-1 last year, study finds," *The Guardian*, **https://www.theguardian.com/us-news/2022/jun/07/us-wage-gap-ceos-workers-institute-for-policy-studies-report**.

23. Matt Mathers, "FTSE 100 chief executives' pay soars by 22% in a year despite cost of living crisis," *Independent*, November 7, 2022, **https://www.independent.co.uk/news/business/ftse-100-index-ceos-pay-rise-b2219378.html**.

24. Daniel Thomas, "100,000 workers take action as 'Striketober' hits the US," BBC, October 14, 2021, **https://www.bbc.com/news/business-58916266**.

25. Anna Cooban, "'Unprecedented' strike: 100,000 UK nurses set

to walk off the job," MSN, December 12, 2022, **https://www. msn.com/en-us/news/world/uk-strikes-set-to-escalate-as-nurses-prepare-for-unprecedented-walkou/t/ar-AA15bwkM**.

26. Pippa Crerar and Kiran Stacey, "Union fury as Rishi Sunak unveils anti-strike laws for 'minimum service levels'," *The Guardian*, January 5, 2023, **https://www.theguardian.com/uk-news/ 2023/jan/05/uk-ministers-announce-anti-strike-legislation**.

第五章　使命决定一切，同理心赢得胜利

1. "Build organization culture as a strategic capability," *Mercer,* 2023, **https://www.mercer.com/solutions/transformation/ workforce-and-organization-transformation/culture/**.

2. "No transformation without culture," *Mercer*, 2023, **https://www. mercer.ca/en/our-thinking/career/no-transformation-without-culture.html**.

3. "Award KION shapes the future of logistics," KION Group, May 21, 2021, **https://www.kiongroup.com/en/News-Stories/ Stories/Performance/Award-KION-shapes-the-future-of-logistics.html**.

4. "Larry Fink's 2022 letter to CEOs: The power of capitalism," Black-Rock, 2022, **https://www.blackrock.com/dk/individual/2022-larry-fink-ceo-letter**.

5. "Unilever's purpose-led brands outperform," Unilever, June 11, 2019, **https://www.unilever.com/news/press-and-media/ press-releases/2019/unilevers-purpose-led-brands-outperform/**.

6. "Brands with purpose grow – and here's the proof," Unilever, June 11, 2019, **https://www.unilever.com/news/news-search/ 2019/brands-with-purpose-grow-and-here-is-the-proof/**.

7. "Sustainability figures," *Siemens*, 2022, **https://www.siemens. com/kr/en/company/sustainability/sustainability-figures.html**.

8. Tracy Brower, PhD, "Want to find your purpose at work? Change your perceptions," *Forbes*, August 12, 2019, **https://www.forbes. com/sites/tracybrower/2019/08/12/want-to-find-your-purpose-at-work-change-your-perceptions/**.

9. Dave Bailey, "How to find your purpose at work," *Medium*, May 6, 2020, **https://medium.dave-bailey.com/how-to-find-your-purpose-at-work-182acf4f2839**.

10. Jeroen Kraaijenbrink, "What BANI really means (and how it corrects your world view," *Forbes*, June 22, 2022, **https://www. forbes.com/sites/jeroenkraaijenbrink/2022/06/22/what-**

bani-really-means-and-how-it-corrects-your-world-view/?
sh=29cd441611bb.

第六章　信任和问责是一项团队活动

1. Frederic Laloux, *Reinventing Organizations: An Illustrated Invitation to Join the Conversation on Next-Stage Organizations* (Nelson Parker, 2016), 25.
2. "What is Principal Agent Theory?" Program on Negotiation Harvard Law School, 2023, **https://www.pon.harvard.edu/tag/principal-agent-theory/**.
3. Yun Lin and Nate Rattner, "S&P 500 doubles from its pandemic bottom, marking the fastest bull market rally since WWII," CNBC, August 16, 2021, **https://www.cnbc.com/2021/08/16/sp-500-doubles-from-its-pandemic-bottom-marking-the-fastest-bull-market-rally-since-wwii.html**.
4. "Netflix Jobs: A great workplace combines exceptional colleagues and hard problems," Netflix, 2023, **https://jobs.netflix.com/culture**.
5. "Netflix Reviews," Glassdoor, 2023, **https://www.glassdoor.com/Reviews/Netflix-Reviews-E11891.htm**.
6. Kate Bravery, Adrienne Cernigoi, and Joana Silva, "Global Talent Trends 2022–2023: Rise of the relatable organization," *Mercer*, 2023.
7. "Gartner Says 81% of HR leaders are changing their organization's performance management system," *Gartner*, November 19, 2019, **https://www.gartner.com/en/newsroom/press-releases/2019-11-19-gartner-says-81--of-hr-leaders-are-changing-their-org**.
8. Jay Fitzgerald, "Silos that work: How the pandemic changed the way we collaborate," Harvard Business School, February 8, 2022, **https://hbswk.hbs.edu/item/silos-that-work-how-the-pandemic-changed-the-way-we-collaborate**.
9. John C. Maxwell, Failing forward: turning mistakes into stepping stones for success. (Nashville: Thomas Nelson Publishers, 2000), n.p."
10. Sarah Robb O'Hagan, "Gatorade: Sarah Robb O'Hagan," Interview by Guy Gaz, *Wisdom from the Top with Guy Raz*, NPR, November 3, 2021. Audio, **https://podcasts.apple.com/au/podcast/gatorade-sarah-robb-ohagan/id1460154838?i=1000539787632**.
11. Michael Jordan "Failure" Commercial, video, **https://www.youtube.com/watch?v=JA7G7AV-LT8**.
12. Candice Choi, "The banking crisis: A timeline of key events," *Wall Street Journal*, May 11, 2023, **https://www.wsj.com/articles/bank-collapse-crisis-timeline-724f6458**.

13. "A timeline of the Credit Suisse scandals," *The Week*, February 22, 2022, **https://www.theweek.co.uk/news/world-news/955848/a-timeline-of-the-credit-suisse-scandals**.
14. "Credit Suisse falls prey to a crisis of confidence," *Financial Times*, March 16, 2023, **https://www.ft.com/content/18278291-772e-4caa-8910-1d7b8563ed42**.
15. Kate Bravery, Adrienne Cernigoi, and Joana Silva, "Global Talent Trends 2022–2023: Rise of the relatable organization," *Mercer,* 2023.
16. General Stanley McChrustal with Tantum Collins, David Silverman and Chris Fussell, *Teams of Teams: New rules of engagement for a complex world* (Penguin Publishing Group, 2015).

第七章　智能正在被放大

1. Jeremy Kahn, "The inside story of ChatGPT: How OpenAI founder Sam Altman built the world's hottest technology with billions from Microsoft," *Fortune*, January 25, 2023, **https://fortune.com/longform/chatgpt-openai-sam-altman-microsoft/**.
2. Morgan Smith, "ChatGPT is the hottest new job skill that can help you get hired, according to HR experts," CNBC, April 5, 2023, **https://www.cnbc.com/2023/04/05/chatgpt-is-the-newest-in-demand-job-skill-that-can-help-you-get-hired.html**.
3. "Pricing: Simple and flexible. Only pay for what you use," OpenAI, 2023, **https://openai.com/pricing**.
4. Cassie Moorhead, "How to set your freelance writing rate," Upwork, October 24, 2022, **https://www.upwork.com/resources/freelance-writing-rates**.
5. Amit Agrawal, "AI has been used to develop and advance numerous fields and industries, including finance, healthcare, education, transportation, and more," CIS, 2023, **https://www.cisin.com/coffee-reak/enterprise/ai-has-been-used-to-develop-and-advance-numerous-fields-and-industries-including-finance-healthcare-education-transportation-and-more.html**.
6. Sophia Epstein, "How do you control an AI as powerful as OpenAI's GPT-3?" *Wired*, July 27, 2020, **https://www.wired.co.uk/article/gpt-3-openai-examples**.
7. Davey Alba, "OpenAI chatbot spits out biased musings, despite guardrails," Bloomberg, December 8, 2022, **https://www.bloomberg.com/news/newsletters/2022-12-08/chatgpt-open-ai-s-chatbot-is-spitting-out-biased-sexist-results**.
8. Hannah Getahun, "Breaking ChatGPT: The AI's alter ego DAN reveals why the internet is so drawn to making the chatbot violate its own rules," *Insider*, February 12, 2023, **https://www.**

businessinsider.com/open-ai-chatgpt-alter-ego-dan-on-reddit-ignores-guidelines-2023-2.

9. Alexander Muacevic, John R Adler, Hussam Alkaissi, and Samy I McFarlane, "Artificial hallucinations in ChatGPT: Implications in scientific writing," *National Library of Medicine: National Center for Biotechnology Information*, February 19, 2023, https://www.ncbi.nlm.nih.gov/pmc/articles/PMC9939079/.

10. Susan Armstrong, "The rise of deepfakes in job interviews: Why we should be concerned," *Euronews*, June 10, 2022, https://www.euronews.com/next/2022/10/06/the-rise-of-deepfakes-in-job-interviews-why-we-should-be-concerned.

11. Kinza Yasar, "Black box AI," *Tech Target*, 2023, https://www.techtarget.com/whatis/definition/black-box-AI.

12. Attilio Di Battista, Sam Grayling, Elselot Hasselaar, Till Leopold, Ricky Li, Mark Rayner, and Saadia Zahidi, "Future of Jobs Report 2023," *World Economic Forum*, (2023): 6.

13. Attilio Di Battista, Sam Grayling, Elselot Hasselaar, Till Leopold, Ricky Li, Mark Rayner, and Saadia Zahidi, "Future of Jobs Report 2023," *World Economic Forum*, 2023.

14. "Generative AI is churning out unicorns like it's 2021," *CB Insights*, May 10, 2023, https://www.cbinsights.com/research/generative-ai-unicorns-valuations-revenues-headcount/.

15. Trey Williams, "Some companies are already replacing workers with ChatGPT, despite warnings it shouldn't be relied on for 'anything important'," *Fortune*, February 25, 2023, https://fortune.com/2023/02/25/companies-replacing-workers-chatgpt-ai/.

16. David Autor, Caroline Chin, Anna M. Salomons, and Bryan Seegmiller, "New Frontiers: The Origins and Content of New Work, 1940–2018," *Working Papers* 30389 (August 2022): n.p. https://www.nber.org/papers/w30389.

17. Goldman Sachs data reported in "The threat and promise of artificial intelligence," *Financial Times*, May 9, 2023, https://www.ft.com/content/41fd34b2-89ee-4b21-ac0a-9b15560ef37c.

18. David De Cremer and Garry Kasparov, "AI should augment human intelligence, not replace it," *Harvard Business Review*, March 18, 2021, https://www.kasparov.com/ai-should-augment-human-intelligence-not-replace-it-harvard-business-review-march-18-2021/.

19. Garry Kasparov and Diane L. Coutu, "Strategic intensity: A conversation with world chess champion Garry Kasparov," *Harvard Business Review*, April 1, 2005, https://store.hbr.org/product/strategic-intensity-a-conversation-with-world-chess-champion-garry-kasparov/r0504b?sku=R0504B-PDF-ENG.

20. Katyanna Quach, "How Pfizer used AI and supercomputers to design COVID-19 vaccine, tablet," *The Register*, March 22, 2022, https://www.theregister.com/2022/03/22/pfizer_nvidia_ai/.

21. Philip Ball, "The lightning-fast quest for COVID vaccines – and what it means for other diseases," *Nature*, December 18, 2020, **https://www.nature.com/articles/d41586-020-03626-1**.
22. "Chief People Officer's quick guide to generative artificial intelligence," *Mercer*, April 13, 2023, **https://www.mercer.com/insights/people-strategy/future-of-work/chief-people-officers-quick-guide-to-generative-artificial-intelligence/**.
23. "70% of workers using ChatGPT at work are not telling their boss; Overall usage among professionals jumps to 43%," *Fishbowl*, February 1, 2023, **https://www.fishbowlapp.com/insights/70-percent-of-workers-using-chatgpt-at-work-are-not-telling-their-boss/**.
24. "Satya Nadella: 'The learn-it-all does better than the know-it-all'," *Wall Street Journal*, January 23, 2019, **https://www.wsj.com/video/satya-nadella-the-learn-it-all-does-better-than-the-know-it-all/D8BC205C-D7F5-423E-8A41-0E921E86597C.html**.
25. "Khan Academy: Khan Academy explores the potential for GPT-4 in a limited pilot program," OpenAI, March 14, 2023, **https://openai.com/customer-stories/khan-academy**.
26. "Morgan Stanley. Morgan Stanley wealth management deploys GPT-4 to organize its vast knowledge base," OpenAI, March 14, 2023, **https://openai.com/customer-stories/morgan-stanley**.
27. Sultan Saidov, "Beamery announces TalentGPT, the world's first generative AI for HR," *Beamery*, March 27, 2023, **https://beamery.com/resources/news/beamery-announces-talentgpt-the-world-s-first-generative-ai-for-hr**.
28. Ana Kreacic, John Romeo, Simon Luong, Lucia Uribe, Amy Lasater-Wille, Elizabeth Costa, Kamal Ahmed, and Jonathan Paterson, "A-Gen-Z Report: What business needs to know about the generation changing everything," Oliver Wyman Forum and The News Movement, 2023, **https://www.oliverwymanforum.com/content/dam/oliver-wyman/ow-forum/template-scripts/a-gen-z/pdf/A-Gen-Z-Report.pdf**.

第八章 技能是工作的真正货币

1. Ravin Jesuthasan and John W. Bourdreau, *Work without Jobs: How to Reboot Your Organization's Work Operating System*, (Management on the Cutting Edge, 2022).
2. Attilio Di Battista, Sam Grayling, Elselot Hasselaar, Till Leopold, Ricky Li, Mark Rayner, and Saadia Zahidi, "Future of Jobs Report 2023," World Economic Forum, 2023.
3. Stephane Kasriel, "Skill, re-skill and re-skill again. How to keep up with the future of work," World Economic Forum, July 31, 2017,

https://www.weforum.org/agenda/2017/07/skill-reskill-prepare-for-future-of-work/.

4. Beat the crisis: How executives are responding to economic shocks and talent shortages," *Mercer*, 2023, https://www.mercer.com/en-us/insights/talent-and-transformation/attracting-and-retaining-talent/how-executives-are-responding-to-economic-shocks-and-talent-shortages/.

5. Kate Bravery, Adrienne Cernigoi, and Joana Silva, "Global Talent Trends 2022: Rise of the relatable organization," *Mercer* (2022): 58.

6. Kate Bravery, Adrienne Cernigoi, and Joana Silva, "Global Talent Trends 2022: Rise of the relatable organization," *Mercer*, 2022.

7. Paul Sandle, "BT to cut up to 55,000 jobs by 2030 as fibre and AI arrive," Reuters, May 18, 2023, https://www.reuters.com/business/media-telecom/bt-meets-expectations-with-5-rise-full-year-earnings-2023-05-18/.

8. Tera Allas, Will Fairbairn, and Elizabeth Foote, "The economic case for reskilling in the UK: How employers can thrive by boosting workers' skills," McKinsey, November 16, 2020, https://www.mckinsey.com/capabilities/people-and-organizational-performance/our-insights/the-economic-case-for-reskilling-in-the-uk-how-employers-can-thrive-by-boosting-workers-skills.

9. Matt Moran, "31+ eLearning Statistics 2023: Facts, trends, demographics, and more," *startupbonsai*, January 2, 2023, https://startupbonsai.com/elearning-statistics/.

10. Kate Bravery, Adrienne Cernigoi, and Joana Silva, "Global Talent Trends 2022: Rise of the relatable organization," *Mercer* (2022): 58.

11. Kate Bravery, Adrienne Cernigoi, and Joana Silva, "Global Talent Trends 2022: Rise of the relatable organization," *Mercer*, 2022.

12. Kate Bravery, Adrienne Cernigoi, and Joana Silva, "Global Talent Trends 2022: Rise of the relatable organization," *Mercer* (2022): 58.

13. Kate Bravery, Adrienne Cernigoi, and Joana Silva, "Global Talent Trends 2022: Rise of the relatable organization," *Mercer* (2022): 58.

14. Richard Feloni, "IBM is using its AI star Watson to pinpoint salaries and coach employees. Here are 9 robot tools that could one day find their way to your office." *Business Insider India*, August 12, 2019, https://www.businessinsider.in/ibm-is-using-its-ai-star-watson-to-pinpoint-salaries-and-coach-employees-here-are-9-robot-tools-that-could-one-day-find-their-way-to-your-office-/articleshow/70650368.cms.

15. José María Álvarez-Pallete, "The future of jobs," panel with Saadia Zahidi, Pamela Coke-Hamilton, Martin J. Walsh, Jose Maria Alvarez-Pallete, Gilbert Fossoun Houngbo, and Geoff Cutmore, *Davos*, World Economic Forum, January 18, 2023. Audio, 27:14, https://www.weforum.org/events/world-economic-forum-annual-meeting-2023/sessions/the-future-of-jobs.

16. Edith Krieg, "Telefonica reskills 100,000 employees for a digital workplace of the future," *Forbes*, October 22, 2021, **https://www.forbes.com/sites/sap/2021/10/22/telefnica-reskills-100000-employees-for-a-digital-workplace-of-the-future/?sh=3b447e5624b8**.

17. Chetna Singh, "Total rewards at the center of innovation at SAP," interview by Kate Bravery, *New Shape of Work*, *Mercer*, September 15, 2022. Audio, 22:54, **https://www.mercer.com/insights/people-strategy/future-of-work/podcast-new-shape-of-work/total-rewards-at-the-center-of-innovation-at-sap/**.

18. Attilio Di Battista, Sam Grayling, Elselot Hasselaar, Till Leopold, Ricky Li, Mark Rayner, and Saadia Zahidi, "Future of Jobs Report 2023," World Economic Forum, (2023): 37.

19. "(ISC)² Cybersecurity Workforce Study: A critical need for cybersecurity professionals persists amidst a year of cultural and workplace evolution," *(ISC)²*, 2022, **https://www.isc2.org/-/media/ISC2/Research/2022-WorkForce-Study/ISC2-Cybersecurity-Workforce-Study.ashx**.

20. Jamie Grierson, "Sunak's maths to 18 plan 'misguided', says man asked to promote it," *The Guardian*, April 18, 2023, **https://www.theguardian.com/education/2023/apr/18/sunaks-maths-to-18-plan-misguided-says-man-asked-to-promote-it**.

21. Kelly Field, "Tech giants and 2-year colleges are teaming up to teach in-demand skills," *Higher Ed Dive*, September 4, 2019, **https://www.highereddive.com/news/tech-giants-and-2-year-colleges-are-teaming-up-to-teach-in-demand-skills/562225/**.

22. "Microsoft Discovery Program," *Microsoft*, 2023, **https://careers.microsoft.com/students/us/en/ushighschoolprogram**.

23. "Our Mission," *Digital Frontiers*, 2023, **https://digitalfrontiers-institute.org/**.

24. Kamal Ahluwalia, "Unlock M&A deal potential with data and AI," interview by Kate Bravery, *Transforming for the future*, *Mercer*, November 17, 2021. Audio, 6:07, **https://www.mercer.com/insights/people-strategy/future-of-work/transforming-for-the-future-podcast/unlock-m-and-a-deal-potential-with-data-and-ai/**.

25. Kate Bravery, Adrienne Cernigoi, Stefani Baldwin, and Joana Silva, "Global Talent Trends 2020: Win with empathy," *Mercer* (2022): 63.

26. Amy Baxendale, "Becoming a skills-powered organisation: Arcadis' journey," interview by Cynthia Cottrell, *Making work 'work'*, *Mercer*, March 2023. Audio, 5:28, **https://www.mercer.com.au/our-thinking/workforce/podcast-making-work-work.html**.

27. David Henderson, "Evolving for the new shape of work while optimizing for today," interview by Kate Bravery, *New Shape*

of Work, Mercer, August 24, 2021. Audio, 12:48, **https://www. mercer.com/insights/people-strategy/future-of-work/ podcast-new-shape-of-work/evolving-for-the-new-shape-of-work-while-optimizing-for-today/**.

28. "How Schneider Electric increased employee retention," *Gloat*, 2023, **https://gloat.com/resources/schneider-electric-customer-success-story/**.

第九章　供应链被解锁

1. Alyssa Stringer, "A comprehensive list of 2023 tech layoffs," *Tech Crunch*, September 19, 2021, **https://techcrunch.com/2023/ 05/09/tech-industry-layoffs/**.

2. Lauren Frayer, "Why is India running out of oxygen?," NPR, May 5, 2021, **https://www.npr.org/sections/goatsandsoda/2021/05/ 05/989461528/why-is-india-running-out-of-oxygen**.

3. "It's official: July was Earth's hottest month on record," *NOAA*, August 13, 2021, **https://www.noaa.gov/news/its-official-july-2021-was-earths-hottest-month-on-record**.

4. "It's official: July was Earth's hottest month on record," *NOAA*, August 13, 2021, **https://www.noaa.gov/news/its-official-july-2021-was-earths-hottest-month-on-record**.

5. Jeff Masters, "The top 10 global weather and climate change events of 2021," *Yale Climate Connections*, January 11, 2022, **https:// yaleclimateconnections.org/2022/01/the-top-10-global-weather-and-climate-change-events-of-2021/**.

6. "People + Work Connect," *Accenture*, 2022, **https://www. accenture.com/us-en/about/company/people-work-connect**.

7. "People + Work Connect," *Accenture*, 2022, **https://www. accenture.com/us-en/about/company/people-work-connect**.

8. Matt Perez, "Report: Marriott to furlough tens of thousands of employees amid coronavirus closures," *Forbes*, **https:// www.forbes.com/sites/mattperez/2020/03/17/marriott-to-furlough-tens-of-thousands-of-employees-amid-coronavirus-closures/**.

9. "A new AI-powered network is helping workers displaced by the coronavirus crisis," McKinsey, April 8, 2020, **https://www. mckinsey.com/about-us/new-at-mckinsey-blog/how-two-organizations-we-served-are-helping-workers-displaced-by-the-coronavirus-crisis-find-new-jobs**.

10. Jordan Valinsky, "Peloton sales surge 172% as pandemic bolsters home fitness industry," CNN Business, September 11, 2020,

https://www.cnn.com/2020/09/11/business/peloton-stock-earnings/index.html.

11. Megan Cerullo, "Peloton invests \$100 million to fly bikes overseas as customers ask 'where's my bike'?", CBS News, February 5, 2021, https://www.cbsnews.com/news/peloton-delivery-investment-100-million/.

12. Jon Hopkins, "Peloton Interactive posts losses of more than \$1.2 billion in its fiscal fourth quarter as revenue plunges," *Proactivewatch*, August 25, 2022, https://www.proactiveinvestors.co.uk/companies/news/991025/peloton-interactive-posts-losses-of-more-than-1-2-billion-in-its-fiscal-fourth-quarter-as-revenue-plunges-991025.html.

13. Mark Sweney, "**Made.com** plans to cut third of staff as it seeks emergency investment or buyer," *The Guardian*, September 23, 2022, https://www.theguardian.com/business/2022/sep/23/madecom-plans-to-cut-a-third-of-staff-as-it-seeks-buyer-or-investment.

14. "New figures highlight potential job losses," *Airlines*, September 28, 2021, https://airlines.iata.org/news/new-figures-highlight-potential-job-losses.

15. Mary Meisenzahl, "Over half of restaurant workers say they've been abused by customers or managers – and many are planning to flee the industry because of it," *Insider*, October 8, 2021, https://www.businessinsider.com/restaurant-workers-plan-to-quit-abuse-from-customers-managers-2021-10?r=US&IR=T.

16. Olaf Schatterman, Drew Woodhouse, and Joe Terino, "Supply chain lessons from Covid-19: Time to refocus on resilience," Bain & Company, April 27, 2020, https://www.bain.com/insights/supply-chain-lessons-from-covid-19/.

17. Dave Muoio, "Hospitals' per patient labor spend increased 37% from 2019 to Q1 2022," *Fierce Healthcare*, May 12, 2022, https://www.fiercehealthcare.com/providers/hospitals-patient-labor-spend-increased-37-2019-q1-2022.

第十章　可持续发展始于以人为本

1. Klaus Schwab and Thierry Malleret, *The Great Narrative* (The Great Reset, 2021), 148.

2. Rethinking what we need from work: A guide to employees' most pressing needs and how your organization can meet them, based on "Mercer's 2022–2023 Inside Employees' Minds study," *Mercer,* 2023, https://www.mercer.com/en-us/insights/talent-and-transformation/attracting-and-retaining-talent/rethinking-what-we-need-from-work-inside-employees-minds-2022/.

3. "Climate Change 2023: Synthesis Report," United Nations, 2023, **https://www.un.org/en/climatechange/reports**.

4. Sophia Heading and Saadia Zahidi, "The Global Risks Report 2023, 18th Edition: Insight Report," World Economic Forum, (2023): 7.

5. Nick Green, "One in six over-55s have no pension savings yet," *unbiased*, February 17, 2023, **https://www.unbiased.co.uk/news/financial-adviser/one-in-six-over-55s-have-no-pension-savings-yet**.

6. "Global Wage Report: 2022–23: The impact of inflation and COVID-19 on wages and purchasing power," International Labour Organization, 2023, **https://www.ilo.org/wcmsp5/groups/public/---ed_protect/---protrav/---travail/documents/publication/wcms:862569.pdf**.

7. "Ninety per cent of world excluded from old age pension schemes," International Labour Organization, April 28, 2000, **https://www.ilo.org/asia/media-centre/news/WCMS_BK_PR_19_EN/lang--en/index.htm**.

8. "The pension gap epidemic," The Geneva Association, 2023, **https://www.genevaassociation.org/sites/default/files/research-topics-document-type/pdf_public/pensions_epidemic_summary_final.pdf**.

9. Nick Green, "One in six over-55s have no pension savings yet," *unbiased*, February 17, 2023, **https://www.unbiased.co.uk/news/financial-adviser/one-in-six-over-55s-have-no-pension-savings-yet**.

10. Aimee Picchi, "Millions of older Americans are nearing retirement without a penny in savings," CBS News, April 18, 2023, **https://www.cbsnews.com/news/retirement-baby-boomers-with-no-retirement-savings/**.

11. Martin Armstrong, "It will take another 136 years to close the global gender gap," World Economic Forum, April 12, 2021, **https://www.weforum.org/agenda/2021/04/136-years-is-the-estimated-journey-time-to-gender-equality/**

12. Kusum Kali Pal, Kim Piaget, Silja Baller, Vesselina Ratcheva, and Saadia Zahidi, "Global Gender Gap 2022, World Economic Forum, 2022, **https://www.weforum.org/reports/global-gender-gap-report-2022/in-full/2-1-gender-gaps-in-the-labour-force-recovery**.

13. "Non-communicable diseases cause 74% of global deaths: WHO," *Medical xppress*, September 21, 2022, **https://medicalxpress.com/news/2022-09-non-communicable-diseases-global-deaths.html**.

14. "World employment and social outlook trends 2023," International Labour Organization, 2023, **https://www.ilo.org/wcmsp5/groups/public/---dgreports/---inst/documents/publication/wcms:865332.pdf**.

15. Kate Bravery, Adrienne Cernigoi, and Joana Silva, "Global Talent Trends 2022: Rise of the relatable organization," *Mercer* (2022): 12.

16. Elselot Hasselar, Till Leopold, and MinJi Suh, "Pathways to social justice: A revitalized vision for diversity, equity and inclusion in the workforce," World Economic Forum, 2021, **https://www3.weforum. org/docs/WEF_Pathways_to_Social_Justice_2021.pdf**.

17. David Gelles, 'Billionaire no more: Patagonia gives away the company," *New York Times,* September 14, 2022, **https://www. nytimes.com/2022/09/14/climate/patagonia-climate-philanthropy-chouinard.html**.

18. Yvon Chouinard, *Let My People Go Surfing: The Education of a Reluctant Businessman* (Penguin Books, 2016), 61.

19. "Our core values," Patagonia, 2022, **https://www.patagonia. com/core-values/**.

20. Lora Kolodny, "Patagonia founder just donated the entire company, worth $3 billion, to fight climate change," CNBC, September 14, 2022, **https://www.cnbc.com/2022/09/14/patagonia-founder-donates-entire-company-to-fight-climate-change.html**.

21. Sophia Heading and Saadia Zahidi, "The Global Risks Report 2023, 18th Edition: Insight Report," World Economic Forum, 2023.

22. "Corporate sustainability reporting," European Commission, 2022, **https://finance.ec.europa.eu/capital-markets-union-and-financial-markets/company-reporting-and-auditing/ company-reporting/corporate-sustainability-reporting_en**.

23. Fabian Wiktor, "A livable future for all is possible, if we take urgent climate action: flagship UN report," United Nations, March 20, 2023, **https://news.un.org/en/story/2023/03/1134777**.

24. Attilio Di Battista, Sam Grayling, Elselot Hasselaar, Till Leopold, Ricky Li, Mark Rayner, and Saadia Zahidi, "Future of Jobs Report 2023," World Economic Forum, (2023): 254.

25. Nigel Topping, "LinkedIn's Allen Blue: 'Half of all jobs will be redefined by climate change'," LinkedIn, September 21, 2021, **https:// www.linkedin.com/pulse/linkedins-allen-blue-half-all-jobs-redefined-climate-change-topping/**.

26. Michael J. McDonald, "Work as we knew it is ending: The remote, freelance revolution has begun," *Toptal*, 2023, **https://www. toptal.com/insights/rise-of-remote/contingent-workforce**.

27. Ana Kreacic, John Romeo, Simon Luong, Lucia Uribe, Amy Lasater-Wille, Elizabeth Costa, Kamal Ahmed, and Jonathan Paterson, "A-Gen-Z Report: What business needs to know about the generation changing everything," Oliver Wyman Forum and The News Movement, 2023, **https://www.oliverwymanforum. com/content/dam/oliver-wyman/ow-forum/template-scripts/a-gen-z/pdf/A-Gen-Z-Report.pdf**.

28. Aidan Mantelow, Guillaunne Hingel, Steffica Warwick, Elselot Hasselar, Attilo de Battista, and Saadhi Zahidi, "The Good Work

Framework: A new business agenda for the future of work," World Economic Forum, 2022, **https://www3.weforum.org/docs/ WEF_The_Good_Work_Framework_2022.pdf**.

29. Beat the crisis: How executives are responding to economic shocks and talent shortages," *Mercer*, 2023, **https://www.mercer.com/ en-us/insights/talent-and-transformation/attracting-and- retaining-talent/how-executives-are-responding-to- economic-shocks-and-talent-shortages/**.

30. Kate Bravery, Adrienne Cernigoi, and Joana Silva, "Global Talent Trends 2022: Rise of the relatable organization," *Mercer* (2022): 12.

31. Rigas Hadzilacos, Aidan Mankelow, Till Leopold, Saadia Zahidi, "Resetting the future of work agenda: Disruption and renewal in a post-COVID world," World Economic Forum, 2022, **https://www. marshmclennan.com/content/dam/mmc-web/insights/ publications/2021/march/gl-2020-resetting-the-future-of- work-agenda.pdf**.

32. "Future of work: Strategy and goals," Unilever, 2023, **https:// www.unilever.com/planet-and-society/future-of-work/ strategy-and-goals/**.

33. "Future workplace," Unilever, 2023, **https://www.unilever.com/ planet-and-society/future-of-work/future-workplace/**.

34. "Target-setting: Commitments made by members of the Good Work Alliance," World Economic Forum, 2023, **https://initiatives. weforum.org/good-work-alliance/targetsetting**.

35. Allianz SE, "Shaping the future of work," *Allianz*, December 13, 2021, **https://www.allianz.com/en/press/news/company/ human_resources/211213_Allianz-Ways-of-Working-WOW- shaping-the-future-of-work.html**.

36. Target-setting: Commitments made by members of the Good Work Alliance," World Economic Forum, 2023, **https://initiatives. weforum.org/good-work-alliance/targetsetting**.

37. Target-setting: Commitments made by members of the Good Work Alliance," World Economic Forum, 2023, **https://initiatives. weforum.org/good-work-alliance/targetsetting**.

38. Kate Bravery, Adrienne Cernigoi, and Joana Silva, "Global Talent Trends 2022–2023: Rise of the relatable organization," *Mercer* (2023): 12.

39. Ronan Maher, "Prioritizing a living wage with Yara," interview by Kate Bravery, *New Shape of Work*, Mercer, January 13, 2023. Audio, 8:48, **https://www.mercer.com/insights/people-strategy/future- of-work/podcast-new-shape-of-work/prioritizing-a-living- wage-with-yara-international/**.

40. Michael J. McDonald, "Work As We Knew It Is Ending. The Remote, Freelance Revolution Has Begun," *Toptal*, 2023, **https://www. toptal.com/insights/rise-of-remote/contingent-workforce**.

41. "Health on Demand 2023," *Mercer* (2023): 4, **https://www.**

mercer.com/content/dam/mercer-dotcom/global/en/shared-assets/global/attachments/pdf-2023-health-on-demand-report.pdf**.

42. Kate Bravery, Adrienne Cernigoi, and Joana Silva, "Global Talent Trends 2022–2023: Rise of the relatable organization," *Mercer* (2023): 51.

43. Alex Brill, "Global health: A new vision for employees, employers, and economies," interview by Kate Bravery, *World Economic Growth Forum,* World Economic Forum, May 3, 2023. Audio, 26:07, **https://www.weforum.org/events/the-growth-summit-jobs-and-opportunity-for-all-2023/sessions/workforce-health-a-new-vision-for-employees-employers-and-economies**.

44. Natasha Lamb and Michael Passoff, "Racial and gender pay scorecard," Arjuna Capital, 2018, **https://arjuna-capital.com/wp-content/uploads/2021/03/Racial-Gender-Pay-Scorecard-2021-Arjuna-Capital-and-Proxy-Impact.pdf**.

45. Azka Ali, Yvonne Sonsino, and David Knox, "How to fix the gender pension gap," World Economic Forum, September 27, 2021, **https://www.weforum.org/agenda/2021/09/how-to-fix-the-gender-pension-gap/**.

46. Kate Bravery, Adrienne Cernigoi, and Joana Silva, "Global Talent Trends 2022–2023: Rise of the relatable organization," *Mercer* (2023): 60.

47. Helga Birgen, Jillian Reid, and Alexis Cheang, "Investing in a time of climate change: The sequel 2019," *Mercer*, 2019, **https://info.mercer.com/rs/521-DEV-513/images/Climate-change-the-sequel-2019-full-report.pdf**.

48. "Radical change is only successful when everyone is involved and everyone works together," Tchibo, 2023, **https://www.tchibo-nachhaltigkeit.de/en/taking-responsibility/people/industry-wide-change**.

49. "Partnership behind 'Green Fuels for Denmark' accelerates project and investigates production of green jet fuel by 2025," *Orsted*, April 2, 2022, **https://orsted.com/en/media/newsroom/news/2022/02/20220204476711**.

50. Paul Polman, David Anderson, Kate Bravery, and Samira El Asmar, "People first: The future of cities post-COVID," *Mercer*, 2023, **https://www.mercer.com/en-ae/insights/people-strategy/future-of-work/people-first-the-future-of-cities-post-covid/**.

51. "The importance of ESGs in incentive plans and how they can benefit your company," *Mercer,* 2021, **https://www.imercer.com/articleinsights/the-importance-of-esgs-in-incentive-plans**.

52. Attilio Di Battista, Sam Grayling, Elselot Hasselaar, Till Leopold, Ricky Li, Mark Rayner, and Saadia Zahidi, "Future of Jobs Report 2023," World Economic Forum, 2023.

53. "Reframing competitive employee experience," *Mercer,* 2023,

https://www.mercer.com/what-we-do/workforce-and-careers/mercer-employee-experience-insights.html.

54. "Beat the crisis: How executives are responding to economic shocks and talent shortages," *Mercer*, 2023, https://www.mercer.com/en-us/insights/talent-and-transformation/attracting-and-retaining-talent/how-executives-are-responding-to-economic-shocks-and-talent-shortages/.

55. https://www.imd.org/ibyimd/strategy/seven-ways-to-build-a-more-inclusive-strategy/.

尾声 终点与起点

1. Mercer Data and Analytics team studied several large language models (LLMs) available for enterprise clients. We selected GPT-3.5 and Flan-T5 models that are immediately available for use in the AI Development toolset provided by our Cloud providers. These are the prompts and direct output.

2. Gary Hamel and C.K. Prahalad, "Strategic intent," *Harvard Business Review*, July–August 2006, https://hbr.org/2005/07/strategic-intent.